全民阅读时代
青少年数字阅读行为研究

■ 刘　婧　常李艳　著

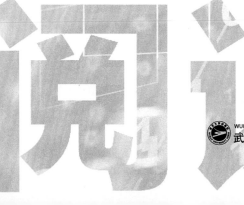

WUHAN UNIVERSITY PRESS
武汉大学出版社

图书在版编目(CIP)数据

全民阅读时代青少年数字阅读行为研究 / 刘婧,常李艳著 .
武汉 :武汉大学出版社, 2024. 12. -- ISBN 978-7-307-24300-2

Ⅰ . G255.75

中国国家版本馆 CIP 数据核字第 2024ER5781 号

责任编辑:周媛媛　　　责任校对:鄢春梅　　　整体设计:韩闻锦

出版发行:**武汉大学出版社**　　(430072　武昌　珞珈山)

(电子邮箱:cbs22@ whu.edu.cn　网址:www.wdp.com.cn)

印刷:武汉邮科印务有限公司

开本:720×1000　1/16　印张:20.75　字数:337 千字　插页:1

版次:2024 年 12 月第 1 版　　2024 年 12 月第 1 次印刷

ISBN 978-7-307-24300-2　　定价:98.00 元

序

众所周知，"全民阅读"可持续、高质量发展的社会基础，在于家庭和学校形成共识和合力；"书香中国"的前景，在于当下和未来把数智时代未成年人的知识启蒙、学习指导和阅读推荐做实、做到位。

本书作者一方面通过搜集海内外有关文献，充分了解和借鉴该领域的研究成果；另一方面，深入多地的学校、少儿图书馆等场所，做了多次调查研究。本书作者在书稿中阐述了如下一些问题，并提出了相应建议：如何掌握青少年阅读者多元化阅读的习惯及行为的特点，如何有效地判断其偏好与需求，如何规范其阅读行为（尤其是数字阅读行为），如何将青少年用户阅读行为研究（如信息技术/系统用户接受意愿与使用行为研究）的有关成果应用到青少年数字阅读实践之中，如何将理论分析与实证研究相结合，等等。

从理论价值而言，本书作者基于元认知理论、多媒体学习理论、社会支持理论与有效使用理论，探讨数字阅读平台、数字阅读内容形式对青少年阅读个体产生的影响。一方面，本书作者通过构建青少年数字阅读平台使用意愿模型、青少年数字阅读平台有效使用模型及青少年数字阅读采纳与使用意愿模型，深入分析模型的影响因素及作用路径，从理论上拓展了青少年数字阅读的新视角，弥补了国内大多数描述性研究的不足，在一定程度上丰富了相关模型理论，推动其在多个层面进一步发展，扩展了青少年数字阅读素养的研究。另一方面，本书作者以多媒体阅读的青少年读者的数字阅读行为为研究切入点，为图书馆实现青少年数字化资源建设与数字服务有机整合的发展提供了参考信息资源，有助于青少年数字阅读平台及服务模式的构建。

从应用价值方面来看，本书作者以实证研究的方法做了如下分析：一是通过模型的构建与大规模问卷调研全面分析青少年数字阅读的影响因素，二是通过眼动数据分析青少年浏览数字阅读网站、数字阅读内容形式的行为与偏好、广告对数字阅读行为的影响及数字阅读中表现的信息定位能力。这些研究一方面能针对性地对数字图书馆的数字资源建设提出对策与建议，另一方面在新媒体环境下为规范多媒体阅读信息资源、营造良好的数字阅读环境、开展社会阅读活动、提升数字阅读素养等实践工作提供数据依据和科学指导。

　　总之，本书以青少年为研究对象，以数字阅读行为为研究主体，强调政府公共服务机构、学校、家庭对数字阅读的推动作用，为图书馆对青少年数字阅读在界面设计、平台建设及服务等方面提出对策与建议，为构建数字阅读的评价系统、提供数字阅读指导、规范数字图书馆的信息资源建设、建设良好的数字阅读环境及构建智慧图书馆的框架等实践工作提供建议，是一部值得有关领域的从业者予以重视的理论联系实际的专业著作。

徐　雁

2024 年 3 月 22 日，于南京大学

前　言

5G 时代，媒介形态的变迁导致了阅读行为的嬗变，形成了被大众广泛接受的以数字化阅读与印刷本阅读相结合的多元化的阅读方式，数字阅读的趋势是不可阻挡的。《中华人民共和国国民经济和社会发展第十四个五年规划和2035 年远景目标纲要》指出"深入推进全民阅读，建设'书香中国'"。随着阅读方式的转变，传统纸质媒体与数字化媒体已成为不同年龄层次阅读者获取资源的两种来源。所有学习者和教育者都需要具备足够的数字时代素养，能够自信且有效地使用这些学习资源进行学习。本书从个体微观层面以直观的形式了解青少年阅读者多元化阅读的习惯及行为的特点，反映青少年在阅读过程中的思维、习惯、动作和兴趣偏好，揭示青少年阅读者多元化阅读的行为与数字阅读平台使用意愿的影响因素与行为规律，提升社会阅读素养与阅读能力，推动图书馆及社会各界针对青少年群体不同阅读方式、阅读资源的建设与个性化的阅读推广工作的发展。

本书共十一章，各章主要内容如下：

第一章，绪论。介绍了本书的研究背景、研究目标与内容、研究意义、研究思路与方法及相关术语定义。

第二章，青少年数字阅读研究概况。运用文献计量方法，借助知识图谱分析工具，系统全面地描绘国内外青少年数字阅读领域的研究现状，热点研究问题和整体发展脉络。同时对国内外眼动研究相关文献进行梳理，反映了眼动技术在国内不同领域的研究热点和研究发展，以及国外眼动发展状态及知识结构的变化过程。

第三章，理论基础与研究模型。介绍了元认知理论、社会支持理论、多媒体学习理论与有效使用理论等经典理论；技术接受模型、整合性科技接受使用模型及信息系统成功模型等模型理论。

第四章，青少年数字阅读采纳与使用意愿研究。阅读素养是人类社会的必备技能，数字阅读技能也是信息化社会必须具备的基础能力。基于此扩展了 UTAUT 模型中的社会影响因素，侧重探讨不同类型的社会支持对我国偏远地区儿童数字阅读的影响。研究对象是新疆地区 252 名小学三年级到初中三年级的学生。本书采用偏最小二乘法（PLS）检验了信息支持、情感支持、工具性支持、主观规范、自我认知态度和感知有用性、感知易用性、态度、意愿之间的关系。结果表明，扩展的 TAM 能很好地解释儿童数字阅读的意愿。据此，给出相关建议。

第五章，青少年数字阅读平台使用意愿影响因素研究。数字阅读平台与其他 ICT 技术一样，新技术的使用和推广在社会环境中进行，社会环境相关因素也会对新技术的使用产生影响。数字阅读平台（工具）是学生接触数字信息的媒介，本身提供的阅读便利性的技术优势也是儿童和家长选择数字阅读的原因。通过扩展技术接受模型（TAM）并结合信息系统成功模型（D&M 模型），从社会环境、系统及个人三个方面构建儿童数字阅读平台使用模型，采用偏最小二乘-结构方程模型（PLS-SEM）来验证开发的模型。数据来自 282 位 9~15 岁的在校儿童。研究结果显示，社会影响尤其是社会规范对使用意图影响最为显著。同时，个人情感因素（感知享乐）及系统质量因素均通过感知易用性和感知有用性对使用意图产生影响。从儿童、学校、政府、社区视角下提出有效建议，以提升儿童对数字阅读平台的使用意图。

第六章，青少年数字阅读平台有效使用研究。随着数字阅读的兴起，各类数字阅读平台不断涌现，但数字阅读的作用及数字阅读平台的有用性未得到普遍认可。抛开数字阅读平台的不足，问题可能出现在读者未能有效使用数字阅读系统。为帮助青少年读者有效进行数字阅读，基于有效使用理论，从用户使用行为视角出发，结合数字阅读平台特性，构建青少年数字阅读平台有效使用模型，获取 9~15 岁在校中小学生 282 份数据样本，采用极大似然法结构方程模型来验证开发的模型。透明交互、忠实表示及知情行为可以作为解释驱动青少年有效使用数字阅读平台的主要因素。优化数字阅读平台结构和功能，提升数字内容质量与呈现形式质量，利用现代技术打造智慧阅读理念。

第七章，青少年多媒体阅读材料浏览偏好与行为研究。多媒体学习与传统学习相比在学习内容、学习方式、学习空间等方面发生了很大的变化。多媒体学习材料大多采用文本、图片、音频和视频的混合形式。从界面结构和呈现方式两个方面对我国高中生的多媒体学习偏好研究较少，为了解中国高中生多媒体阅读材料浏览行为的特点及多媒体阅读材料的界面结构和呈现方式对学生注意力的影响，本章采用眼动追踪技术利用实验方法探讨材料的呈现方式对学生认知负荷的影响，注视点数、瞳孔大小和注视持续时间等眼球跟踪指标测量学生的注意力，为多媒体学习材料界面结构与呈现方式设计及提高高中生的学习成绩提出建议。

　　第八章，少儿数字图书馆青少年浏览行为研究。数字与知识结合诞生的数字图书馆担负起提升少儿数字素养的重任。然而，当今世界上的大多数数字图书馆的设计(DL)不适合少儿使用，大多是基于文本的和面向任务的，因此研究符合儿童需求的数字图书馆界面有重要意义。研究者利用眼动追踪技术使用了多个省市青少年儿童数字图书馆界面，研究青少年在静态和动态两类少儿图书馆网页中进行无目的浏览时的眼动特征，探索符合儿童阅读特征的图书馆界面设计。

　　第九章，青少年数字阅读行为中广告的影响研究。数字阅读素养包括信息处理策略，分析、综合、整合和解释多文本相关信息，监测和评价内容和文本要素的相关性。数字环境下的风险主要涉及不良信息诱导及广告对阅读的干扰，但多数研究侧重网页广告对成年人阅读质量的影响，或是移动 App 中的广告对成年人用户的手机阅读与交互使用体验的影响，有关广告对未成年人数字阅读影响的研究却较少。基于眼动技术，在数字阅读测试中设置有/无广告、与阅读材料相关/不相关的广告、主/客观题，基于眼动追踪技术和访谈结果分析发现读者在阅读和答题过程中的阅读行为特征与阅读策略差异。据此，本章提出具有针对性减少广告影响程度、培养青少年数字阅读素养的有效建议。

　　第十章，青少年数字阅读中信息定位能力研究。数字阅读中信息定位能力是数字阅读素养的重要组成部分，本研究利用眼动追踪技术基于成熟的数字阅读素养测评材料选择文学性文本和信息性文本设计实验材料，评测青少年的检索、文本定位和导航能力。实验过程中采用观察法和出声思维法，录像记录整个实验过程。实验结束后，基于事先准备好的访谈框架对小学生被试进行深度访谈。本研究确定了七项眼动指标，通过熵权法分别计算前五项指标的权重，并重点分析权重高解释力强的眼动指标。最后，本研究结合眼动指标数据及观察和访谈获得的信息，基于多媒体学习理论和认知负荷等理论分析并评价了小学生的检索能力、文本定位能力和导航能力这三种数字阅读中的信息定位能力，以期对小学生数字阅读中信息定位能力的提升提供一定的参考。

　　第十一章，青少年视角下智慧图书馆建设研究。本章运用霍尔三维结构的基本理论，从时间维、逻辑维和知识维三个方面构建了智慧图书馆三维结构模型，详细分析了其建设的过程，分别阐述了系统建设的阶段及各阶段详细的方法步骤和所需的知识技能的具体内容。从青少年群体的视角，结合物联网、云计算、大数据、人工智能、VR/AR 前沿技术，在智慧图书馆青少年数字资源建设方面，图书馆应制定资源数字化的标准规范，提出智慧图书馆青少年数字资源建设"纸质+数字"资源共同建设的思路；智慧服务模式方面构建人性化管理、智能化图书管理、智慧化检索服务、智慧化分级书目推荐、个性化书目推荐、精准化推送、VR/AR 感知体验服务、情感体验推广服务等智慧服务模式。

　　本书从理论上拓展了青少年数字阅读的视角，弥补了国内大多数描述性研究的不足，推动了相关模型理论的丰富与发展，扩展了青少年数字阅读素养的研究。同时，本书拓宽了多媒体阅读学习者的年龄段，实现图书馆少儿数字化资源建设与数字服务的有机整合，有效提升了图书馆数字阅读资源的合理设计及高效的价值。

　　需要说明的是，由于研究条件、研究设备、研究者知识积累和时间等多方面的限制，问卷样本选取范围与数量方面有一定的局限。问卷的发放采用了网络发放与实地发放相结合的方式，实地回收问卷的质量较高，而网络问卷的质量较难把控，有待提高。研究设备方面，眼动实验设备 Eyelink1000Plus 虽然具有采样精度高的特点，但是缺乏必要的交互功能，对交互性的实验设计实现产生了较大的影响，如信息检索的交互行为很难通过实验设计表现出来。在实验研究的关键期，受到新冠病毒感染的影响，被试成员征集难，实验周期被拉长，实验实施受限。

　　本书的完成要感谢南京邮电大学管理学院、南京大学信息管理学院、金陵图书馆、南京图书馆、深圳图书馆、苏州图书馆及德清县图书馆等单位的支持；感谢南京大学华薇娜教授、南京邮电大学黄卫东教授、魏建香教授给予的指导；感谢南京邮电大学管理学院 2019 级研究生黄崇、2020 级研究生罗岚、2021 级研究生季静宇参与部分内容的撰写；感谢 2015 级本科生江锋、温乐天与岑学涛，2016 级本科生周栩圩与王欣武，2017 级本科生余航、朱桐立与冯耀，2019 级本科生王宇杰参与部分研究；感谢 2022 级研究生杨开彦与 2023 级研究生陈霄汉对全书文字的校正。本书主要支持项目为南京邮电大学人文社会科学研究基金出版基金项目"未成年人数字阅读行为与数字阅读素养研究"（NYS222001）；国家社会科学基金一般项目"全民阅读时代青少年数字阅读行为的实证研究"（17BTQ080）。

　　囿于著者的能力和时间的限制，书中难免存在不足之处，恳请各位专家与读者批评斧正！

刘婧　常李艳

2023 年 12 月

目　　录

第一章　绪　　论

第一节　研究背景

青少年阅读是全民阅读活动中重要的一环，培养青少年阅读习惯对其未来终身阅读习惯的养成至关重要。青少年阅读是国民阅读的重要组成部分。阅读为我们的世界打开了一扇窗户，也为每个人提供了新的机会。所有的学生都必须做好充分的阅读准备，这样他们才能在学校有所成长，实现个人目标，并通过他们的成长使我们的世界变得更美好。因此，阅读一直被公认为各国教育和教学的核心。青少年是一个国家的未来，各国均非常重视青少年阅读素养的培养。

一、国外青少年阅读的发展历程

世界各国高度重视青少年阅读。1956 年 1 月，美国正式成立了国际阅读协会。为了鼓励儿童阅读，1967 年 4 月 2 日，国际儿童读物联盟（International Board on Books for Young People，IBBY）把安徒生出生的日子（4 月 2 日）确定为"国际儿童读书日"。1972 年，联合国教育、科学及文化组织（以下简称"联合国教科文组织"）向全世界发出"走向阅读社会"的号召，要求社会成员人人读书，让读书成为人们日常生活中不可或缺的一部分。1995 年，联合国教科文组织宣布 4 月 23 日为"世界读书日"。各国对阅读素养尤其是青少年阅读素养的培养均极其重视。

日本文部省曾把 2000 年定为"儿童阅读年"，并在少儿中提倡"每天晨读 10 分钟"的做法。2001 年，日本政府制定了关于推动儿童读书活动的法律，并将每年的 4 月 23 日设为"儿童读书日"。除此之外，日本还推行了有关推进儿童读书活动的基本计划，每五年修订一次，从国家战略的高度来培养孩子爱好读书的习惯。2002 年日本内阁决议通过《儿童阅读推广基本计划》，各都道府县及市镇村都基于本地儿童阅读推广的现状制订了儿童阅读推广计划。2023 年 3 月 28 日，日本文部省发布了最新的儿童读书推进计划，针对上一个五年计划期间的中小学生阅读率下降、疫情影响读书活动开展等问题提出了四条基本方针：提高阅读率；确保每个孩子拥有平等的读书机会；打造适应数字社会的读书环境；立足儿童视角开展读书活动。这些技能有助于儿童提高阅读的熟练程度，并且有利于儿童积累所有学科领域的知识。

葡萄牙社会党政府于 2006 年 6 月启动国家阅读计划。

以色列向少儿倡导"书本是甜的；知识和智慧是抢不走的；学者是最受尊敬的"等观念。

俄罗斯将课外阅读作为一门学科由教师专门指导，强调课外阅读以文学作品为主，并在语文课上开设了课外阅读课，整个过程实施下来成效显著。

2006 年韩国国会修订了《图书馆与读书振兴法》，将其分成《图书馆法》和《阅读文化振兴法》两部法律。其中，《阅读文化振兴法》指出要重视校园阅读，从而将基础教育与少儿阅读较好地结合起来，注重培养少儿的阅读水平和能力。

墨西哥在全国开展"促进阅读"运动，以"每一所学校设置一座小图书馆"为目标制订了"读书计划"，创建了儿童图书馆，并在 2008 年通过了《促进阅读和图书法》，目的在于促进儿童阅读，加强阅读教育。

2016 年，新加坡首次设立全国阅读日，旨在鼓励新加坡国民经常阅读且广泛阅读，持续推行阅读运动，并提供多元阅读平台。同时，新加坡图书馆管理局制定了终身阅读推广策略，联动相关社会团体和组织推动全民阅读活动，尤其是推动儿童和青少年终身阅读。

法国国家教学大纲委员会强调，要连贯性地发展学生的阅读能力，特别是在小学阶段，要为未来阅读能力的运用打下坚实的基础。法国教育部还面向远离大区或市图书馆等资源的学校提供资助。2017 年起，法国已投资 650 万欧元为 1500 多所小学购买了 30 多万册图书。

荷兰于 2018 年引进阅读起跑线项目，并改名为"BoekStart"。该项目是一项围绕 0~4 岁儿童及其父母展开的阅读推广项目，旨在通过建立新生儿及其父母与当地图书馆的联系，让他们能够近距离接触图书和阅读，加强阅读兴趣。

英国从 2018 年起设立专项经费支持各地建立语言中心（English Hubs），为幼小衔接阶段的学生提供免费的支持性阅读课程。新冠病毒感染期间，英国教育部还特别组织专家按照学段特点研发适合远程教育的教学材料以保障阅读教育。

美国 1997 年提出的"阅读挑战"是其教育目标之一。次年，美国国会就通过了《阅读卓越法》，在《中小学教育法》第二章中加入有关阅读方面的条文。2002 年布什总统签署了"不让一个孩子落后"的教育改革法案，设立了"阅读第一"项目。奥巴马总统于 2009 年 3 月 10 日提出全面教育改革计划将贯穿"摇篮到职业生涯"，确保所有美国人接受全面教育。2015 年签署了《每一个学生成功法案》（Every Student Succeeds Act，ESSA），要求实施全面识字教育计划，实施和维持高质量的读写教育资助项目；同时联邦向各州和学校提供高达 1.6 亿美元的识字教学资金支持，并且继续开展专注于残疾儿童的读写和阅读问题的研究。美国州立教育委员会（Education Commission of the States）在 2020 年 9 月 14 日发布了《打造更好的 K-3 阅读体系》（Building a Better K-3 Literacy System）报告。报告指出，从幼儿园至小学早期，儿童应该发展从阅读中学习的技能。

二、国内青少年阅读的发展历程

我国最早的阅读活动可以追溯至殷商时期，对青少年阅读的重视古来有之，"忠厚传家久，诗书济世长"。

改革开放以来，我国仍然注重青少年阅读的发展。从 20 世纪 80 年代初开始，我国陆续开展了一系列的青少年阅读活动。1982 年，文化部、团中央、国家教育委员会、国家新闻出版署主持了"红领巾读书读报奖章活动"，中国少儿出版界 1990 年加入了国际儿童读物联盟，1993 年全国妇女联合会发起了"青少年爱国主义读书活动"。1994 年台湾省台中师范大学的王财贵教授首先倡导儿童读经，在宝岛台湾和东南亚华人地区及大陆获得诸多响应，儿童读经活动在大陆如火如荼地展开，《三字经》《百家姓》《弟子规》《论语》等受到家长和孩子的全民追捧。1995 年，冰心、曹禺、夏衍等文学家在第八届全国政协会议上提交了《建立幼年古典学校的紧急呼吁》的提案，提出传统典籍的教学应从幼儿开始重视。1997 年 1 月，中宣部等九部委联合提出了"倡导全民阅读，建设阅读社会"的"知识工程"。全国各地纷纷举办各种各样颇具特色的读书活动，使之形成了良性互动的状态。1998 年"中华古诗文经典诵读工程"在全国开展，"读千古美文，做少年君子"的口号响遍全国。同年，共青团中央联合各部委发起了"中国青少年新世纪读书计划"。经过努力，国人普遍关注青少年阅读的教育与培养。2001 年教育部发布了《全日制义务教育语文课程标准(实验稿)》，对小学各学段的阅读教学(朗读教学、默读教学、阅读感悟与理解能力、阅读习惯等)提出了具体而明确的多项要求。近年来，阅读活动受到政府及社会的持续关注，与此同时，包括阅读界、教育界、出版界、心理学界、图书馆界在内的多个领域的学者也意识到阅读对促进社会和谐发展，构建学习型、知识型社会的重要作用。2008 年，广东南方报业传媒集团成立"南方分级阅读研究中心"。2009 年，北京师范大学中国儿童文学研究中心与接力出版社首次联合召开了"全国分级阅读学术研讨会"，随后，接力出版社成立了"接力分级阅读研究中心"。苏州大学朱永新教授于 2010 年 8 月在北京成立了国内第一家专门从事阅读研究与推广的机构——新阅读研究所，并于 9 月 30 日启动研制"中国小学生基础阅读书目"。2010 年 9 月，中国分级阅读研究院成立，研究院专注于研究、开发、策划智慧校园阅读解决方案，成功研发出一套专门针对青少年儿童阅读的分级阅读体系，即《中国儿童阅读内容分级标准 1.0》和《中国儿童阅读能力评估标准 1.0》。2011 年，国务院出台的《中国儿童发展纲要(2011—2020 年)》提出，"为儿童阅读图书创造条件。推广面向儿童的图书分级制，为不同年龄儿童提供适合其年龄特点的图书，为儿童家长选择图书提供建议和指导"。2017 年，中国儿童中心在六一国际儿童节期间举办了"创新亲子阅读示范活动"，为广大家庭开展亲子阅读做了创新型阅读示范。2020 年，由人民日报社、中国福利会指导，人民日报数字传播公司旗下"人民阅读"平台、中国中福会出版社、阅文集团共同发起的"中国儿童数字阅读中心"在上海市正式成立。同时，"中国儿童文学扶持计划"正式启动，旨在鼓励支持儿童文学创作主体，推动儿童文学优质内容供给。2021 年，中国新闻出版传媒集团联合中新宽维传媒科技有限公司，以"数据智能+少儿阅读"的理念为基础将大数据、人工智能技术与行业智慧深度融合，搭建以"大数据采集+人工智能算法+优质内容推介"为一体的中国少儿阅读数智平台，为少儿阅读推广人提供沟通交流的平台，推动少儿阅读创新性发展。2023 年 3 月，为进一步推动青少年阅读发展，教育部牵头，联合中央宣传部、中央网信办、文化和旅游部、中华全国总工会、共青团中央、全国妇联、中国科协等八部门共同发布《全国青少年学生读书行动实施方案》，对全面推进全国青少年读书行动进行系统布局规划，积极融入全民阅读，注重激发读书兴趣，充分调动青少年读书的热情。

三、信息技术的发展和数字阅读的兴起

信息技术的发展和数字阅读的兴起对青少年阅读素养培养的影响毋庸置疑，一直是世界焦点。注重对青少年数字化阅读素养的培育成为阅读教育改革的重要趋势，提升阅读素养更是受到了高度的重视。随着信息技术、计算机技术的发展，各种数字化媒体、电子(数字)故事书阅读平台等新兴的阅读媒介层出不穷，人们的阅读方式开始从传统的纸质阅读转向数字阅读和移动阅读。当今世界人们的阅读方式与 30 年前有很大不同。20 世纪 90 年代中期，阅读大多还是在纸上进行的。印刷品包含许多不同的形式、材质，从少儿图书到长篇小说，从传单到百科全书，从报纸杂志到学术刊物等。如今，屏幕上的活动(即看电视，在电脑、平板电脑和其他设备上玩游戏)已成为少儿日常生活的主导(Zeijl et al.，2005)。同时，研究发现少儿的适应能力越来越强。根据中国互联网络信息中心于 2022 年 12 月发布的《2021 年全国未成年人互联网使用情况研究报告》，截至 2021 年我国未成年人互联网普及率达96.8%。第二十次全国国民阅读调查报告显示，2022 年 0~8 周岁儿童图书阅读率为 73.5%，9~13 周岁少年儿童图书阅读率为 99.2%，14~17 周岁青少年图书阅读率为 90.4%。0~17 周岁未成年人图书阅读率为 84.2%，人均图书阅读量为 11.14 本，比 2021 年的 10.93 本增加了 0.21 本。世界各国同样出现了未成年人阅读的快速增长趋势。2012 年 1532 名荷兰父母的在线调查问卷显示，计算机和平板电脑在 3 岁至 3 岁半的人群中的重要性日益增加，电子故事书的数量和可用性也急剧增加。根据美国出版商协会的调查，手机、平板电脑和电子阅读器上出售的儿童电子书销售额从 2011 年 3 月的 700 万美元增加到 2012 年 3 月的 1930 万美元。3~6 岁儿童故事书阅读的主要来源由纸质图书向电子资源转移(Burnett，2010)标志着幼儿成长过程中的"文本景观"发生变化。

家庭计算机、平板电脑和其他形式的数字媒体的大规模扩散，以及电子阅读运动的兴起，引发了关于儿童的新识字技能、阅读素养、阅读影响因素

等方面的研究。由于媒体和家长一直担心技术设备对幼儿的潜在负面影响，因此迫切需要加深对儿童与数字故事的互动如何影响阅读效果的研究。Rideout 的一项研究显示，尽管家庭中有电子阅读设备，儿童每天大约 40 分钟的阅读时间大部分仍然是通过传统纸质图书(27 分钟)完成的，在电脑(8 分钟)、平板电脑或电子阅读器(5 分钟)上的阅读时间更少(Rideout，2014)。这与家长们对儿童电子书喜忧参半的态度报告是一致的(Zickuhr，2013)。

　　我们生活在一个互联互通的信息时代，全球已经形成了一种新的教育愿景，即"随时随地学习，人人享有平等的基本人权"。该愿景的基础是儿童有能力可以通过数字媒体终身学习，他们需要为参与公民生活所需的技能做好准备。阿斯彭研究所(Aspen Institute)强调了一个事实，即所有学习者和教育者都需要具备足够的数字时代素养，在新媒体时代，在具有数字和社会情感素养的地方，人们要能够自信且有效地使用这些学习资源进行多媒体学习。另外，各类国际组织也意识到技术变化带来的阅读环境和阅读方式的改变，进而积极修订原来的关于"阅读素养""阅读能力"的定义，并纷纷增加"数字阅读素养"的测试，引导各国青少年提升数字阅读的各项能力。国际经济与合作发展组织的专家在 PISA 2009(program for international student assessment，国际学生项目)中将"阅读素养"定义为"阅读素养是为达到个人目标，增长知识和发展个人潜能及参与社会活动而对纸质文本的理解、使用、反思和参与的能力"，而在 PISA 2018 中对"阅读素养"重新定义，删除了"纸质文本"的限定，并增加了对信息"评价"能力的评估。国际上两大重要的阅读评估项目也正式提出将数字阅读素养作为一个单独的重点领域进行评测。PIRLS 2016 国际阅读评估项目中首次单独辟出章节命名为"ePIRLS"，进行在线数字阅读能力测评。而后，PISA 2018 同样对数字阅读素养进行测评。国际教育界已经认可数字阅读能力应该作为儿童的一项基本能力而进行培养，并定期进行检测，保证儿童具备未来社会生存的基本能力。各种数字阅读评测体系的提出也说明数字阅读素养已经逐步成为信息时代、"互联网+"时代人类应该具备的基本素养之一。PIRLS 2021 在"阅读素养"原有定义的基础上强调读书不仅是为了学习，参加学校和日常生活中的读者社区，也是为了享受。PIRLS 2021 向基于数字的评估过渡，以数字格式提供了 PIRLS 文学和信息阅读评估，将阅读段落和项目呈现为一种引人入胜的视觉吸引体验，激发学生的积极性并提高操作效率。

目前，全球互联网用户人数突破 50 亿，使用互联网的人口占总人口的 63%。学生在移动设备上获得在线信息的机会越来越多，而且他们经常使用这些信息。数据显示，一些国家的学生花在电脑设备上的时间比花在书本上的时间多。在校外，8～18 岁的美国学生在电脑上阅读的时间是传统离线阅读的 3 倍。在线阅读的这一趋势和其他发展趋势对我们的教育、新的阅读体系的建设提出了挑战，因为我们希望在数字时代为读者提供合适的支持。为了让年轻学生提前做好准备，我们需要收集有关他们在网络环境下阅读进展的信息，加深对数字阅读与儿童互动的理解。为深入推广儿童数字阅读，很多国家建立了大量符合儿童心理和学习、阅读需求的儿童数字图书馆，同时大量的企业、出版单位进入儿童数字阅读领域，推出了为儿童量身定做的各种数字阅读平台或电子书。其中典型的儿童数字图书馆是马里兰大学在美国国家社会科学基金会、微软研究院等组织资助下创立的国际儿童数字图书馆项目（international child's digital library，ICDL）。在政府的号召下，我国部分省市级图书馆积极推出了儿童数字图书馆功能项目，为儿童和青少年提供各种丰富的数字阅读资源和服务，如国家少儿数字图书馆、江苏省少儿数字图书馆、上海儿童数字图书馆等。然而，数字图书馆的兴起并没有带来儿童数字阅读的提升，大部分未成年人和家长甚至不了解或不知晓本省或国家有数字图书馆项目，绝大部分人从来没有使用过数字图书馆功能。而使用少儿数字图书馆的用户，大部分是通过家长推荐或直接在家长的帮助下使用的。所以，家长在青少年数字阅读源的选择方面有重要的影响作用。社会机构，如图书馆、教育机构、社区组织等应在如何减轻家长对数字阅读可能带来负面作用的担忧，并推动家长在青少年数字阅读引领的积极作用方面提供多种类型的帮助和支持，为青少年创造健康科学的数字阅读环境。同时，社会机构要根据青少年心理和认知特征构建符合他们需要的数字阅读资源，使数字阅读的资源和服务得到有效使用，让数字阅读真正融入青少年的成长过程，成为青少年数字阅读素养提升的助力。社会机构要建立提升青少年数字阅读素养并尽可能规避其不足的数字阅读人文景观，为青少年数字阅读提供全方位的科学、合理、友善的有效阅读生态环境。

第二节　研究目标与内容

一、研究目标

本书研究的目标在于揭示青少年阅读者多元化阅读的行为与数字阅读平台使用意愿的影响因素与行为规律，提升社会阅读素养与阅读能力，推动图书馆及社会各界针对青少年群体不同阅读方式阅读资源的建设与个性化的阅读推广工作的开展。具体目标如下：

（1）明确我国青少年数字阅读现状，构建并验证数字阅读采纳与使用模型，构建并验证数字阅读平台使用意愿及有效使用模型，明确社会支持中的促进因素及阻碍因素。

（2）明确青少年数字阅读行为、数字阅读素养与能力，包括浏览行为与偏好和处理复杂信息行为。

（3）构建青少年视角下公共图书馆智慧化资源建设与智慧服务模式为框架的发展体系。

二、研究内容

本书的主要研究内容包括：

（1）青少年数字阅读行为的基础理论研究。研究内容包括：在阐明接受数字阅读行为与数字阅读平台建设关系的基础上，从图书馆学与情报学、教育学、社会心理学等角度探讨青少年数字阅读行为的理论基础；对信息技术/系统用户接受理论、多媒体学习理论、社会支持理论、技术接受模型（technology acceptance model，TAM）、整合性科技接受使用理论（unified theory of acceptance and use of technology，UTAUT）、信息技术成功模型（delone & mclean information systems success，D&M）等理论与模型应用于接受数字阅读行为与数字阅读平台使用研究的可行性展开分析。

（2）青少年数字阅读采纳及平台使用研究。研究内容包括：

a. 青少年数字阅读采纳与使用意愿研究。构建理论模型，基础是信息技术/系统用户接受理论、UTAUT等理论与模型，设计调查问卷，开展预调研与结果分析；展开实证调查研究，对调查数据进行深入解释性统计分析，检验并最终确定影响因素模型。

b. 青少年数字阅读平台使用意愿研究。基于信息技术/系统用户接受理论、D&M 信息系统成功模型构建青少年数字阅读平台使用理论模型，进行实证调查研究，明确影响青少年数字阅读平台使用的影响因素及作用路径。

c. 青少年数字阅读平台有效使用研究。从用户行为视角出发结合数字阅读平台特性，基础是有效使用理论与模型，构建青少年数字阅读平台有效使用模型，开展问卷调研，对数据从信效度检验、路径系统与解释程度的计算，明确相关影响因素并进行分析。

（3）青少年数字阅读行为研究。具体包括：

a. 青少年浏览偏好与行为研究。基于多媒体学习理论，探讨界面结构和呈现方式对多媒体学习成绩的影响，进行实证研究，确定实验素材、研究样本、眼动数据处理等方面，明确影响因素；针对少儿图书馆网站界面，展开实证眼动实验研究，探索符合儿童阅读特征的图书馆界面设计。

b. 青少年处理复杂信息行为研究。基于数字阅读素养测评框架与眼动追踪技术，研究广告对青少年数字阅读质量及阅读策略的影响，通过实证研究，获得数字阅读行为和测试成绩及策略的差异分析。

（4）青少年视角下智慧图书馆建设研究。内容包含：

a. 智慧图书馆三维结构模型构建，运用霍尔三维结构理论，从不同维度构建智慧图书馆三维结构模型，明确建设的过程及系统建设各阶段详细的方法步骤和所需的知识技能。

b. 青少年视角下公共图书馆智慧化资源建设与服务模式研究。从青少年群体视角，结合前沿技术，规划智慧图书馆青少年数字资源建设，构建与推广智慧服务模式。

第三节 研究意义

良好的阅读能力是一切学习的基础，对阅读能力的培养不仅要在学生时期、儿童时期甚至于在婴幼儿时期都应进行适当的阅读训练。随着信息技术的发展与 5G 的普及，传统阅读与数字阅读相结合的新的阅读方式渐渐成为社会阅读的主流。国内外学者从情报学、图书馆、教育学等领域对阅读进行探讨，使其跳出"浅阅读"范畴，提升数字阅读素养，达到较高的精神层面；同时，图书馆智慧化的建设从阅读环境、个性化信息推荐、虚拟咨询、交互式服务等方面对数字阅读发展提出了建议。

一、理论意义

伴随信息与通信技术(information and communication technology，ICT)和互联网技术的发展，数字阅读迅速影响了整个社会阅读环境，数字化阅读的研究已经成为信息科学及图书情报领域的研究热点，对青少年数字阅读的认识、青少年数字阅读的需求、数字阅读与传统阅读的关系、青少年数字阅读行为及社会对青少年数字阅读的支持的研究是发展青少年数字阅读的首要问题。从现有研究受众层面分析，目前数字阅读的研究主体更加偏重 18~40 岁的成年人，而对数字阅读的研究更多停留在对数字阅读需求、内容或是与传统阅读比较等描述性层面，解释性层面的研究广度与深度都有待提高。

本书将青少年作为数字阅读的主体，借鉴元认知理论、社会支持理论、多媒体学习理论、有效使用理论等相关理论与模型，通过研究用户微观层面的思维、习惯、动作和兴趣偏好及对新技术的接受和使用行为。在上述理论的基础上，学者们提出了众多的理论与模型，其中最有代表性、应用最广泛的是 TAM、UTAUT、D&M。TAM 等模型专门用来描述和解释信息技术的接受程度，并能够解释影响技术使用者行为的因素；D & M 模型能解释系统采用后(即系统验收后)阶段，系统使用和系统成功的认知和行为方面的常用框架。从社会视角及信息采纳视角分别构建青少年数字阅读行为及数字阅读平台采纳和有效的影响因素模型，深入分析青少年数字阅读行为及数字阅读平台建设的具体影响因素，有助于推动数字阅读认知理论与多媒体学习理论的研究，促进社会支持理论及有效使用理论的丰富与发展，完善智慧图书馆的建设。

二、实践意义

本书结合元认知理论、社会支持理论、多媒体学习理论、有效使用理论等相关理论分别构建青少年数字阅读行为及数字阅读平台采纳和有效使用的影响因素模型，分析青少年数字阅读行为及数字阅读平台建设的具体影响因素，指导青少年数字阅读未来的发展方向，完善未来智慧图书馆的建设。主要实践意义如下：

（1）通过模型构建与实证研究，系统、全面地了解青少年对数字阅读的认知、青少年数字阅读的需求、青少年数字阅读理解与监控及青少年数字阅读行为的现状。从不同角度构建的模型既包括系统因素，还强调社会支持及有效使用对数字阅读理解的影响因素。元认知阅读行为的培养有利于提高青少年数字阅读过程中的效率，提高青少年数字阅读最终效果。

（2）通过分析青少年数字阅读行为的主要影响因素，强调政府、学校、家庭对数字阅读的推动作用，特别针对青少年数字阅读在界面设计、平台建设及服务等方面向图书馆提出对策与建议，更重要的是为社会各界建设数字阅读的评价系统、数字阅读的有效指导、规范数字阅读相关的信息资源建设、营造良好的数字阅读环境方面，为智慧图书馆的框架构建等实践工作提供重要指导和依据。

青少年数字阅读的发展不仅是一个时期的现实问题，也会影响未来阅读研究的发展方向。随着数字化阅读的普及，阅读素养延伸至数字阅读素养的要求，对传统阅读方式的冲击已经慢慢凸显。无论是何种阅读方式，最终的目的就是让青少年在阅读习惯、阅读情趣的培养时期，有更好的阅读指导，帮助青少年跳出"浅阅读"的范畴，引领深层次的数字阅读，提升青少年数字阅读素养水平。

第四节　研究思路与方法

一、研究思路

本书立足于有限目标的方案设计，理论研究与实证研究相结合，拟分四个阶段展开。

第一阶段：分析统计既有数字图书馆建设数据，对相关理论和文献进行梳理，分析数据环境下图书馆资源设计与阅读服务的需求和挑战。

第二阶段：依据元认知理论、多媒体学习理论、社会支持理论、眼动跟踪技术、信息技术/系统接受理论，界定相关概念，构建相关模型。针对阅读者浏览行为、定位与检索行为的眼动实验设计与实施，开展大规模调研工作，据此描绘阅读者的浏览行为与检索行为；从读者需求角度构建数字阅读平台使用行为模型，实施大规模问卷调研工作，进行数据统计分析。

第三阶段：开展实证研究。根据实验与问卷数据统计分析结果，从多媒体资源与读者需求两个角度确定和分析影响用户数字阅读行为的因素。

第四阶段：提供智慧图书馆阅读平台建设、智慧化阅读服务提供及多元化的阅读推广的策略与建议。

二、研究方法

本书采用文献调研法、眼动实验法、专家咨询法、问卷调查法、访谈法、统计分析法等方法展开研究，立足于理论分析与实证研究相结合的方案设计，逻辑上根据"问题提出—理论基础—实证研究—行为分析—策略建议"的思路逐步展开和细化。

（1）文献调研法，广泛收集国内外数字阅读、青少年阅读研究等相关资料。

（2）眼动实验法，确定实验目的，选择被试人员，采用混合实验设计，明确实验刺激素材，运用眼动设备开展实施过程，控制整个实验的进程，获得有效实验数据。

（3）专家咨询法，理论模式的构建、调查问卷的设计、访谈的方式及内容等需走访领域内的专家，听取其意见与建议。

（4）问卷调查法，针对青少年分为调查问卷，进行小范围的试验调查，根据调查结果，通过因子分析、信度分析、效度分析等方法，对调查问卷的科学性与合理性进行验证，并据此进行必要的修正，然后进行大范围的问卷调查。

（5）访谈法，结合本书设计的调查问卷与眼动实验设计，围绕研究主题，对研究主体青少年采用自由访谈与个别访谈相结合的方法收集资料，进行定性分析。

（6）统计分析法，在理论分析的基础上提出模型和研究假设，设计调查问卷进行调查，通过实证研究，对获取的数据，运用 SPSS 25.0、PLS、ML、AMOS 对样本数据进行单因素方差分析、因子分析，检验指标设计的信度和效度；利用结构方程建模方法，对假设模型中各结构变量之间的因果关系进行验证，针对眼动实验数据，采用 SPSS 25.0 进行独立样本 T 检验与相关性统计分析，验证实验假设。

第五节 相关术语

一、青少年

国内外的学者对青少年一词从各个角度给出不同的定义。《青年学辞典》和《牛津英语词典》对青少年的概念较类似，认为青少年是指从儿童到成年期的阶段。维基百科对青少年的解释为：身体和心理发展的过渡阶段，通常指15岁左右的人，但其应有的身体、心理或文化表现可能更早开始和更迟结束。心理学界则普遍认为青少年期即青春期，青春期一般指12~20岁。

"青少年"年龄界定问题是青少年相关理论研究的基础性问题，然而不同组织或机构对其年龄定义具有差别，学者们发现很难就青少年的年龄界定达成共识。医学文献中通常遵循世界卫生组织（World Health Organization，WHO）的标准进行定义，青少年为10~19岁。《青少年发展心理学》规定青少年时期包含少年期（11~14岁）、青年初期（14~18岁）及青年晚期（18~24岁），而国家统计局在统计普查中对青少年的划分是0~14岁。

本书根据上述研究，结合吴爽爽等（2019）对青少年的定义，考虑数字阅读研究的特点将青少年定义为人类发展到儿童期与成年期之间的一个时期，年龄为10~16岁。处于该年龄段的人多为中小学生，是社会上备受关注的一个群体。本书研究的对象青少年，是9~18岁的城乡在校中小学生，ePIRLS指出小学生阅读关键节点正是9~10岁这个年龄段，是从单纯地学习阅读到从阅读中学习的过程转变，且无论有无时间进行数字阅读或是否接受数字阅读都应具有基本的数字阅读素养。九年制义务教育的实施，规定所有适龄儿童及青少年依法接受九年的强制教育，这缩小了城乡基础教育差距，李克强在2020年国务院政府工作报告中提出了教育公平发展和质量提升的重要说法。青少年有一定的识字量，具备了基本的听说读写能力，掌握了基本的数字信息技术，但自我控制力比较差，辨别事物的能力较弱，对阅读资源的获取、阅读能力的培养、阅读过程的把握大多需要老师和家长给予一定的关注与指导，在必要的情况下进行有效监督与控制，这是有别于大学生等成年人这类数字阅读主体的。

二、数字阅读

很多学者在进行研究时，并没有对数字阅读进行严格的定义，主要通过其与纸质阅读的不同来进行区分。在很多前期研究中，一些研究者通过设备类型来表达数字阅读，如很多文献中使用的"屏幕阅读""手机阅读""多媒体阅读"等。现在研究中学者们直接使用带有一定限定语的"数字阅读"概念。例如，有学者用"平板中的数字阅读""在线数字阅读"等限定性语句来说明阅读的设备和对象，即使不对数字阅读进行定义也能说明文章研究的具体内容。但是，很少有学者对"数字阅读"进行明确定义。我国学者舒晴认为数字阅读是指读者通过计算机、手机及电子阅读器等媒介对数字化的图书、期刊、报纸及互联网上的知识和信息进行的阅读。胡妍庆指出数字阅读是以数字媒介为载体获得文本知识和信息的阅读活动和文化现象，体现为面向阅读内容、载体和方式的数字化。更多的学者借鉴了吴敏慧的定义，数字阅读是指阅读的数字化：一是阅读对象的数字化，即阅读的内容是以数字化方式呈现的，如电子书、网络小说、博客、网页等；二是阅读方式的数字化，即阅读的载体不是平面的纸张，而是电脑、手机、电子书、MP4 等电子设备。该定义强调了阅读对象的数字化及阅读方式的数字化。从定义上来看，很多研究中的其他表达也属于数字阅读。

因此，本书使用数字阅读的术语，并将数字阅读限定于通过电脑、手机、平板电脑等互联网设备进行文学作品的在线阅读或离线阅读，包含网络文学、出版物、电子版漫画、数字报纸杂志等，但不包括只有视频、声音而没有文本的声像信息内容。

三、数字阅读行为

对数字阅读行为的研究是从阅读者的角度在数字环境下把握阅读的动机、阅读资源的搜寻、阅读信息的检索及阅读资源的浏览等方面的研究。

霍耶（Hoyer）和马克兰斯（Macinnis）（2001）将个体需要、符号需要、享乐需要三个层次的需求应用于信息搜索与信息使用中，当感觉到这些需要时，阅读者会产生内在的不满足感。为了得到满足，阅读者会基于任务达到目标，使信息需求贯穿于整个阅读行为。与阅读者自身相关的有意义的一些事情、阅读者的价值观、阅读者有可能完成的目标、阅读者为了某些不平衡感要扩张的内部状态、阅读者感觉到的风险及阅读者前后不一致的态度都会决定是否产生数字阅读动机。因此在数字阅读行为研究理论中，需要、动机、行为三者之间是有深刻关联的。

埃利斯（Ellis）将阅读行为概括为开始、链接、浏览、区分、回复、选取，当读者将阅读范围从传统的纸质阅读延伸至数字信息环境下的人机互动阅读时，数字阅读者在信息搜索阶段同样存在开始、链接、浏览、区分、回复及选取这六种阅读行为。

对于数字阅读行为的相关研究，大致可分为行为研究、策略研究和影响因素研究三个方面。在行为研究方面，根据 Carolina（2014）的观点，数字阅读用户的行为包含导航模式、浏览模式和细读模式。导航模式是指读者通过创建个人导航路径，以非线性的方式进行数字阅读；浏览模式下读者会快速泛读与目标知识相关的内容；采取细读模式的用户会详细地按照内容的先后顺序在所有的页面上进行数字阅读。茆意宏等（2014）则从信息寻求、信息利用及信息交流三个角度系统地分析了用户的数字阅读行为，发现读者大多通过随意浏览、导航、检索、社会化推荐和广告搜寻阅读内容。对于策略研究，Julie Coiro 教授（2003）认为在数字环境下，读者的阅读策略由相对独立的阅读活动转变为倾向于与文本、媒介及其他数字阅读者进行交互与协作的行为。这点与 Leu 等（2017）认为数字阅读要求读者主动地参与信息获取与互动的观点是一致的。有许多因素会影响读者的数字阅读行为，包括社会数字阅读倾向、个体阅读需求、读者性别、年龄等，对于这方面的研究很多，代表性的研究如董文鸳（2014）采用问卷调查分析浙江省大学生数字阅读行为，发现性别、学科等因素会对数字阅读行为产生影响；王锰等（2016）通过单因素方差法、结构方程模型法从国民数字阅读倾向等角度研究美国的数字阅读行为影响因素；胡妍庆（2022）认为数字阅读前后的辅助环节在新媒介的促进下拥有多样化的活动方式，使数字阅读行为呈现复合化的特质，而复合化的阅读方式给读者带来全新的体验。张文韬（2023）研究数字阅读行为以网络检索、全屏浏览和快速阅读等为主，认为数字阅读增加了读者的认知负荷，降低了读者的认知成本，强化了读者的阅读效率，并认为读者逐渐从书本学习者转变为网络信息收集者。

考虑到数字阅读行为是非单纯地阅读文本的行为，其还包含信息行为中的搜索与检索，因此本书对数字阅读行为的理解为：数字阅读行为由阅读者的数字阅读信息需求、信息搜寻、信息使用及数字阅读信息的反馈与传播构成。其中，在数字阅读中，信息搜寻基于数字阅读的目标、把握数字阅读的动机，通过数字阅读浏览、链接、甄别、选取来进行数字阅读信息搜索；数字阅读信息使用更强调通过"看"与"听"来加深对阅读信息的理解与吸收；数字阅读信息的反馈与传播就是信息提供者与信息使用者的交互过程。

四、阅读素养

阅读是人类重要的认知活动，是个人学习能力和发展的主要途径，人们对阅读的研究，也催生出"阅读素养"一词。"阅读素养"最早可追溯到1991年国际教育成就评估协会(International Association for the Evaluation of Educational Achievement，IEA)开展的阅读素养研究。目前国际上对阅读素养的研究项目主要有国际阅读素养进步研究(Progress in International Reading Literacy Studies，PIRLS)、国际学生评估项目(Program for International Student Assessment，PISA)和美国国家教育进展评估(National Assessment of Educational Progress，NEAP)，其中PIRLS最具影响力和代表性。

PIRLS主要以四年级学生的阅读素养为评价核心，旨在提高阅读教学能力和青少年的阅读素养。随着时间的推移，其对阅读素养的概念在不断扩充和完善，PIRLS 2016对阅读素养的理解是读者有能力从各种文章中构建意义，通过阅读来进行学习，参与学校和生活中阅读社群的活动并获得乐趣，国内外的学者大多采用这一概念。PISA 2018对阅读素养的理解偏重个人潜能发展与社会能力。NEAP 2013对阅读素养的定义更倾向于应用意义方面，以满足特定目的和语境的需求。

当前，国内对阅读素养的理解、培养路径、背景因素等方面的研究正处于积极探索中。罗德红和龚婧(2016)对阅读素养概念进行述评，分析异同并指出其应有之义与启示。宋乃庆等(2017)，探讨了影响小学生阅读素养的因素，为小学生阅读素养培养起到积极作用。康霞和李艳芳(2018)提出树立阅读习惯、培养阅读策略、推广阅读活动、优化资源配置和建立阅读评价机制这五个培养路径来提升大学生的阅读素养。傅葆明(2022)遵循PIRLS的研究路径，研究因个人兴趣而产生的自主阅读活动，从言语理解分析、阅读动力及阅读态度三方面考察阅读素养，认为阅读素养不仅包括从各种不同文本中建构意义的能力，也包括有利于养成终身阅读习惯的行为和态度，这些行为和态度能够促使大学生成为熟练的阅读者，帮助其实现自己的阅读目标。费晗璐(2023)认为阅读素养是个体通过阅读学习和训练，培养其阅读兴趣和良好阅读习惯，发展其思维与想象力，内化阅读基本技能，最终在日常生活中灵活应用阅读、提高社会交往的表达与交流的能力。

本书对阅读素养的理解首先从语义出发，《现代汉语词典》第7版中对于"素养"一词的解释是平日的修养，说明阅读素养也如艺术素养一般，可以通过日常实践在理论、知识、技巧等方面达到一定水平。综合PIRLS等对阅读素养的定义，本书认为阅读素养是读者在阅读中首先可以理解文本的能力，增长知识并发展潜能，形成一定的读写能力、态度与策略，最终运用文本中获取的知识解决现实生活中的问题，实现个人目标。

五、数字阅读素养

近年来，伴随信息技术与移动设备的快速发展，数字化的生活方式早已席卷全球，人们的阅读方式与阅读环境随之产生变化。在数字化阅读时代，阅读素养的含义也发生了变革，"数字阅读素养"一词应运而生。国内外学者从不同角度来定义数字阅读素养的概念。

Kinzer等提出数字阅读素养是一种区别于传统阅读素养的新素养的观点。数字阅读素养要求在数字环境中，读者必须拥有信息寻找(locate/assess information)、批判性评估(critical evaluation)与信息整合(integration)等能力，才能适应日新月异的信息技术。Leu等(2011)明确指出，网络和信息及沟通技术的相关技能是数字阅读素养评估体系的重要组成部分。Heitin(2016)将数字阅读素养看成数字素养与阅读素养的共同作用。

国内学者对"数字阅读素养"一词也给出了许多定义。王健和张立荣(2011)认为数字阅读素养是在数字阅读中通过合法方式快速高效地获取、辨别、分析、利用和开发信息的素养。周惠敏(2019)认为数字阅读素养是在数字环境中明确个人阅读需求且具备检索、筛选信息的能力；除了掌握基本数字技术与设备进行阅读外，能够与其他读者进行交流分享，从而创造新内容；在数字化社区中阅读必须遵守相关行为规范并尊重他人的知识产权。余闻婧(2019)认为数字阅读素养可以表现为关注和检索明确说明的信息、直接推论、解释整合思想与信息、评价数字阅读内容。吴文(2020)指出数字阅读素养侧重于问题导向的探究，个体使用ICT设备，具有检索、辨别、沟通信息及整合多元信息的能力。徐浩和欧阳芬(2021)总结前人研究,归纳出数字阅读素养包含文本处理素养(检索、筛选、加工信息)、数字交互素养(运用数字工具和技术)、内容创造素养(创造新信息、数字创作能力)、数字安全素养(数据隐私保护)、数字修养(数字健康生活)。韩骐键(2022)将数字阅读素养总结为人们在阅读过程中运用数字媒介设备获取、理解、评价、创造数字文本信息时所具备的知识、技能与情感态度的综合。费晗璐(2023)以阅读素养概念为基础增加数字技术要素,将数字阅读素养定义为通过识别、提取、推断、整合、解释和评价电子媒体中以不同形式呈现的文本,以获取知识和开发潜力的技能和策略,其中包含数字阅读意识、数字阅读知识、数字阅读能力、数字阅读道德四个维度。

考虑到数字阅读是对传统阅读的补充,阅读的一些本质并未发生根本性改变,譬如接受信息、理解文本(超文本)等,本书对于数字阅读素养的定义建立在传统阅读素养概念的基础上,认为数字阅读素养是指在数字信息环境下理解并运用数字文本的能力,要求读者不仅能使用数字工具与技术进行搜寻、筛选、整合数字阅读内容,还要具备互动交流、自主创造新的数字信息的素养,以期实现个人与数字社会的不断进步。

第二章　青少年数字阅读研究概况

第一节　青少年阅读研究现状

国外青少年阅读研究由来已久，早在 1900 年，美国马萨诸塞州伍斯特市的克拉克大学哲学系就发表了心理学文章"在校孩子家庭阅读"(*Home reading of school children*)，关注孩子在家庭环境下的阅读行为与状态。青少年阅读研究主要涉及心理学、教育学、语言学、信息科学与图书馆科学等领域。近年来，随着网络技术与计算机技术的发展，各种阅读方式应运而生。其中，电子书的出现使人们开始借助在线阅读工具，充分使用网络资源，从而拓宽了读者的视野。在此背景下，在线阅读已成为国外信息科学图书馆学、教育学、心理学等多个学科领域的热点问题之一。在中国知网下的中国期刊全文数据库(CAJD)中收录国内最早有关青少年阅读的文章是 1956 年 4 月在《读书月报》上由金砺发表的"高中学生的课外阅读问题"一文。同月，王幼于在《物理通报》上发表了"适合中学生阅读的物理课外读物"，文中向高中师生推荐了中国青年出版社出版的《趣味物理学》，该书以新颖的方式叙述故事，引用了科幻小说的材料用物理学原理解决实际问题。经历了 60 多年的发展，青少年阅读一直受到国内外图书馆界、情报学界、教育界、心理学界、语言学界、出版界的关注与重视。

一、阅读障碍及身体缺陷儿童的阅读研究

阅读障碍及身体缺陷(听力障碍、唐氏综合征等)儿童在阅读能力、方法与技巧方面的培养问题一直是国内外关注的重点。Olofsson(1992)提出一个简单的方法用以部分解决词语编码问题：让阅读困难儿童使用电脑读出那些他们不能读的词语。使用电脑程序及多语言文本发音功能，儿童可以通过屏幕

阅读任一篇文章，使用鼠标点击任一词语发音。研究表明：①虽然二年级儿童在有计算机辅助阅读功能的阅读理解测试中没有很好的表现，但是在理解内容方面明显好于对课本的理解。②在特殊教育环境下计算机辅助阅读效果的研究，年级高的儿童（四年级以上的儿童）从计算机辅助阅读中获得的收益相对较大。实验组与控制组儿童都从阅读学习中受益匪浅，但是部分儿童没有从计算机辅助阅读中表现出足够的元认知技巧，因此本节更加关注儿童阅读需要先期进行更多的训练，诸如如何使用系统、如何监控自己的阅读表现等，而由计算机传递的编码帮助只作为一种形态的表现方式而进行讨论。Coltheart 和 Leahy（1996）在"阅读与发展性诵读困难学术会议"上对其研究进行说明：研究的样本是澳大利亚悉尼市一所小学的 420 名 7~12 岁的儿童（每个年龄的儿童均由 35 名男孩和 35 名女孩组成），让他们进行常规课程的阅读学习，向每个年龄段的儿童提供 30 个无关词、30 个假词、30 个常规词让他们大声朗读。研究发现：在双耳分听描述学习阅读中，常规词与无关词之间阅读的正确率和常规词与假词之间阅读的正确率，均高于无关词与假词之间阅读的正确率；常规词阅读的正确率高于其他两词阅读的正确率。研究发现，儿童根据其年龄特征在阅读时表现出的阅读困难，与何时及如何选择是否需要词典帮助对其学习阅读和阅读效果是明显相关的。Landi 等（2010）运用功能性磁共振成像（magnetic resonance imaging）技术，调查阅读困难（reading disabled，RD）与非语言性沟通障碍（non-impaired，NI）儿童的多种语义能力（视觉与听觉方面）与单峰语音体系（仅视觉）能力，发现减少激活阅读困难与非语言性沟通障碍是明显相关的。Harris 和 Terlektsi（2011）从本地学校选取了86 名 12~16 岁的失聪青少年，其中大约有 1/3 的青少年有听力帮助，1/3 的青少年在 42 个月前接受了人造耳蜗植入，1/3 的青少年没有植入。这三组青少年年龄与智力水平相当，在没有接受治疗之前失聪的程度相同。评估显示，尽管听力帮助组的阅读表现最好，但这些青少年的实际开始阅读年龄普遍晚于同龄健全青少年。研究发现，预期的阅读水平与失聪被诊断的年龄或听力失聪程度相关性不大，但阅读水平与语音拼写的表现具有显著相关性。因此，学校对大批听力帮助组的孩子及耳蜗植入组的孩子采用了不同的教育方式，并设置了不同的教学课程。Dusek（2011）主要从生物学角度进行研究，研究表明：儿童的阅读困难不涉及明显的智力与心理因素，主要是由儿童双目对焦异常导致的。目前，这类儿童的治疗方式多选择在家采取棱镜矫正治疗，且治疗效果明显。挪威学者 Naess 和 Melby-Lervag 与英国学者 Hulme（2012）对患有唐氏综合征的儿童在阅读技巧方面进行分析研究，发现尽管他们在与其词汇认知水平相匹配的词语解码方面表现出一定的技巧，但是在词汇与语音意识两个方面仍有所欠缺。

二、青少年阅读方法技巧研究

研究青少年阅读的目的在于提高其的阅读能力、阅读技巧及阅读水平。为此，针对青少年阅读方法、技术和工具方面的研究层出不穷，如眼动阅读法、出声思维法等。此外，除了书本阅读，青少年还可以接触到屏幕阅读等网络阅读方式。Wright 等（1992）提到，在利用计算机辅助学习系统（computer-aided learning，CAL）学习时，青少年使用触摸屏和概念键盘两种方式中发现触摸屏学习在改善青少年学习困难方面有显著效果。此外，研究还探讨了触摸屏学习与概念键盘学习在帮助孩子掌握已经看过的单词及学习新词汇方面的相对有效性，证实触摸屏学习更有效，因此在今后的教学中可以借此方式培养青少年一些简单有效的信息处理能力。Mine 等（2007）研究青少年阅读有插图的书本时的眼动模式，选取了 14 名 9~11 岁的在校学生，让他们阅读含有图画与文字的图书，之后让他们回答一系列的问题以便检验他们的阅读理解能力。研究发现：①当阅读内容中包括图画与文本时，儿童对图画比文本的关注持续时间要长；②当阅读从左至右进行时，眼睛也一定是从左至右关注图画书的；③扫描模式主要依据青少年的特性与页码的编排而形成。在文本区域与图画区域的眼动可以被分为两种类型：循环模式与重复模式。结论显示，扫描模式与青少年具体的特性没有显著关联，没有一个普遍的阅读模式适用于所有青少年。Salmerón 和 García 等（2011）通过对三所中学中有天赋的阅读者进行跨领域的阅读调查，运用定量分析方法从兴趣、阅读目标及阅读能力三个方面进行交叉研究。研究表明，出声思维（think-aloud）方法可以对阅读行为进行编码，包括兴趣的表达和重新编码对目标的猜测。个体阅读包括评估学生的知识与兴趣、目标水平及阅读表现。Lesaux 和 Kieffer（2010）探求城市学校青少年早期小语种学习者（language minority，LM）及英语母语学习者中出现的阅读理解困难的本质。6 年级学生（有 399 名小语种学习者，182名英语母语者）进行了标准化阅读理解测试，大部分学生出现了屏幕阅读困难。其中 262 名学生（201 名小语种学习者，61 名英语母语者）的得分等于或低于临界分值。小语种学习者被定义为努力的阅读者，尽管分析显示小语种学习者具有区别于非小语种学习者的阅读水平，如词语朗读的正确度与流利程度等，但是他们都是低词汇知识储备者。大多数努力型的阅读者注重掌握阅读基本的流利度。研究发现学校需要正视学生在理解方面的不同困难，并且不能将小语种学习者与二外学习者等同对待，而要根据他们的具体阅读需要来设定教学目标。

三、阅读治疗研究

存在阅读缺陷的青少年进行阅读治疗能够有效改善其心理焦虑等问题。Camp 和 Vandoorn(1971)对贫穷地区的 66 名智力发育迟缓的阅读困难青少年进行了调查。研究中，这些儿童在有报酬或无报酬的情况下被要求做可视词汇任务，以评估他们的准确性，结果青少年的表现没有显著差异。研究将青少年随机分为两组：阅读治疗组和控制组。阅读治疗组的青少年接受非专业人士一周两种或两种以上的课程，主要运用行为限制方法来培养其阅读能力。之后重新对两组青少年进行可视词汇反应测试。测试结果表明，7 对阅读治疗组与控制组青少年的阅读水平均达到了评分等级。在经过 14 节课程后，阅读治疗组在可视词汇能力方面均超越了控制组，但在阅读广泛性测试中没有明显变化。Burns 和 Kondrick(1998)研究家长对儿童阅读治疗项目行为的管理监督，主要对 2~4 年级有阅读缺陷的儿童进行调研。10 个儿童接受了 70 个时段的治疗，其中 5 个儿童增加了 51 个时段，总共接受 121 个时段治疗。整个治疗过程充满活力，儿童均积极参与治疗活动，同时家长对整个过程实施有效的监管。根据治疗的详细记录可发现儿童的标准化阅读能力有了显著提高。尽管研究存在局限性，但家长管理阅读治疗项目对纠正儿童阅读缺陷是有益的。

阅读治疗对青少年阅读有许多重要价值。它能够帮助青少年分析与自身和他人有关的想法和行为，降低焦虑并提供情感释放的放松训练，同时鼓励他们自由表达被压抑的情绪和情感。这些价值让儿童阅读治疗得到越来越多的认可。杨邓红和王鑫强(2009)提出在中学生群体教育中实施阅读疗法的建议，以促进非正式群体的健康发展。吴伟和聂卫红(2011)提到儿童阅读治疗的发展性和预防性，强调读者的人格与文学作品产生的交互作用，以及阅读对人格评估、适应和成长所产生的影响。研究还对少儿图书馆开展阅读治疗进行可行性分析并对实施中遇到的困难提出相关建议与解决方法。刘斌志（2014）研究了震后灾区青少年的心理重建，认为阅读疗法重在协助他们实现阅读与外在社会环境之间的平衡和发展，并有利于特殊个体的心理重建。

四、图书馆对青少年阅读的指导研究与家庭对儿童阅读的影响研究

（一）图书馆对青少年阅读的指导研究

Miller（1993）将青少年阅读作为一种正式教育方式进行描述，特别关注美国图书馆在提供给青少年阅读的社会环境中所扮演的相关角色。美国注重有关阅读与青少年之间的描述性研究。阅读的研究从三个领域获得调查资料：①阅读过程作为一种众多博学过程的整合研究；②阅读的环境影响研究；③阅读的课堂实践研究，特别是那些教学研究与测试研究。研究结论表明通过对图书馆、图书馆馆员相关工作的研究为建设素质文化社会提供参考依据。Stauffer（2007）从图书馆馆员的视角开展"提高青少年阅读兴趣"的研究指出，图书馆馆员一直在探讨提高青少年阅读兴趣的方法，但是他们更多关注阅读书本本身而忽略了实际的阅读活动。很多人提出建立"阅读习惯"的需要，也就是能多阅读好的图书的基础，图书馆馆员开始提出"阅读意愿性"问题，这是大多数青少年，特别是男孩普遍存在的问题。研究调查了在 20 世纪，图书馆馆员的努力与提升阅读效果之间受到阅读者性别的相关影响，探索这些政策是否继续被用来设计成为提高阅读素养的主要手段，以此用来塑造社会性别角色。

国内图书馆（少儿图书馆、公共图书馆和数字图书馆）对青少年阅读的推动与指导起到了积极的作用。儿童阅读工作的推广与指导依赖于少儿图书馆、公共图书馆的重视与参与。罗静（2009）提到随着网络与计算机的发展，青少年的阅读习惯与方式也有了很大变化，数字图书馆可以为青少年提供质量较高的海量信息资源、专业的参考咨询服务和定制个性化信息服务，可以提高青少年的阅读能力，提高阅读素养。王余光（2010）从我国近现代学者顾颉刚先生与张舜徽先生的少儿时期读书案例入手强调青少年阅读传统中家庭对孩子阅读的影响，指出家庭、社会、图书馆对青少年阅读的影响与意义都是很大的，并对我国图书馆开展青少年阅读以来存在着一些不足之处进行总结，提出图书馆学界与图书馆业界加强合作研究的观点，为儿童阅读推广提供理

论支撑。丁小明(2010)强调公共图书馆对推广儿童阅读的时代意义与现实价值,从剖析我国儿童阅读的现状入手,提出公共图书馆对儿童阅读推广的责任与需要采取的各种方法与手段。杨卫东(2010)不仅分析了我国青少年阅读的现实状况,还将我国与国外青少年阅读推广工作进行对比,阐述了青少年阅读及青少年阅读推广的重要性,借鉴国外少儿图书馆的先进经验,提出要开展诸如分级阅读、亲子阅读等活动。李红(2019)认为我国公共图书馆开展青少年阅读推广活动力度不大,需要有针对性地加强青少年阅读推广活动,促使青少年的阅读方式、阅读爱好、阅读习惯改变。史朝霞(2021)针对中学生利用公共图书馆的情况进行调查,提出结合营销理论开展阅读推广服务,满足中学生的个性化需求。韩畅(2022)以天津市少年儿童图书馆儿童阅读推广活动的实践为例,阐述了公共图书馆开展儿童阅读推广的意义,并从政策制定、立法保障、阅读环境等方面提出有效策略。卜淼(2023)通过梳理公共图书馆留守儿童阅读服务,从服务主体、服务方式、服务内容、服务持续性四个方面总结问题,并提出建立科学长效的合作机制、开展契合需求的精准服务、提供丰富多样的内容资源、打造持续活力的阅读品牌等阅读服务优化策略。

(二)家庭对儿童阅读的影响研究

国外学者从父母参与儿童的阅读活动,采用激励阅读方法、父母自身所具备的知识水平等方面研究家长在培养儿童阅读能力中的指导作用。Ladd 等(2011)研究了加拿大家长自身的阅读能力与知识结构对儿童阅读的影响,研究对象是由 70 名幼儿与一年级的学生及其家长组成。对家长从具有的阅读能力、阅读范围、一般文化知识三个方面进行问卷调查;对儿童从字母词语、声音意识、善于接受的单词、口头表达及数学技巧进行标准测试。研究表明,家长的阅读能力与知识水平对儿童在字母词语、声音意识方面能产生积极影响,但对儿童的词汇、口头表达及数学技巧方面没有直接影响。研究反映出英语词汇结构与认知技巧是相分离的,提高家长的阅读能力、知识水平对提升孩子的文化素养还有待进一步的研究与讨论。

美国在儿童阅读方面的研究从未间断过,研究所涵盖的主题领域以教育学、心理学、康复学、语言学、神经学为主,还涉及文学、儿科学、图书馆学等。美国的得克萨斯大学、伊利诺斯大学、威斯康辛大学、哈佛大学、俄亥俄州立大学等在儿童阅读方面都有较高的发文量,因此相对处于研究的领先地位。由于涉及多个研究机构，研究人员较为分散且未形成大的研究团队。儿童阅读课题除了受到美国高校的重视外，还得到了政府相关机构的大力资助，如美国国家儿童健康与人类发展机构、肯尼迪国家儿童健康与人类发展机构等都有基金支持，儿童阅读的研究与发展是一件于国于民都有益的大事，在美国具有较高的研究价值与社会地位。

五、青少年阅读素养与影响青少年阅读因素研究

(一) 对国外青少年阅读的研究

对国外青少年阅读的研究包括各国政府与民间组织有关青少年阅读政策与活动的发展历史与现状。王恩华(2001)对 20 世纪 90 年代俄罗斯青少年阅读教育进行了梳理，首先明确了青少年阅读面临的五大问题——发展大环境变差，有孩家庭物质状况恶化，中小学办学困难，教育改革困难重重，大部分地区图书馆藏书和拨款受限，其次介绍了库尔斯克州儿童图书馆向家长和老师就父母和老师在青少年阅读中所起的作用展开了调研，最后进行总结。邓利萍(2006)围绕美国的一项调查，介绍了美国城市中学生课外阅读的状况，进而分析中学生形成不同阅读习惯和态度的原因，最后结合这项调查的结论，探讨其对我国中学生课外阅读良好习惯形成所具有的启示意义。华薇娜(2008)对美国儿童阅读的发展进行了梳理，从政府角度来看，美国政府非常重视儿童阅读，针对阅读教育进行立法；从学校教育来看，从孩子进入幼儿园开始就关注其阅读教育，为学生的阅读测试专门开发了标准阅读考试软件；从图书馆的青少年阅读服务来看，图书馆为青少年提供各式阅读指导服务，图书馆馆员均是接受过相关青少年阅读研究方向或专业学习的毕业生；从社会角度来看，开展了多个与青少年阅读相关的专题活动，如读书活动、儿童图书奖等。孙頡和原保忠(2011)介绍了日本青少年阅读的发展历史与现状及开展青少年阅读活动的发展历程。日本政府相当重视儿童阅读活动，并颁布行政法令推动儿童读书活动的开展。学校组织各种读书活动，积极引导儿童养成读书的习惯；倡导父母每天参与亲子阅读，要花时间指导孩子的阅读活动；社区建有儿童馆、儿童文化中心、图书馆等，这些地方均提供多种读书服务项目。池娉和吴琦(2016)考察了 2001 年前后美国青少年阅读水平下降的事实，为了提升青少年的阅读能力，美国政府于 2002 年颁布实施 NCLB 法案，有效提升了美国青少年的阅读教育质量。卓果吉(2020)对德国青少年阅读推

广活动中的成功经验进行总结，发现德国将青少年阅读作为一项基本国策予以重视，将青少年阅读到了国家战略高度，创办促进阅读基金会，不仅开展诸多阅读项目，如"起点阅读""阅读测量尺"，还为青少年阅读营造良好的氛围，如举办朗读比赛，设立阅读日，举办电视阅读节目；政府层面对阅读推广保障进行立法，专设阅读推广经费，社会层面得到全民支持，社会团体积极出资，真正做到了阅读全域支持的地步。通拉噶（2022）通过解读俄罗斯的青少年阅读领域的重要政策，了解俄罗斯对青少年阅读持非常重视的态度：坚持政府指导、社会参与，并建立分级阅读服务标准，注重家庭阅读的基础作用和建立儿童与青少年阅读专家培养制度，等等。朱燕玲（2023）以纽约公共图书馆、洛杉矶公共图书馆和芝加哥公共图书馆为案例，发现美国公共图书馆都有以青少年需求为中心建设的相应馆藏资源，并且在实践中充分考虑到青少年的年龄和学习特点，联合学校、社区、家庭及社会机构等共同开展青少年阅读推广活动，对我国公共图书馆青少年阅读推广有良好的启示意义。

（二）青少年阅读素养研究

青少年理应具备一定的阅读能力、思维能力。肖佳平（1988）对当时青少年的阅读倾向、心理进行分析，将青少年阅读群划分为学习型、研究型、生活常识型和消遣娱乐型四大类型，并一一进行举例和说明。高军和邓辉（2013）利用 PISA 测试体系，探讨青少年阅读动机的不同维度与阅读素养之间的关系。詹世友等（2019）认为中学生阅读素养的培育需要多方共同努力，而且特别需要教师的引领。梁凯丽和田伟（2021）采用阅读素养测验、阅读调查问卷与教师支持问卷进行调研，发现教师支持通过阅读投入和阅读兴趣的链式中介影响学生阅读素养。李毅等（2022）以中小学生阅读素养为例，对阅读素养增值现状进行差异比较，研究发现四年级学生的阅读素养增长幅度更大；家庭社会经济文化地位越高，学生阅读素养的增值幅度越大；设有阅读基金与地处西部的学校，其学生阅读素养增值更为显著。唐璞妮（2023）构建了农村儿童阅读素养影响模型，并通过四川、湖北两省 1014 名农村儿童的问卷调研对模型进行验证。结果表明，阅读自我效能、阅读兴趣、阅读期望、教师支持、同伴影响对农村儿童阅读素养具有显著正向影响，父母参与对农村儿童阅读素养无显著影响。

（三）影响青少年阅读的主要因素研究

对影响青少年阅读的因素多从环境、心理等方面进行分析。黄春光

(2009)从影响儿童阅读能力角度分析主要因素，研究表明父母、学校、图书馆是三个主要环境因素，并从这三个影响因素分析其影响阅读能力的特点、形式和局限性，最后对培养儿童自主阅读给出相关建议。朱福才(2009)分析了儿童阅读活动主要受视觉文化的影响，在网络环境下，儿童阅读更应得到少年图书馆的相关指导，因此少儿图书馆一方面要体现其社会教育职能，另一方面更应体现其阅读活动包括网络阅读活动的指导职能，从儿童网络阅读资源的建设考虑应从完善少儿图书馆网站开始。殷奕琨(2021)选取北京市、山东省和新疆维吾尔自治区部分学校学生为样本，通过发放调查问卷，深入对比分析山东省农村中学生课外阅读的主要影响因素，探索提高其课外阅读绩效的有效途径。王淏蘭等(2023)研究分析儿童阅读模式影响阅读理解过程中的作用及其内部机制，结果发现喃喃自语比默读更有利于小学儿童对汉语的阅读理解。王明望和李砚青(2023)分析了新媒体环境下对青少年阅读的积极影响与消极影响，提出学校、家庭和政府应利用新媒体引导青少年阅读，帮助其增强鉴别能力和阅读能力。

第二节　青少年数字阅读研究现状

一、青少年数字阅读的现状和推广策略研究

很多学者在数字阅读出现初期就已经注意到其未来的发展潜力，对数字阅读在全民尤其是儿童和青少年中的应用现状进行调研，并在数字阅读发展方向、在教育中的应用、弥补阅读鸿沟等方面的作用提出独特的见解。刘晓景和曾婧(2014)对重庆300名3~12岁的青少年儿童电子书阅读情况进行调研，分析他们电子书阅读的现状。赵霞等(2016)的调研显示我国儿童七成进行过数字阅读，但纸质阅读依然是主流。何国莲(2016)特别关注农村和城中村儿童数字阅读的状况，并分析年龄、性别及家长态度对儿童数字阅读的影响。刘婧等(2017)采用抽样调查法，调研了农村和城市儿童的数字阅读现状，并进行对比分析。鉴于数字阅读未来的发展潜力，一些学者对数字阅读推广策略进行研究，发现图书馆，尤其公共图书馆是推广数字化阅读的最佳地点。在数字阅读出现后，大量数字阅读平台尤其是儿童阅读类学习类 App 大量涌现，如何利用新兴的数字媒介引导和推广数字阅读，也是一些学者研究的重

点。徐小丽(2012)提出公共图书馆应该构建数字化阅读平台，并走进社区、学校开展积极有效的数字化阅读宣传与指导。梁雯雯(2015)介绍了江苏少儿数字图书馆平台，并提出以少儿数字资源建设为基础，利用移动 App、微信平台等手段开展线上线下活动推动儿童数字阅读工作。徐晓晨(2018)基于认知发展理论提出，少儿图书馆应针对不同认知发展阶段的儿童提供符合其认知需求的数字阅读推广服务和策略。傅娟等(2018)对国内不同少儿图书馆的数字阅读推广效果进行研究，分析存在的问题，并提出相关推广策略。海雁(2022)探讨了图书馆充分发挥数字阅读推广工作的价值和作用，提出在全民阅读理念下的图书馆青少年数字阅读推广策略。周红利等(2023)通过对青少年群体的数字阅读心理现状进行调研，发现青少年对复杂的数字阅读内容会产生阅读焦虑，影响青少年数字阅读心理的主要因素为年龄、数字阅读能力、数字阅读产品类型及数字阅读产品内容。

二、青少年数字阅读平台研究

(一)青少年数字阅读介质偏好的研究

自数字阅读进入人们的视野，学者关于数字阅读和纸质阅读的比较研究就从未停止。杨鸱和王树伟(2012)研究了青少年对纸质出版物和数字出版物的阅读状况进行调查，分析了青少年的阅读倾向及家长的阅读消费态度。Kazanci(2015)调研发现大学生更偏爱纸质图书，通常会选择纸质教科书，而不是电子版本。学者关于数字阅读与非数字阅读的观点主要有两种：两者间有差异和无差异。认为两者间存在差异的学者中有一部分学者调研认为纸质阅读优于数字阅读，传统的纸质阅读在加深对文本的理解、掌握文本结构等方面比数字阅读更具优势，在纸质阅读过程中获得沉浸式体验、培养读者长期记忆、对复杂信息的认知处理效果方面也优于数字阅读。在屏幕上阅读时对认知负荷的需求增加(不熟悉阅读设备，特定的屏幕阅读策略等)也可能妨碍读者在屏幕阅读时的理解力。另一部分学者认为数字阅读丰富的形式和互动体验带来的阅读效果优于纸质阅读。樊敏生等(2016)发现实验组学生在使用电子书之后的"整体把握"和"组织分析"两个维度成绩得到显著提高。贺平(2013)通过对比实验发现数字阅读班学生的阅读加工水平明显优于纸质阅读班学生。Harjono 等通过实验，认为使用电子书可以有效提高青少年对概念的掌握能力、青少年的识字能力和理解能力。另一种观点认为数字阅读与纸质阅读的阅读效果没有显著差异。Lauricella 等（2014）和 Willoughby 等（2015）研究发现青少年电子书阅读和纸质阅读的识字效果相似。Roskos 和 Burstein（2013）分析了青少年对电子书的接触，认为由于触觉感知在数字阅读中的作用越来越大，移动设备可能刺激青少年的动机，提高其注意力，因为它们是多感官接触的。王娟等（2017）采用行为经验和眼动追踪记录的方法进行研究，发现小学生数字阅读与传统纸质阅读在文本理解效果方面无显著性差异。王爱平等研究发现传统印刷文本、普通电子书文本和超文本导航模式等不同的阅读材料呈现方式在青少年的阅读理解方面无显著差异。数字技术引入青少年阅读，只是拓展了阅读素养的外延，并不能将阅读素养完全通过阅读载体介质一分为二进行划分。因此，有研究人员呼吁将数字阅读与非数字（印刷）阅读进行整合研究，在整合的阅读视角下理解数字阅读素养技能的获得。Angelica 等（2022）研究发现阅读媒介对阅读时间没有影响，但媒介与性别对阅读时间具有交互作用，其中男孩在屏幕上阅读时比在纸上阅读更快。Sun 和 Charles 对汉英双语青少年进行眼动实验，研究发现具有视觉和听觉增强功能的数字图书有助于提升青少年的视觉注意力。

（二）青少年数字阅读平台设计和评估

1. 数字阅读平台界面和功能设计

数字阅读平台的字体大小、颜色配置、字体间距、内容分类、技术脚手架等设计会对青少年使用数字阅读平台产生影响。很多学者希望可为不同类型的青少年提供精确设计的数字阅读平台，以帮助儿童提升数字阅读有效性和效率。不同学者通过大量实验试图探索数字阅读平台自身在功能设计、排版、多媒体、技术增强功能特性、技术脚手架、个性化设计等方面的功能组合是否对儿童数字阅读参与、阅读理解和识字有帮助。Larson（2010）发现在数字阅读中内置一些电子工具，如可扩展字典和记笔记功能，会增加青少年对文本的参与和理解。在多项研究中，Verdana 字体被认为是有利于读者阅读的更好选择（Ali et al.，2013；Hojjati & Muniandy，2014）。一些研究人员声称文字间距会影响阅读性能。例如，Dyson（2004）发现，在屏幕上使用双倍空格显示文本时，读者的表现更好。Sweller（2005）指出当多媒体功能与故事文本没有直接关系时，这些功能可能超过容量，儿童可能遇到认知过载。Takacs 和 Bus（2013）发现在文本复杂的情况下，口头文本与插图同时呈现比依次呈现可以更有效地帮助儿童理解故事信息，动态似乎能引导儿童注意动画插图的重要细节，从而促进语言和非语言信息的整合。黄婕（2019）从感官体验角度对儿童电子书设计提出了建议。有人模仿纸质版共同阅读的模式提出一个具有阅读注解与互动讨论架构（CRAS-RAIDS）的协同数字阅读注解系统，以提升协同数位阅读环境下的阅读效能（Chang et al.，2017）。Lin 等（2016）开发了一个基于 Web 的协同阅读注释系统（wcras-tqafm），该系统具有高级注释过滤机制和主注释过滤机制两种机制，以提高学习者的阅读成绩。陶海峰和宋礼秀（2020）以用户体验与交互设计的理论为基础分析樊登读书 App，从感官交互、行为交互和情感交互三个层面探讨数字阅读平台的交互性设计对数字阅读的影响，提出数字阅读平台应该注重差异化和多样化。谢羽欣等（2022）结合线上线下设计开发"墨象读书"新型互联网阅读平台，主要包括"登录""书桌""广场""书馆"和"我的"五大功能模块，与其他流行的阅读软件相比，功能更加齐全，更加注重激励学生主动阅读和辅助教师提升教学质量。

2. 青少年数字阅读平台质量评估

由于数字阅读 App 和阅读终端的飞速发展，如何选择适合不同青少年需求的阅读平台成为研究人员关注的领域。研究人员已经开发了各种评价和评估工具用于评估青少年数字图书的质量。美国的青少年技术评论和英国的 Literacy Apps 网站定期发布青少年数字图书的专家级评论。Brueck（2013）开发了电子书质量评级工具（EQRT），并测试了该工具对小学教师来说的技术充分性和可用性。Sari 等（2019）评估了匈牙利、土耳其、希腊和荷兰最受儿童欢迎的应用程序，发现应用商店这四种语言的应用程序的质量都很低。Papadakis 和 Kalogiannakis（2017）利用开发的评估工具从教育内容、设计、功能部分和技术特征四个方面评估了安卓应用程序商店中提供的希腊数字图书的教育价值。Kucirkova（2018）对当时流行的 100 种儿童数字图书中的个性化进行分类，确定儿童数字图书个性化的多样性和复杂性。任晴雪（2022）以用户价值为基础的 DEVA 评估模型结合收益分割法和用户价值理论，对 QQ 阅读平台进行评估，使用 DEVA 修正模型作为评估方法，具有一定的创新性和突破性，并且为网络文学阅读平台的定价及交易提供逻辑思路，为评估方法的完善提供了理论参考。

三、青少年数字阅读行为及其影响因素研究

(一)青少年数字阅读行为研究

青少年数字阅读行为研究主要探讨青少年数字媒体使用习惯、青少年阅读中的注意力分散、数字阅读参与等。Rideout(2014)调研发现电子故事书会增加学龄前儿童每天的放映时间,分散他们对故事书内容的注意力。一项数字平台的交互效应研究表明,与阅读技能相对较高的学生相比,阅读理解技能较低的学生更容易从较高的阅读相关行为和更多的文本转发音的功能中获益(Daley et al.,2019)。Cheung 等(2013)研究发现不同性别的儿童在家中使用 ICT 进行休闲阅读存在差异。Sung 等(2015)利用眼动数据研究了儿童对不同文本的阅读能力。刘婧等(2022)学者利用眼动追踪技术研究广告对高年级小学生数字阅读质量的影响,研究表明他们在不同数字情境下的浏览行为和测试成绩存在差异。

(二)青少年数字阅读动机和影响因素研究

阅读动机是促进青少年阅读参与的重要影响因素,缺乏阅读动机会降低青少年的阅读参与度。有学者以上海初高中生微信阅读为例开展研究,发现青少年社会化阅读动机主要包括内在性动机、社交性动机和成就性动机。其中,社交性动机是青少年开展社会化阅读活动最为重要的动机因素。

有学者开展了青少年数字阅读行为影响因素研究。学者将理性行动理论、计划行为理论(Ajzen,1991)、技术接受模型(Davis,1989)、创新理论、自我整合理论、接受和使用技术统一理论等多种理论模型进行混合和扩张后应用到数字阅读领域,试图研究数字阅读使用(持续使用)意图、数字阅读参与等行为的影响因素。综合研究相应的研究成果,影响因素涉及:

(1)平台因素:数字阅读平台本身的技术优势、兼容性、复杂性等对儿童数字阅读的意愿产生影响。

(2)个人因素:包括自我效能、非法下载的规范意识及用户的感知有用性和感知易用性等对数字阅读持续使用产生正向影响。Reich 等(2015)比较了3~5 岁的学龄前儿童对 iPad 或印刷版故事的反应,他们发现年龄和性别的主要影响,年龄较大的女孩在故事理解上的得分更高。有趣的是,更多的男孩在之后的故事中无法以正确的顺序讲故事。

(3)社会因素:很多学者在研究中发现除了阅读主体自身对数字阅读技术

的好奇和参与外，主观规范、外界的社会影响对儿童和青少年使用数字阅读平台有直接或中介的影响。多项研究显示，亲戚、朋友、同事、同学和其他熟人使用数字阅读器会对阅读主体自身使用数字阅读技术产生积极影响。例如，Pfost 等（2016）调研发现母亲对数字阅读的态度和孩子阅读行为显著相关。彭嗣禹和肖南平（2022）以南昌市中学生为研究对象，发现不同区域中学生数字阅读动机也不同，周边县中学生的动机强度最高，老城区中学生的动机强度最低。

（4）情感因素：青少年在数字阅读中的乐趣或享受感受、满意度、对数字阅读的态度。Carmen 等（2013）基于刺激—生物—反应（SOR）框架（Mehrabian & Russell，1974）和情绪评价理论，提出快乐是数字阅读平台使用的主要驱动力；数字阅读（包括享乐或逃避现实）的享乐价值与使用它们的意图有关。

四、数字阅读绩效研究与数字阅读能力的评估

（一）数字阅读绩效研究

基于很多研究认为屏幕阅读会导致阅读肤浅、注意力短和理解力差等，很多研究者开始研究不同技术环境因素、不同的数字阅读策略和数字阅读教学指导，以提升数字阅读的效果。青少年的数字阅读能力不仅与印刷阅读技能有关，而且经常与在线阅读材料、新技术的理解与运用、青少年的社会经济地位有关。Lim 和 Jung（2019）的研究结果证实了导航、元认知策略、对 ICT 的态度及社交在线阅读活动对数字阅读成绩的重要影响。Taki（2016）发现加拿大和波斯语读者采用不同的阅读策略，同时发现阅读策略的使用与阅读成绩相关。Chao 研究了数字阅读中整体策略类型及这些策略的相互作用，证明了文本定位策略在数字阅读中的中心地位。段知雨（2022）以阐释用户消费感知心理、兴趣意愿、积极搜索、决策行为与互动分享间关系的 SICAS 模型为理论基础，分析少儿分级数字阅读服务价值，打造符合少儿阅读学习规律与身心发展规律的公共图书馆少儿分级数字阅读服务技术路线，提出可螺旋式提升少儿阅读素养的分级数字阅读服务策略。罗博等（2023）探讨沉浸式体验与数字阅读策略如何影响阅读效果，研究发现阅读不同材料时，数字阅读能产生较好的沉浸式体验，不同沉浸式体验下阅读策略的运用存在显著差异。

（二）数字阅读能力的评估

数字阅读能力已引起国际重视，成为青少年阅读评估中的重要一环。很

多学者利用 PISA、NAEP 和 PIRLS 三种阅读素养测试中的数字阅读素养测试的框架对不同国家和地区不同年龄阶段的青少年数字阅读能力进行测试，对比不同国家和地区间青少年的数字阅读能力差异，并探讨与数字阅读能力相关的变量，提出提升青少年数字阅读素养的策略。也有学者在研究数字阅读能力的影响因素时，通过对研究对象认知阶段的分析，根据阅读内容设置相应的识字、内容理解、阅读记忆等题目，进行数字阅读能力的评估，或者通过观察青少年在数字阅读过程中的信息获取、浏览、阅读、交流过程来评估青少年的阅读能力。

第三节　多媒体阅读中眼动研究现状

Rayner 曾提出眼动研究经历的四个阶段，其中复杂眼动控制模型阶段从20 世纪 90 年代开始至今，历时 30 年。邹申指出国外眼动研究不断深入，阅读眼动研究除了集中在传统心理学、神经学、眼科学领域，还逐渐介入特殊教育学、语言学领域，受关注程度越来越高，呈现出多学科交叉合作的研究态势。数字阅读需要进行图片、视频、动图等多媒体文本的阅读，在多媒体研究中使用的眼动研究方法可以更加客观地了解阅读轨迹等指标，从而进行页面设计、用户阅读偏好等阅读行为和影响因素层面的分析和探讨。本节对眼动研究方面的成果进行归纳总结。

一、眼动指标研究

通过眼球跟踪技术，可以获得两种主要的测量方法。van Gog 和 Jarodzka（2013）指出一种是固定指标，另一种是扫视指标。固定指标描述眼睛在某一点上的稳定状态，根据眼一心假说"眼睛注视反应注意力过程"，眼跳描述了两次固定之间的快速眼球运动，显示了视觉注意力焦点的变化，从而可以收集不同的特定测量值用于固定和扫视。Lai 等（2013）将其分为三个尺度：时间、空间和计数。时间尺度包括指示特定眼球运动时间的测量值，总固定持续时间、平均固定持续时间和首次固定时间是时间尺度上的一些眼动测量值。空间尺度包括与"位置、距离、方向、序列、交易、空间安排或固定或扫视关系"相关的测量，空间尺度测量的例子有眼跳长度和固定顺序。计数尺度包括指示特定眼球运动频率的测量值，总固定计数和扫描内计数是计数刻度中的两个眼动测量值。除了固定和扫视外，瞳孔大小和链接率是其他常见的眼动测量。Liu、Lai 和 Chuang(2011)借助这些特定的眼动测量，调查学习者如何处理不同格式的信息，Just 和 Carpenter(1976)假设眼球运动和认知过程之间存在关系特别；Just 和 Carpenter(1980)通过眼球运动测量揭示对场景中项目的视觉注意、视觉注意焦点的变化、加工信息的深度和加工难度。Yang 等(2013)认为尽管眼球跟踪技术在揭示认知过程方面发挥了作用，但教育领域的研究人员最近才开始使用它。

二、眼动在多媒体研究中的应用

Mayer(2014a)根据多媒体学习的认知理论，认为选择、组织和整合是构建连贯性心理表征的三个认知过程。Scheiter 和 Eitel(2017)认为可以从这个理论角度分析多媒体学习研究中的眼动，通过不同的眼动测量调查多媒体学习中的三个认知过程。

(一)选择

Park 等(2015a)认为选择过程可根据学习者对多媒体元素的首次定位进行检测，以推断视觉搜索及多媒体元素的显著性和相关性。在一些经过审查的研究中，Park 和 Korbach 等(2015b)通过检查学习者在第一次阅读相关文本或图像之前经过了多长时间来解释选择过程中的视觉搜索，Glaser 和 Schwan(2015)研究了相关项目与学习者当前注视位置的距离。此外，在初始处理过程中，Schmidt-Weigand(2011)等以文本和图像之间的选择性注意分布通过测量第一个固定位置分析文本或图像的首次通过时间，以及图表或文本上的固定比例。史海媚等(2022)研究学习者对色彩的注意和选择，分为色彩设计组(明亮色彩页面)和对照组(黑白页面)。

(二)组织

Mayer(2014)认为当学习者为了在工作记忆中建立连贯的语言或图像模型而在单词或图像之间建立联系时，就会发生组织。Park 等(2015b)假设组织过程发生在处理信息的固定过程中。Scheiter 和 Eitel(2017)表示总固定持续时间和固定次数可以分配给文本或图片 AIO(areas of interest，即兴趣区)的注意力量。根据 Rayner(1998)的研究，较长的固定持续时间可能意味着更深的加工。Glaser 和 Schwan(2015)使用固定持续时间来推断加工深度。AOI 上的固定次数是另一种眼动测量，允许研究人员推断学习者的加工强度。除了固定测量外，还使用扫描路径检查 AOI 上的连续固定位置，以确定学习者在组织单词或图像时的注意顺序。值得注意的是，固定持续时间可用于识别认知负荷和加工深度。Jacob 和 Karn（2003）认为刺激的平均固定持续时间越长，表明处理难度越大，通过使用平均固定持续时间得出关于处理难度的结论。因此，与认知加工相关的固定持续时间的解释是可变的。van Gog 等（2009）提出另一种基于眼睛的认知负荷测量是瞳孔大小的增加。Chuang 和 Liu（2012）使用瞳孔大小来推断分段多媒体和评估页面中的认知负荷。然而，有必要承认，瞳孔大小对其他因素的影响非常敏感，如光线和亮度的变化。因此，研究人员在解释这一指标时应谨慎。侯冠华和屠祎博（2023）通过设计眼动实验探索工具型和情感型的受助方式对学习效果的影响，考察了受助类型在多媒体学习过程中如何帮助学习者组织和整合信息，进而影响学习结果。

（三）整合

Mayer（2014）认为当学习者在图画和口头模型与相关先验知识之间建立联系时，就会发生整合。Arndt 等（2015）认为整合过程可以通过观察学习者在文本和图片之间的转换来检验。相应地，在审查的研究中，采用文本和图片元素之间转换的指标对整合进行了调查。Johnson 和 Mayer（2012）通过将文本和图片划分为几个 AOI 来分析成功的集成过程，以确保在相应的多媒体信息片段之间进行集成。此外，Mason 等（2013a）提出两个文本段，O'Keefe 等（2014）提出两个视觉段在一些研究中被视为整合过程。最后，除了计数和时间眼动测量外，Krejtz 等（2016）还对扫描路径进行了定性分析，以确定学习者的整合过程及文本和图像信息的阅读模式。此外，必须报告的是，整合过渡被用来暗示协调多媒体元素的困难。例如，Bauhoff 等（2012）将两种相距甚远的视觉效果之间的少量转换解释为更高的工作记忆负荷。此外，Wang 等（2016）解释了视频（包括视听信息和文本）之间切换的高发生率是信息过载。

三、影响多媒体学习或阅读的眼动因素研究

影响多媒体学习跟踪测量的潜在因素包括多媒体学习原则、多媒体内容、个体差异、元认知和情绪。Liu 等（2011a）得出了眼动测量可以验证和支持先前多媒体学习研究的结论。van Gog（2014）认为信号传递原则似乎能积极引导学习者的注意力。信号或提示原则表明，当有提示引导学习者注意材料中的相关信息或突出材料的组织时，学习效果会更好。在回顾性研究中，Mayer

（2001）的研究认为情态原则的应用普遍增加了对视觉的关注。情态原则表明，当伴随视觉效果的单词是口头语而不是书面词时，学习材料中会有更好的学习效果。Schmidt-Weigand 等（2010b）比较了学习者在多媒体学习环境（包括说话人或书面语篇）中的视觉感受和表现，最普遍的结果是，口语篇组的学习者比书面语篇组的学习者花更多的时间观看视觉感受。关于视觉内容的类型，Liu 和 Chuang（2011）提出二维和三维视觉效果，Chen 等（2015）提出静态和动态视觉效果，Yang 等（2013）提出照片和概念图，Suvorov（2015）提出内容与背景视觉。Gordon（1996）认为在多媒体学习中影响眼球运动的另一个因素是元认知，包括元认知监控和调控的子主题及元认知策略的设计。在交互式多媒体环境中，元认知支持帮助学生思考、处理信息和监控他们的学习。关于元认知策略的设计，Ruf 和 Ploetzner（2014）的研究使用了多媒体学习环境，这些环境在存在自我监控问题和认知学习辅助工具时有所不同。他们发现，具有动态呈现模式的学习辅助工具可以在内容领域和支持领域之间实现更多的转换。在另一项研究中，Stalbovs 等（2015）旨在支持学习者在多媒体教学过程中的信息处理，并有不同类型的实施意图或计划。张桂花等（2022）提出在多媒体课件中引入焦点-背景技术能帮助学生建立不同知识点之间的联系，首次提出"三重外部表征呈现策略"，从三重外部表征角度帮助学生建构三重内部表征，对学习效果有显著的促进作用。Ismahan 和 Fatih（2022）探讨了学龄前儿童如何通过眼球运动处理带有旁白的电子书，眼动数据表明孩子们更关注图片而不是文本。

四、眼动测量与学习成绩的关系研究

Chen 等（2015）认为缺乏证据证明眼动测量与学生学习成绩之间的关系。Tabbers、Martens 和 van Merriënboer（2004）描述了当听到或读取相应的单词时，观察者定位相关视觉信息的速度。为了防止注意力分散并加强多媒体材料中的视觉搜索，可以在屏幕文本中或在叙述相应单词时发出视觉参考信号，否则视觉搜索过程中经历的外部认知负荷会妨碍学习。相应地，在眼球跟踪研究方面，Ozcelik 等（2010）指出，在信号多媒体材料中检测相关视觉信息花费较少的时间与提高学习成绩相关，分配给相关图片的注意力量与学习成绩呈显著正相关。根据多媒体原理，Mayer（2005）认为"人们可以从文字和图片中学到比单独从文字中学到更深刻的东西"。Mason 等（2013b）为了证实多媒

学习原则，认为有必要检查认知过程及其与学习成绩的关系。Eitel（2016）认为对相关图片的视觉注意与一些学习成绩得分有关。这一发现突出了处理图片的重要性，尽管人们更喜欢在多媒体学习中依赖文本。此外，这一证据支持多媒体原则，表明使用语言和视觉渠道对学习有积极影响。然而，同样重要的是要注意，对图片的更高视觉关注并不总是带来更好的学习成绩。Kruger和 Doherty（2016）认为图片上的平均固定持续时间可能表示认知负荷和加工深度；Ozcelik 等（2010）认为随着图片平均固定时间的增加，认知负荷可能会降低学习成绩。尽管如此，需要更多的研究调查人的固定时间和学习成绩之间的关系，以便通过眼动测量得出更有力的认知负荷推断。Kuo 等（2022）设计了一种基于眼动追踪技术的自我调节学习（Self-regulated learning，SRL）机制，并结合在线评分和笔记功能探讨了学生的学习成果、动机、自我效能感、学习焦虑和成绩。实验结果表明，使用 SRL 机制的学生比不使用 SRL 机制的学生成绩更好。Tianyu L 等（2023）调查存在数学焦虑的学生在解决数学问题的任务中是否有注意力控制缺陷，研究发现，文学水平较高的学生在解决数学问题时更有可能将注意力集中在干扰物上并影响其数学成绩；数学焦虑程度较高的学生数学成绩较差，因为他们在解题过程中更容易被无关信息分散注意力。

五、基于网页浏览行为的眼动研究

在对无目的浏览网页研究后发现，网页的架构和版面设计等因素会影响研究结果。徐卫卫（2012）认为网页结构类型分为宏观的"页面布局方式"和微观的"微信息元组织方式"。因此，对于网页浏览的眼动研究可以从宏观和微观两方面入手。

在国外最早的关于网页浏览的眼动研究中，眼睛运动轨迹一直是研究的热点。鲍丽倩（2015）的研究发现人们在浏览网页时，总是习惯性地先后依次浏览或者只对网页的某个区域感兴趣，因此会形成网页阅读的"热区"。国内外诸多学者在对不同阅读习惯的浏览热区进行研究后，将网页浏览热区大致分为"F"形、"S"形、对角线、左侧和中心几种方式。张广英（2013）的研究发现用户在浏览网页过程的最初阶段左上区域是用户关注的热点，并指出在浏览过程中存在特定的重心转移模式，个体的浏览重心转移以符合常规阅读习惯的轨迹为主。许娜（2014）通过研究将网页划分为九个区域并对不同区域的偏好程度做了排序：中心、左侧、左上、正上、左下、右侧、正下、右下、右上。其中前五偏好区域就是"F"形浏览热力图，网页的中心、左侧、左上为用户浏览的"视觉偏好区"，右上、右下为用户浏览的"视觉盲区"。

从微观方面来看，网页结构不同对读者的浏览过程会产生不同程度的影响。徐卫卫(2012)的研究发现用户在浏览不同文本—图片类组合方式的网页时，用户对不同信息元区域的注视时间、注视点个数是有差异的，验证了基于视线规律网页结构设计方法中的"网页视觉空间指引"的科学性。Cyr 等(2010)经研究得出，不同颜色的网页会潜在影响用户的浏览行为，从而产生眼动指标的差异。

第三章　理论基础与研究模型

第一节　经典理论

一、元认知理论

在美国斯坦福大学心理学家（1985）对幼儿园与小学儿童记忆并回忆一组材料的实验中，儿童所表现出的认知现象与认知方面的能力十分有限，据此他提出一个认知发展探究的新领域——"元认知与认知监控"。他将元认知（metacognition）定义为：一个人（一个儿童或一个成人）所具有的关于自己思维活动和学习活动的知识及其实施的控制，换句话说是对认知的认知，包含元认知知识、元认知体验、目标（或任务）、行动（或策略）。之后，Flavell（1981）进一步解释元认知，将之定义为反映或调节认知活动的一切知识或认知活动。Brown 等认为元认知是个人对认知领域的知识、认知的调节和控制。Weinert 将认知分为两个层次，对元认知是从第二层次的认知进行描述的，是关于思维、知识及活动的理解、控制与反省。Yussen（1985）认为从广义上理解，元认知是反映个体本身的知识体系或认知理解过程。Patricia（1985）认为元认知是关于心智运作的各种知识及导向过程。Stemberg（1994）首先提到认知的理解，是对世界知识的了解及解决问题的策略，而元认知则包含对这些知识与策略的理解控制，是"关于认知的认知"。Kinnunen 和 Vauras（1995）认为元认知是个体对自身认知能力和认知活动的了解和控制，认知监控和元认知知识是元认知的两个最重要的组成部分。Reder（1996）认为元认知是对认知过程的监测和控制。

元认知结构理论主要分为两大派系。以 Flavell 的观点为代表的学者认为，从概念角度对元认知的理解有两种：一种将元认知理解为有关认知的知识，是一种相对静态的知识体系；另一种将元认知理解为调节认知的活动，是一种动态的活动过程。元认知由两大主要成分构成，即元认知知识、元认知体验。元认知知识是指个体所存储的和认知主体、各种任务、目标、活动及经验有关的个人存储的知识，包括个体元认知知识(个体在认知方面的某些特征的知识)、任务元认知知识(认知任务已提供信息的性质、任务的要求及目的的知识)、策略元认知知识(关于策略的有效运用的知识)，这三者是相互作用的。元认知体验是指伴随并从属于智力活动的有意识的认知体验或情感体验。

以 Brown 等的观点为代表的学者认为，元认知是由"关于认知的知识"和"认知调节"两部分组成的。其中，"关于认知的知识"是个体关于认知资源及学习者与学习情境相容性的知识，关于自身的认知能力、认知策略等知识及在何种问题情境下运用何种认知策略，发挥自我能力的知识。"认知调节"是指个体在主动的学习中，解决问题所使用的调节机制，它包括计划、检查、监测和检验等调节技能。

综合以上观点，董奇(1989)认为元认知知识包括三个方面：元认知知识、元认知体验和元认知监控。元认知知识是有关认知的知识，了解人的认知活动的过程与结果的影响因素有哪些，又是如何相互作用。认知主体方面的知识，认知在材料、认知任务方面的知识及有关认知策略方面的知识，包括陈述性知识、程序性知识和条件性知识。元认知体验是认知活动过程中的认知或情感体验，特别容易发生在能激发高度自觉思维的工作学习中。元认知监控是主体对自身的认知活动在认知全过程中积极自觉的监视、控制和调节，包括计划的制订、过程的控制、结果的评价、采取的策略。这三方面是相互联系、影响和制约的。对于元认知要素的理解，同样结合 Flavell 与 Brown 等的观点，认为元认知要素包括元认知技能、元认知知识与元认知体验。图 3-1 是元认知三要素的关系示意图。

Nelson 和 Narens(1990)认为，从概念上理解元认知涵盖三个方面的因素：第一，这种认知过程是在两个或两个以上互相联系的层面上运行的。图 3-2 显示的一种基本的结构形态，两个相联层面水平分别为元级水平(the meta-level)、客体水平(the object-level)，且两者都存在此结构中。第二，对元级水平的理解是在元级水平中存在一个随时间变化的客体水平的动力模型。Conant 和 Ashby(1970)就已经通过改变状态来证明模型的必要性，也就是这个系统能够控制其动力过程。第三，由于这两种层面水平之间的信息流向是不同的，因此就会存在两种控制关系，即控制（control）和监督（monitoring）。

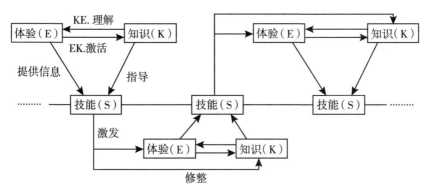

E—元认知体验；K—元认知知识；S—元认知技能。

图 3-1　元认知三要素的关系示意图

（资料来源：汪玲，郭德俊．元认知的本质与要素［J］．心理学报，2000，4（32）：46.）

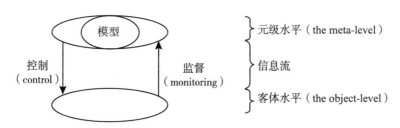

图 3-2　元认知模型

（资料来源：Nelson T O，Narens L．Metamemory：a theoretical frame work and some new findings［M］//Bower G H. The psychology of learning and motivation. New York：Academic press，1990：125-173.）

这一模型有三个特征：一是监督，即信息从客体水平向元级水平流动，它使元水平得知客体水平所处的状态；二是控制，即信息从元级水平向客体水平流动，它使客体水平得知下一步该做什么；三是元级水平具有的模型包括目标及达到目标的方式。在元认知模型中，元级水平通过与客体水平之间进行信息的反复监督和控制，从而达到认知目标。

借鉴 Nelson 和 Narens 等早期的模型，结合系统论中的自动监控器（servomechanism），将元认知监督中的各组成部分进一步细化为一个相互作用的模型，Nelson 等(1999)对原元认知模型进行扩展，图 3-3 是自动控制器示意图。

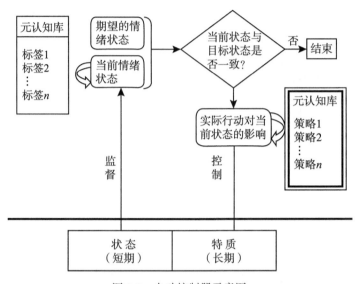

图 3-3 自动控制器示意图

（资料来源：Nelson T O，et al. Metacognition and clinical psychology：a preliminary framework for research and practice[J]. Clinical Psychology and Psycholotherapy，1999(6)：75.)

　　将元认知理论应用于阅读研究中，可以增加读者对阅读过程的监控，在必要时采取适当的补救策略去解决阅读中出现的问题，做到有效的阅读理解。阅读的基本目的是什么？是从阅读资料中获得自身所需要的知识，理解其中的意义。有大量的实验研究证实阅读与元认知之间是显著相关的。所以，有效的阅读过程由认知活动过程与元认知活动过程组成。Ruddel 对各种阅读模式整合了有关认知监控的活动，提出阅读模式有评价信息的适合性、材料的积累、假设的建立、组织和综合材料及假设的检验；Goodman(1976)认为阅读是一个选择与预期的过程；Markman(1981)从检验假设的角度来说明认知监控的作用，在阅读过程中读者应当明确自身对阅读内容的理解程度，使阅读成为一种积极的理解过程；Rumelhart(1985)提出的阅读模式，读者对阅读信息进行加工，从已有的背景知识对阅读信息产生假设，通过分析对假设进行肯定或否定，在这一系列活动中包括对假设的评价和检验，元认知活动在阅读理解过程中非常重要。对阅读理解中的各种元认知成分进行研究，Brown 认为元认知活动包括：明确阅读的目的，了解阅读的任务要求，识别出阅读资料中的重要信息，集中注意阅读资料的主要内容，监控阅读理解水平，检查阅读目标是否达到，当觉察到理解失败时采取的正确行动。研究主要针对一些年幼的与年长的儿童、差的读者与好的读者，比较其在阅读理解中的元认知活动。表 3-1 反映的是阅读理解的五方面元认知活动相应的研究。

表 3-1 　　　　　　　　　阅读理解元认知活动相应的研究

阅读理解的元认知活动	主要研究内容
明确阅读的目的	Canney 和 Winogard(1979)：年龄小的读者和差的读者把阅读作为一种译码的过程，而不是把它作为一个获得意义的过程
	Myers 和 Paris(1978)：不同年龄的儿童的元认知知识具有明显差异
依据阅读的任务要求调整阅读策略	Smith(1967)：好的读者能够根据他们的阅读目的调整他们的阅读行为
	Forrest 和 Waller(1979)：年龄大的读者和好的读者能够更好地针对不同的阅读任务去调整他们的阅读策略
识别并注意课文的重要内容	Brown 和 Smiley(1977)：不同年龄的学生的回忆分数对成人评价各单元的重要性水平极为敏感，研究的所有年龄人员都表现出对各单元重要性程度的高敏感性；年龄大的学生则能在学习的时候画着重符号或做笔记，以突出课文中的主要概念
监控自己的理解活动	Forrest 和 Waller(1979)：用自信度评定技术考察了儿童对自己阅读理解技能的评价，结果显示，在理解测验中，年龄大的读者和好的读者比年龄小的读者和差的读者更能成功地评价他们的理解活动
	Zabrucky 和 Ratner(1992)：被试的技能水平与他们的监控及自由回忆成绩有关，年龄较大的被试或好的被试比年龄小的被试或差的被试在所有方面都做得更好，尤其是在主动控制自己的理解过程方面。

续表

阅读理解的元认知活动	主要研究内容
觉察和应付理解失败	Brown(1980)、Flavell(1981)、张必隐(1992)：提出有四种理解失败的原因
	Olshavsky(1978)：自我报告实验中发现，在阅读的理解监控方面，好读者和差读者的活动很相似
	Strang 和 Rogers(1965)：差的读者在遇到他们不能理解的概念和词时，很少采取补救措施
	Myers 和 Paris(1978)：自我报告实验中年龄大的儿童更能意识到对他们不理解的词或句子应该采取哪些适当的策略
	DiVesta，Hayward 和 Orlando(1979)：年龄大的读者和好的读者具有较强的理解监控能力

资料来源：宋凤宁，宋歌，张钦．阅读理解与元认知[J]．宁波大学学报(教育科学版)，1999，1(21)：18-19.

通过元认知理论来研究数字阅读，对数字阅读者来说非常重要。浩瀚的数字阅读资源、多样化的数字阅读内容形式，这些都是有别于传统阅读的地方，也对阅读者的阅读过程提出了更高的要求。面对海量的数字阅读资源，大部分阅读者无法集中注意力，容易被无用信息干扰，忽略了自己的阅读目标和任务，容易迷失于网络，被游戏、娱乐、即时通信等左右；面对多媒体形式信息的猛烈冲击，阅读新手会被扑面而来的视频、动画、声音、图片吸引，抵挡不了资讯、娱乐、游戏、广告等的诱惑。以上种种会直接影响数字阅读的效果与质量，最终违背阅读者数字阅读的初衷。数字阅读者在数字阅读时应具备的元认知知识有个人因素的认知、数字阅读任务和目标的认知、数字阅读策略的认知、数字阅读元认知的监控和自我调节。首先，要明确个体数字阅读的适应条件，了解自身对阅读内容形式的理解与把握能力；其次，能分辨数字阅读材料与任务的性质，清楚数字阅读的任务，明白阅读材料的真伪及获得的难易程度；再次，掌握数字阅读方法、数字阅读的策略，针对不同的内容选用不同的检索工具，决定选择精读还是泛读；最后，数字阅读仍是以理解为最终阅读目的，运用阅读过程中的元认知监控与自我调节对理解阅读的内容有一定的保证。青少年相对于成年人，缺乏判断、筛选、监控、自我调节、评价的能力，因此将元认知理论应用于青少年数字阅读的研究中具有巨大的理论意义和现实意义。

二、社会支持理论

社会支持理论最早由 Caplan（1975）提出，被定义为影响个人运作的重要人际关系范围，Cobb 等（1976）第一次将社会支持的概念定义为"以信息主导，互助网络的成员感受到被照顾和爱戴、尊重"。社会支持是一个广义的术语，涵盖个人社会世界的各种更具体的特征。在自然环境中，社会支持源于个人关系的行为。事实上，关系本身赋予行为以支持意义，而支持行为可以为互动带来关系意义。由此可见，社会支持是双方关系的相互性和情感特征的表达。亲密的关系往往会产生更广泛的支持类型，由规范角色更严格定义的社会联系往往需要提供更专业的支持。因此，任何对社会支持的敏感和全面的调查都须先明确参与者有可能出现的社会领域，以确保所有潜在的相关支持来源都被考虑在内。

社会支持、社会网络和社会融合三个术语全面指定了对人们所居住的个人社区中可能存在的资源的三种不同观点。健康和人类服务领域的从业者通常会使用第四个术语，即支持系统，这个术语融合了社会关系的功能和结构背景，表示人们的社会关系是无条件支持的。由于社会支持实际上高度取决于众多个人、环境和文化因素的影响，其测量既需要明确与研究目标和背景相关的社会环境，同时也注重测量的精确性。对相关概念的理解可以从表 3-2 中体现出来。

表 3-2 支持相关的概念定义

支持相关的概念	定义
社会支持	在正式支持团体和非正式帮助关系的背景下，人们认为可用的或由非专业人士实际提供给他们的社会资源
社交网络	由个体的社会纽带和他们之间的纽带构成的社会结构单元
社会融合	个人参与私人和公共社交互动的程度
功能支持	通过网络的社会关系流动的各种资源
结构支撑	围绕个人的直接和间接社会联系的数量和模式

续表

支持相关的概念	定义
支持类型	情感、工具、信息、陪伴和尊重支持
感知支持	个人对来自网络同事的各种支持的可用性看法
获得支持	关于收到的支持类型的报告
支持充足	对获得支持的数量和/或质量的评估
支持的方向性	确定支持是单向的还是双向的(相互的)

社会支持的测量从接受者的角度包括定量研究和定性研究。前者侧重从支持数量的评估,后者侧重支持的质量评估,即提供方式和隐蔽信息,还可以根据网络成员间的相互支持程度来评估。这些测量广泛用于情感支持项目,从支持的信、工具、尊重和陪伴维度分析与焦点压力源的相关程度。通常,通过定性访谈获取不同压力源的样本来确定评价的维度构建量表,之后进行因子分析检验量表的科学性。

常用社会支持的量表有三种:感知支持的简短评估量表、感知支持的综合评估量表和获得支持的度量量表。

一些简短的测量是较长量表的简短版本。网络中社会支持的简短测量量表是单一的筛选工具,不会产生关于人们社会融合及接受或提供支持的性质和程度的太多信息。Lubben 等(2006)提供了社交网络量表的六项缩写版本,它包含三个关于家庭支持的项目和三个关于朋友支持的项目。Undén 和 Orth-Gomér(1989)制定的措施包含双倍数量的项目,也包含一组利用社会融合而不是指定联系来源的项目。

绝大多数支持措施是从调查工具或访谈中获得的自我报告。典型的通用感知支持调查列出了属于各种支持类别的项目集及它们的可用性范围。人际支持评估量表(interpersonal support evaluation list, ISEL)指的是可以提供给定类型支持的任何网络成员;社会支持问卷(social support questionnaire, SSQ)要求提供有关特定类型支持(最多9项)的网络成员的数量和姓名首字母或名字的信息,然后对单一满意度进行评估。Procidano 和 Heller(1983)的感知支持的两种衡量标准,一种是询问家人可获得的支持,另一种是利用朋友的感知支持。青少年和老年人及不同的文化群体制定的测量量表属于感知支持的综合评估量表。Wills 和 Cleary（1996）改编了人际支持评估量表（interpersonal support evaluation list, ISEL）的情感和实际支持维度，以供青少年使用。Dubow 和 Ullman（1989）开发了儿童社会支持调查（survey of children's social support, SOCSS）。Krause（2007）设计了衡量老年人实际获得的支持的量表，包括利用情感、有形支持和信息支持的感知可用性三方面。

感知支持度量与其他度量不同，因为它源自 Weiss（1974）提出的关于社会关系提供的资源的理论表述。社会供给量表（social provisions scale, SPS）包括 24 项，利用一般社交网络提供的六类供给，包括实际帮助、信息支持、情感支持、社会融合、同龄人支持和尊重支持。最广泛使用的测量量表是社会支持行为清单（social provision scale, ISSB），它包含 40 项，询问最近从任何网络成员那里获得情感、信息和实际支持及陪伴的频率。使用 ISSB 应根据情况仔细定制，然后验证，并与支持提供者核对。值得注意的是，接受一种类型的支持并不一定意味着接受其他类型的支持。接受一种情感支持行为也不一定意味着接受其他类型的支持，因此从整体上或按分量表确定接受支持的内部一致性是不合适的。

综上，社会支持是一个多维度的概念，包含环境因素与个体认知因素，而阅读研究结合了外在环境和内在认知，将社会支持理论应用于青少年阅读推广的研究受到了广泛关注。根据青少年数字阅读的访谈结果以及已有的社会支持量表的构建因素，可以从信息支持、情感支持和工具性支持三个维度研究青少年数字阅读中获得的社会支持。

三、多媒体学习理论

多媒体是指同时呈现文字和图片的媒介，文字可以是印刷的，也可以是语音或音频形式的口语文本；图片可以是静态图形，如图表、照片和插图，也可以是动态图形，如动画和视频。Mayer（2014）将多媒体学习定义为"从文字和图片构建心理表征"，它可以出现在不同的环境中，包括多媒体演示、电子学习、计算机游戏、模拟和虚拟现实环境，使学习者能够以口头和图像形式处理信息。

多媒体学习的研究理论模型可以从一般认知理论的理解和多媒体信息加工理论的理解两个层面来理解。工作记忆理论、双重编码理论属于第一个层面；多媒体认知学习理论属于第二个层面。

　　Baddeley（1974，1986）认为传统记忆三级加工模型是由多个独立成分组成的复杂系统，工作记忆是完成认知任务时储存信息的暂时工作平台，经过信息的处理帮助理解语言、决策以解决问题。工作记忆模型（见图3-4）包括四个子系统，即中央执行系统、语音环、视觉空间模板和情绪缓冲器（Baddeley，2001）。中央执行系统是注意控制系统，负责协调子系统间的活动，对信息进行执行加工；语音环完成对视觉信息的保持与控制；视觉空间模板保持与控制视觉空间工作记忆；情绪缓冲器保存完整的事件或情境，将不同形态的记忆编码整合形成视觉地图，最终在中央执行系统的控制下形成多元编码。工作记忆模型是对视听两种工作记忆加工的过程，与多媒体学习密切相关。

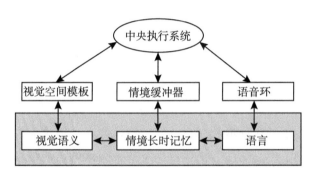

图3-4　工作记忆模型

　　Paivio（1991）认为加工储存信息的认知系统包含言语系统和表象系统。言语系统储存信息的基本单元是言语符号，表象系统储存信息的基本单元是图像映像，两者的加工过程有三个水平：表征水平、联合加工和相关加工。言语与非言语表征被激活时所产生的加工，包括低水平的材料驱动的知觉再认和识别，这个水平的加工过程在很大程度上受事物本身特征的影响；在言语系统内部语言单元之间或者图像系统内部图像单元之间所发生的加工由于与相关的词如"经验""概念""记忆""事实"等相联系而得到理解。言语系统与非言语系统之间构造一条潜在的通道，允许表象表征激活不同的词语表征，反之亦然。学习者用言语和表象两种认知系统表征相同的学习材料时，当言语与画面信息在时间与空间上一致，那么信息编码的过程就会形成言语表征和视觉表征的连接，能够增加学习者提取信息的路径，达到提高学习效果和学习效率的目的。图 3-5 展现了双重编码理论可以提供多媒体学习过程机制的基本研究流程和框架，但是没有深入分析这两种编码的具体整合过程。

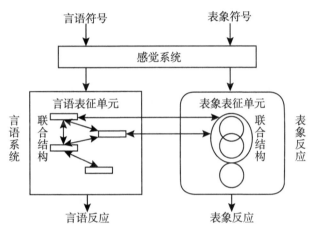

图 3-5 双重编码系统

有效降低学习者认知负荷的问题，如空间接近原理、时间接近原理、冗余原理等，绝大多数带有认知负荷理论的烙印。Sweller(2005)认为，从多媒体角度看，知识是以图示的形式存在于长期记忆中。无论是图形的、口头的还是书面的，大多数人的认知活动是由长期记忆中的信息驱动的(类似于遗传密码)，而教学的目的应该是改变长期记忆，这意味着长期记忆的容量很大。处理新信息时的工作记忆能力受到严重限制，工作记忆持续的时间也受到限制。了解长期记忆和工作记忆的关系对多媒体教学设计理论至关重要。长期记忆改变工作记忆的方式，工作记忆依赖于长期记忆。Mayer 和 Johnson(2010)通过实验研究认为，当文字和图片在页面或屏幕上彼此靠近而不是彼此远离时，人们会更深入地学习。相反，在单独的演示文稿中，单词和图片在屏幕上相互呈现，这就妨碍了学习者在单词和图片之间建立联系。

认知-媒体学习的效果理论将多媒体学习概念化为认知和效果相结合的框

架。根据这一理论框架，学习是通过在工作记忆中两个独立的信息处理通道中积极处理口头信息和非口头信息。这些通道的容量有限，但它们能够同时处理信息并对其进行双重编码，结合认知负荷理论、双重编码理论及双向通道假设，形成多媒体学习理论模型(图 3-6)。

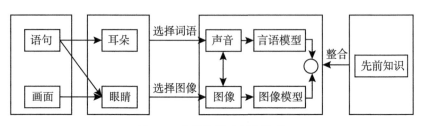

图 3-6 多媒体学习理论模型

多媒体认知理论包括双通道、有限容量和主动处理。双通道假设表明人类有单独的通道来处理视觉和听觉信息。根据 Baddeley 的工作记忆模型和 Sweller(1999)的认知负荷理论，有限容量假设表明，人们在一个时间内在每个通道中处理的信息量是有限的。主动处理假设人类在选择、组织和整合传入信息以构建连贯的心理表征时是主动主体(Mayer，2014)。对多媒体学习的认知理论，以双通道、容量限制、主动加工等基本假设、理论基础和实证研究为主要研究范式(Mayer，2005)。多媒体认知学习理论陈述了对多媒体学习有额外影响的三个因素，即效果和动机因素、元认知和自我调节技能，以及学习者特征(如先前知识)，所有这些都会影响多媒体学习过程中的信息处理。

一般来说，多媒体学习的研究主要包括两个方向，即学习绩效研究和学习行为研究，降低认知负荷一直是多媒体学习研究的重点。例如，Triono 和 Retnowat(2019)基于认知负荷理论评估了多媒体在平面几何学习中的有效性。多媒体学习的认知理论为网络学习过程中的学习行为和内在心理机制提供了一个解释框架。多媒体学习的研究已经发展成为一个理论与实践相结合的科学体系。其中对于多媒体学习行为的研究，Mayer 等主要集中在文本信息与画面信息整合的加工研究上，经过多年研究提出多媒体信息设计的基本原则(见表 3-3)。

表 3-3　　　　　　　　　　　　多媒体信息设计的基本原则

多媒体信息设计原则	具体内容
多媒体认知效应	有词语和画面组成的整合呈现要比单独只有词语或画面呈现的阅读效果好
空间接近效应	书本或屏幕上对应的词语与画面临近呈现比隔开呈现更能使学习者学得好
时间接近效应	对应的词语与画面同时呈现比及时呈现更能使学习者学得好
一致性效应	当无关的材料(词语、画面和声音)被排除而不是被包括时,学习者学得更好
媒体形态效应	动画和解说的多媒体呈现要比动画和屏幕文本组成的多媒体呈现学习效果好
冗余效应	学习者学习由动画加解说的呈现材料要比学习由动画加解说再加屏幕文本组成的呈现材料能取得更好效果
个体差异效应	多媒体设计效果对知识水平低的学习者的帮助要强于知识水平高的学习者,对高空间认知能力学习者的学习效果要好于低空间认知能力学习者
相邻与一致效应	文本与图像在时间或空间上紧密相邻,而且在语义上也彼此相关,在工作记忆中同时出现时,学习者学得更好
媒体形态效应	图像与解说的整合学习要优于图像与文本的整合学习
呈现顺序效应	将图像呈现在相关文本前要优于将图像呈现在相关文本后
阅读能力和先前知识效应	阅读水平不高且先前知识较少的学习者从文本图示中获益要比从书面文本阐释中获益更多

　　根据多媒体学习认知理论的主动加工假设,将研究的认知活动分为三个主要过程:选择、组织和整合。选择过程可根据学习者对多媒体元素的首次定位进行检测,以推断视觉搜索及多媒体元素的显著性和相关性。在一些经过审查的研究中,研究人员通过检查学习者在第一次阅读相关文本或图像之前经过了多长时间来解释选择过程中的视觉搜索,相关项目与学习者当前注视位置的距离,并提示项目是否在 2 秒内固定。当学习者为了在工作记忆中建立连贯的语言或图像模型而在单词或图像之间建立联系时,就会发生组织。假设组织过程发生在处理信息的固定过程中,总固定持续时间和固定次数可以表示分配给文本或图片 AOI 的注意力量。当学习者在图画和口头模型与相

关先验知识之间建立联系时就会发生整合，整合过程可以通过观察学习者在文本和图片之间的转换来检验。

为了了解不同媒体形式及呈现方式对青少年学习和阅读行为及效果的影响，我们需要引用其他方法和技术来深入了解青少年如何在多媒体环境中处理不同的信息格式，如何在不同的多媒体呈现组合处理不同的信息内容。项目研究中考察了青少年对数字图书馆不同的多媒体界面（动态媒体、静态媒体）的信息处理模式和策略的影响，以呈现不同方式下阅读多媒体阅读材料时的阅读行为及阅读效果。

四、有效使用理论

Burton（2006）将有效使用（effective use）定义为"以有助于实现系统目标的方式使用系统"，根据用户、系统和任务定义了系统使用，并将任务定义为目标导向的活动。有效性理论广泛应用于人类计算机交互和计算机支持合作工作（HCI/CSCW）、健康信息学、信息科学和信息系统等领域，研究信息系统的使用，系统如何实现工作集成及用户如何有效使用（表3-4）。

表 3-4　　　　　　　　　　有效使用的具体研究

领域	参考文献	系统类型	定义	方面	驱动因素
HI（健康信息学）	Agarwal 等（2010）	电子处方系统	eRx 的使用方式：从根本上取代手动或纸质流程，由其设计者设计，提供实现预期价值目标的最大可能性	没有人提出，但在其有效利用的定义中，有几个方面是显而易见的	关于使用 IS 的积极技术框架
ISCi（信息科学）	Covi 和 Kling（1996）	数字图书馆	基于将数字图书馆服务提供商的基础设施要求与使用者的能力要求配对	连接性、内容和可用性	了解工作中可用和必要的功能、如何使用这些功能的技能、更好的内容及用户的需求

续表

领域	参考文献	系统类型	定义	方面	驱动因素
ISys（信息系统）	Pavlou 和 El-Sawy（2006）	项目管理 IS，知识管理 IS，协作 IS	新产品开发（NPD）工作单位有效利用 IT 功能支持 IT 支持的新产品开发活动的能力	有效使用 NPD 工作单位使用的系统的每个元素（例如，项目管理系统或协作系统的每个元素）	利用信息技术的能力
	LeRouge 等（2007）	远程医疗系统	直接用户（医务人员）在医疗视频会议过程中的智能效力，其效果是促进预期结果	技术资质和能力、沟通技巧、编排	信息质量、系统质量、服务质量
	Pavlou 等（2008）	合作系统	工作组有效使用协作 IT 工具的基本 IT 功能以促进小组工作的能力	有效利用协作系统的每个要素	感知有用性、易用性、定制、习惯、组内信任、环境不确定性

有效使用理论借鉴表征理论(批判现实主义和目的论)(图 3-7 提供了该连线的详细视图)，认为用户可以采取措施来提高有效使用和性能，这些措施对有效使用和性能都有影响，相互促进。图 3-7 显示了为提高有效使用和性能而采取的所有措施的影响(在连线 1 中)，同时显示了要提出的模型侧重于为提高有效使用而采取的措施(连线 1a)，以及从有效使用到性能的手段—目的连线(连线 1b)。

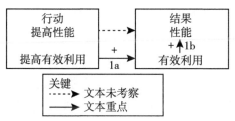

图 3-7　总体框架中连线 1 详细说明图

Burton 通过对相关理论的探讨确定了可测试模型，可测试模型确定了每个构造的多个维度，表现了有效使用和性能之间的联系。图 3-8 中的每个维度都反映了一种从高到低的状态，绩效维度、有效性和效率（Beal et al.，2003；Campbell，1990）。将它们与有效使用联系起来，称为有效和高效使用。在评估绩效时，效率通常根据目标实现情况进行评估，效率则根据给定投入水平（如努力或时间）的目标实现程度进行评估（Sonnentag，2002）。

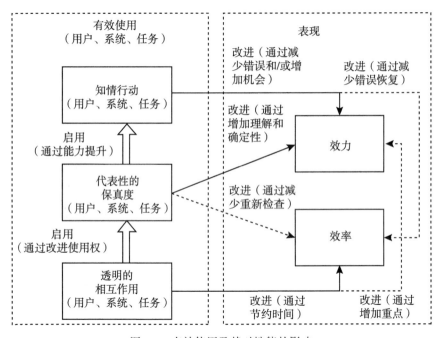

图 3-8　有效使用及其对性能的影响

有效使用理论模型将用户使用系统的表现分为效用和效率，效用是指使用系统后的目标达成情况，效率是指给定输入水平下的目标达成水平。透明交互（transparent interaction，TI）、忠实表示（representational fidelity，RF）和知情行为（informed action，IA）为促进有效使用的因素，同时透明交互对忠实表示、忠实表示对知情行为都有积极的作用。透明交互指用户访问系统的表示程度，它通过缩短时间提高使用效率，提高用户专注度来提升效用。忠实表示指保真度，即用户从系统中获得忠实地反映所表示的域的表示程度。忠实表示通过提高用户的理解和减少不确定性来提升效用，通过减少用户验证保真度的时间来提高使用效率。知情行动是用户对获得的忠实表示采取行动的程度，以改善使用状态，减少纠错的时间。

第二节　模型理论

一、技术接受模型

技术接受模型（TAM）是以理性行为理论（theory of reasoned action，TRA）为基础提出的，个人特定的行为意向会直接决定其实际行为。影响行为意向的两个主要因素是态度与主观规范，而诸如性格特点、性别、年龄、社会地位等因素被作为外生变量处理，影响是间接的，而且影响的稳定性和强度都比较差。

本研究数字阅读的主体是9~18岁的中小学生，这个年龄段的青少年具有一定的认知判断能力并掌握一些信息技术的技能。虽然根据年龄不同会在认知方面、信息技术掌握方面有一定的差异，但理性行为理论模型中年龄是作为外生变量不能直接影响到个体行为的，所以本书中的青少年是符合理性行为模型中的理性人的假设。

Davis（1986）提出的TAM模型解释了计算机的使用行为，从使用态度、行为意向与实际使用用户对新技术接受的过程进行说明，在模型中显示的认知有用性与认知易用性是系统使用的主要因素，与系统使用表现出正相关关系（图3-9）。因此，认知有用性与易用性成了衡量信息系统接受度及使用的两个重要指标。

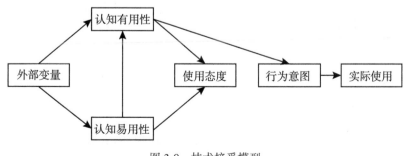

图3-9　技术接受模型

二、整合性科技接受使用模型

Venkatesh 提出整合性科技接受使用模型（图 3-10）。该模型是在 TAM 模型的基础上，结合社会认知理论、理性行为理论及 TAM 模型形成的衍生模型。此模型认为四类直接决定用户接受和使用行为的影响行为意图的维度，也就是绩效预期、易用预期、社会影响与帮助条件。绩效预期主要是指用户感觉使用系统对工作帮助的程度，包括感知有用性、外部激励、任务适配度、相对优势和输出期望；易用预期是用户使用系统必须付出努力的程度，包括感知易用性、系统复杂度、操作简单性；社会影响指用户感受到周围人使用系统的影响程度，包括主观规范、群体因素、公众形象；帮助条件是用户所感受到组织存在支持系统使用的组织和技术基础设备的支持程度，包括感知行为控制、便利条件和相容性。

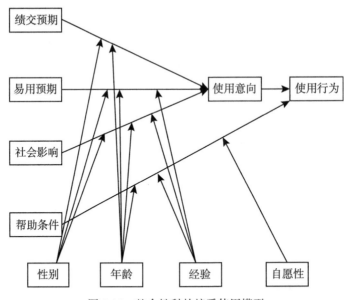

图 3-10　整合性科技接受使用模型

三、信息系统成功模型

DeLone 和 McLean（1992）提出信息系统成功模型（D & M），认为系统质量、信息质量、系统使用、用户满意度、个体影响及组织影响这六个变量中的系统质量和信息质量影响使用与满意度，最终对组织产生影响，见图 3-11。

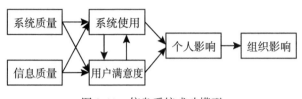

图 3-11　信息系统成功模型

系统质量通过功能性、可靠性、灵活性、易用整合性等指标来评估系统本身，信息质量通过准确性、时效性、持续性及相关性等指标来进行信息测量；系统质量和信息质量会直接影响用户的系统使用和用户满意度。

DeLone 和 McLean(2003)对原有信息系统成功模型进行了更新，加入了服务质量，将使用意图替代了系统使用，将个人和组织影响改为净收益(图 3-12)。修正后的模型用于解释系统采用后(即系统验收后)阶段，系统使用和系统成功的认知和行为方面的常用框架。信息系统成功模型关注于质量因素，充分考虑用户对于服务的认同，这些因素是信息系统成功的关键组成部分。许多研究人员认可与质量有关的因素在多种类型的信息系统的成功中起着至关重要的作用。

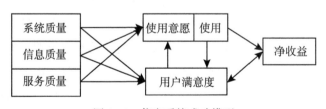

图 3-12　信息系统成功模型

数字阅读平台在本质上属于阅读类信息系统，属于学习信息系统中的一类，因此可以借鉴现有研究中关于各类数字学习类系统的接受模型的研究。技术接受模型是一种有效且健壮的模型，整合性科技接受使用模型是技术接受模型的有效扩展，信息系统成功模型在教育领域的研究中也得到了很好的应用。

第四章　青少年数字阅读采纳与使用意愿研究

　　数字信息遍及生活的方方面面，中小学生需要熟练使用各种数字工具，以便有效处理日益复杂的各种信息。阅读是人类社会的必备技能，数字阅读技能是信息化社会人类必须具备的基础能力，数字阅读平台（工具）是中小学生接触数字信息的媒介。任何信息系统的有效实施都取决于用户的接受程度。教育领域数字阅读的接受和采用越来越受到重视，并且仍在不断发展。数字阅读由于其自身的便捷性、内容的丰富性，成为弥补地区教育差距的有效途径。

　　许多学者从个人角度（阅读策略使用、共享阅读和阅读参与）和教师的角度（数字阅读教学、课堂设置和教师脚手架等）探讨儿童数字阅读能力的提升；从学生角度（对技术的好奇心、感知易用性）、数字工具角度（电子书功能、技术创新性等）来研究数字阅读的接受和采纳行为。仅有少量研究探讨数字阅读中社会支持的作用，社会支持研究中没有专门针对数字阅读采纳和使用意图方向的研究。到目前为止，社会支持研究中与数字阅读相关的文献集中于社会支持在提升数字阅读效率和能力方面的作用，而没有专门针对数字阅读采纳和使用意图方向的研究。同时，我国偏远地区的教育资源、阅读资源相对于发达地区较为欠缺，而数字阅读由于其自身的便捷性、内容丰富性，成为弥补地区教育差距的有效途径，因此通过研究偏远地区社会支持因素对儿童数字阅读意愿的影响，为家长、教育工作者及图书馆工作者进行儿童数字阅读支持环境设计、实施提供科学合理的建议。

第一节　青少年数字阅读采纳与使用意愿模型构建

　　本书利用外部变量扩展了 UTAUT 模型，结合社会支持理论重点研究外部社会影响对数字阅读采纳意愿的影响，包括感知有用性（PU）、感知易用性

（PEOU）、主观规范（SN）、自我认知（SC）、信息支持（IS）、情感支持（ES）、工具性支持（TA）及态度（ATU）对青少年数字阅读意图的影响。青少年数字阅读采纳与使用意图影响因素模型如图4-1所示。

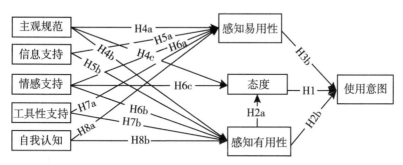

图 4-1　青少年数字阅读采纳与使用意图影响因素模型

第二节　变量定义与研究假设

一、感知有用性、感知易用性和态度

在技术接受理论模型中，感知有用性（PU）和感知易用性（PEOU）显著影响了使用技术的意图和对使用技术的态度。Davids（1989）在技术接受模型中提到感知有用性是指用户从主观上认为使用某系统能增进其工作绩效的程度；感知易用性是指个体使用系统或信息技术的容易程度。相关研究显示用户认为使用系统或新技术有用和易用时，人们对使用该技术的态度会更加友好，用户更倾向于采用系统或新技术。同时，如果用户使用该技术的态度良好，用户就更倾向于使用该技术。在学习类系统中，例如对 MOOC 及电子书的研究中，这些变量之间存在相同的关系（Briz-Ponce et al.，2017；李武 等，2018）。本书中，感知有用性是指青少年认为数字阅读既有趣又能帮助个人获取信息，加强了对阅读内容的理解及解决各类问题的能力等，从而对提升阅读效率和效果有用。感知易用性是指青少年对数字阅读的操作与学习的容易程度及方便程度。

根据 Pando-Garcia 等（2016）的观点，态度衡量了用户使用新技术的兴趣。

本书中，态度可以定义为青少年对数字阅读的感觉。态度被视为影响青少年数字阅读的重要因素。过去的经验研究已经证实了接受新技术的态度与意愿之间存在正相关关系。例如，Wu 和 Chen（2018）发现，学生对电子书和思维导图的结合持积极态度；Pfost 的研究证明学生的阅读行为和对阅读的态度总体上呈正相关。

针对青少年数字阅读采纳意愿模型，借鉴以前的研究成果，提出以下假设：

H1：青少年对数字阅读的态度（ATU）对青少年数字阅读的意图（BIU）有积极影响。

H2a：感知有用性（PU）对青少年数字阅读的态度（ATU）有积极影响。

H2b：感知有用性（PU）对青少年数字阅读的意图（BIU）有积极影响。

H3a：感知易用性（PEOU）对青少年数字阅读的态度（ATU）有积极影响。

H3b：感知易用性（PEOU）对青少年数字阅读的意图（BIU）有积极影响。

二、主观规范

主观规范（SN）通过统一的技术接受和使用理论（UTAUT）模型引入，是指"一个人的看法，即对他重要的大多数人认为他应该或不应该执行哪些行为"（Venkatesh et al.，2003）。Agudo-Peregrina 等（2013）将主观规范重新定义为"学生感受到来自其环境中的成员使用电子学习系统的压力的程度"。本研究沿用 Agudo-Peregrina 的定义，将主观规范定义为"青少年感受到来自其周围环境中的成员进行数字阅读的压力的程度"。先前研究证实，如果一个人认为对他/她重要的人（如同龄人和老师）自身进行数字阅读或者认为他/她应该进行数字阅读，那么他/她就会将他们的信念纳入他/她自己的信念系统，从而认为系统更有用、更易用。同时，主观规范会影响人们对系统的态度和看法。在数字阅读背景下，本书提出如下假设：

H4a：主观规范（SN）对感知易用性（PEOU）具有积极影响。

H4b：主观规范（SN）对感知有用性（PU）具有积极影响。

H4c：主观规范（SN）对青少年数字阅读的态度（ATU）具有积极影响。

三、社会支持

现有的社会支持研究主要集中在实际的社会支持和感知的社会支持上。

实际的社会支持是指提供给他人或从他人那里获得的支持，如在困难情况下从个人社交圈中的人们那里获得帮助(Liu et al., 2011)。感知的社会支持是个人对社会支持的主观感知，不同的个体可能以不同的方式感知相同形式的社会支持。Feng 等(2018)将社会支持定义为一种情感体验或满足感，其源于对社会的尊重、支持和理解。社会支持并不是一个统一的维度，不同的社会支持类型对态度及有用性的影响可能不一致，社会支持的效果取决于所提供的支持类型与青少年需求之间的匹配程度。例如，Zheng 等(2020)认为父母对青少年使用平板电脑的支持会更多考虑负面健康因素的影响，从而会与教师支持和同学支持产生不同的结果，而统一考虑会将不同类型社会支持的积极支持和消极支持抵消。Gao 等在研究在线交互游戏的影响因素时，将青少年的社会支持因素分为父母支持、父母鼓励、同伴支持和老师支持四类进行研究。Apgar(2020)的研究证实工具性支持和情感、信息支持对学业影响不同。本书根据以前的研究及青少年数字阅读社会支持环境的特点将社会支持分为信息支持、情感支持及工具性支持(实际支持)三种。

H5a：信息支持(IS)对感知易用性(PEOU)具有积极影响。

H5b：信息支持(IS)对青少年数字阅读的感知有用性(PU)具有积极影响。

H6a：情感支持(ES)对感知易用性(PEOU)具有积极影响。

H6b：情感支持(ES)对青少年数字阅读的感知有用性(PU)具有积极影响。

H6c：情感支持(ES)对青少年数字阅读的态度(ATU)具有积极影响。

H7a：工具性支持(TA)对感知易用性(PEOU)具有积极影响。

H7b：工具性支持(TA)对青少年数字阅读的感知有用性(PU)具有积极影响。

四、自我认知

自我认知来源于系统有效使用理论中的知情行为的定义及认知策略的元认知概念。知情行为是个人对系统本质的认识及更有效地利用系统的行为，而元认知涉及对一个人的认知活动的调节和评估，元认知对数字阅读环境非常重要。本书提出数字阅读环境中的自我认知是指青少年就在利用数字阅读系统对自身整体阅读策略和过程的控制和认识。如果青少年使用数字阅读系统能获得较好的自我认知，青少年就会认为数字阅读更有用，可能对数字阅读产生兴趣。因此，本书提出以下假设：

H8a：自我认知(SC)对青少年数字阅读的感知易用性(PEOU)具有积极

影响。

H8b：自我认知（SC）对青少年数字阅读的感知有用性（PU）具有积极影响。

第三节　问卷设计与调研实施

一、调研问卷与量表设计

调研问卷设计了性别、年龄和数字阅读的时间、地点等基本问题项及儿童数字阅读意图模型的量表。这项研究基于 TAM 和 UTAUT 模型，测量了外部变量（自我认知、社会支持和主观规范）与 TAM 认知维度（感知易用性、感知有用性和态度）、数字阅读意图之间的关系。量表中的多数题项是根据已有的相关研究改编的，所有项目均使用五点李克特量表进行展示，其中 1 代表"非常不同意"，5 代表"非常同意"（表 4-1）。

表 4-1　　　　　　　　　　　　量表设计概要

构念	含义	题项数量	题项概要	来源
使用意图	儿童采纳和持续进行数字阅读的可能性	4	我打算进行数字阅读	Lawson-Body et al., 2018；Al-Emran et al., 2020
态度	儿童对数字阅读的感觉	3	我认为进行数字阅读是明智的	Lawson-Body et al., 2018
感知易用性	儿童进行数字阅读不费力的程度	4	数字阅读操作很容易	Park et al., 2012；Al-Emran et al.,2020
感知有用性	儿童认为数字阅读既有趣又对个人获取信息、提升阅读效率和效果有用	5	数字阅读使我的阅读更加有效	Park et al., 2012；Al-Emran et al., 2020
主观规范	儿童感受到来自其周围环境中的成员进行数字阅读的压力的程度	3	认识我的人对进行数字阅读有积极的感受	Briz-Ponce et al., 2017

构念	含义	题项数量	题项概要	来源
自我认知	儿童在利用数字阅读系统对自身整体阅读策略和过程的控制和认识	3	数字阅读信息让我更加了解自己的阅读偏好	Burton-Jones et al., 2013
信息支持	对儿童数字阅读提供内容推荐、建议和指导，以应对数字阅读中的相关挑战	3	儿童分享使用数字阅读平台的信息	Apgar, 2020; Yu, 2004
情感支持	表达情感或支持接收者的情感表达，提供同理心或陪伴	2	数字阅读平台上的好友会给我带来鼓励	Apgar, 2020; Eriksson et al., 2006
工具性支持	直接为儿童提供阅读资料、数字阅读设备等具体和切实的帮助	2	家长给我购买数字阅读设备	Apgar, 2020; Kaner, 2010

二、问卷发放与收集

国际 PISA 2006 对 9~15 岁的儿童进行了年度阅读评估，由于幼儿对量表认知能力和理解能力有限，本研究选择了 9~15 岁(小学三年级到初中三年级)的儿童作为调研对象。同时在初次调研中发现在缺少现场指导的情况下，儿童对问卷理解能力有限，获得的数据真实性存疑。因此本次调研数据主要来自我国新疆某小学三年级到初中三年级的班级数据。通过与学校合作，将调研意图向信息课程老师进行说明，由学校信息课程教师在课堂上对调研内容进行讲解，然后指导学生打开调研问卷网站，由学生个人进行内容填写，从而保证了学生对问卷的理解及数据在反映学生数字阅读上的真实性。

最终获得调研问卷 252 份，剔除明显填写错误的问卷(如量表中所有问题答案从头到尾均为一样数值，以及问卷缺失值过多)，最终获得有效问卷 232 份，其中男生 120 人(51.7%)，女生 112 人(48.3%)。当问及他们认为阅读对生活与学习的重要性时，96.1%的儿童认为阅读很重要，仅有 3.9%的儿童认为阅读不太重要。在数字阅读设备的选择上，大部分儿童使用手机

（83.3%）和电脑（58.1%），而使用平板电脑（19.1%）、电子书阅读器（30%）的较少。大部分儿童的阅读地点是家里（84.2%），主要的数字阅读时间在周末和假期，工作日放学后数字阅读的儿童也较多，占到40%左右。

第四节　数据分析与讨论

基于方差的 SEM 技术（PLS-SEM）在小规模案例或预测目的下更为准确，PLS 旨在分析和确定变量的值以进行预测。考虑到本项研究最终有效问卷数量仅有 232 份，并且 PLS 模型（偏最小二乘结构方程模型）的局限性较小，因此利用 PLS 模型进行数据分析。PLS 具有两个组件：测量模型（也称为外部模型）和结构模型（也称为内部模型）。外部模型确定所有构念和测量项目的质量以评估有效性和可靠性，而内部模型估计不同模型构念之间的关系。

一、问卷信度与效度分析

由于青少年问卷中出现了抽象的测量概念，为了确保问卷数据的可靠性与准确性，进行问卷的信度与效度分析是十分必要的。

1. 信度分析

采用克朗巴哈 α 系数检验问卷的可靠性或稳定性。问卷中感知有用性、感知易用性、主观规范、信息支持、情感支持、工具性支持、自我认知、态度和使用意图这 9 个测量项 Cronbach's alpha 的值都在 0.724 至 0.882，均高于 0.7，说明是可以接受的内部一致性阈值，并且问卷的各测量项都具有较高的可靠性（见表4-2）。

表4-2　　　　　　　　　　　问卷各变量可靠性统计

变量	克朗巴哈 α 系数	变量	克朗巴哈 α 系数
感知有用性	0.882	工具性支持	0.724
感知易用性	0.831	自我认知	0.814
主观规范	0.763	态度	0.759
信息支持	0.741	使用意图	0.829
情感支持	0.773		

2. 效度分析

本研究设计的青少年数字阅读采纳与使用意愿模型以文献为基础，是结合理论分析及访谈建立的，在大规模问卷调研之前听取专家意见，对各测量题项从语言表达准确与清楚及理解程度做了全面的完善，问卷的形成过程具有良好的内容效度。

为了检验问卷测量结果结构与测值间的对应程度，对感知有用性、感知易用性、主观规范、自我认知、信息支持、情感支持、工具性支持、态度和使用意图各影响因素进行效度检验（表 4-3）。

表 4-3   各测量项的因子负载值表

影响因素	测量项	因子负载	影响因素	测量项	因子负载
感知有用性	PU1	0.795	信息支持	IS1	0.729
	PU2	0.819		IS2	0.857
	PU3	0.836	情感支持	EP1	0.902
	PU4	0.859		EP2	0.903
感知易用性	PEOU1	0.839	工具性支持	TA1	0.902
	PEOU2	0.782		TA2	0.867
	PEOU3	0.821	态度	AT1	0.772
	PEOU4	0.817		AT2	0.864
主观规范	SN1	0.784	使用意图	BIU1	0.804
	SN2	0.846		BIU2	0.786
	SN3	0.839		BIU3	0.793
自我认知	PR1	0.860		BIU4	0.867
	PR2	0.842			
	PR3	0.858			

二、测量模型检验

测量模型基于项目（题项）负荷、结构信度、收敛效度和判别效度进行评估。如表 4-2 和表 4-3 所示，9 个构念的克朗巴哈 α 系数在 0.724 至 0.882，均高于0.6，是一个可以接受的内部一致性阈值，因此构念的可靠性得到保证；9个构念(即感知有用性、感知易用性、主观规范、自我认知、信息支持、情感支持、工具性支持、态度和使用意图)的项目负荷在0.729至0.903，均超过了建议的阈值0.6。

此外，我们使用提取的平均方差参数检验了所建构构念的收敛有效性。表4-4中的结果表明，平均方差的最小值为0.658，高于0.5。

表4-4　　　　　　　　测量模型的组合信度与平均方差参数

影响因素	组合信度	平均方差	影响因素	组合信度	平均方差
感知有用性	0.914	0.680	主观规范	0.863	0.678
感知易用性	0.888	0.664	自我认知	0.890	0.729
信息支持	0.851	0.658	使用意图	0.886	0.661
情感支持	0.898	0.815	态度	0.862	0.676
工具性支持	0.878	0.783			

根据Fornell和Larcker(1981)提出的标准，为了检验判别效度，将两个潜在因素中每个因素的平均方差与它们的相关性平方进行比较。如表4-5，所有相关系数均小于平均方差的平方根(表4-5的对角线)，表明研究假设模型满足了判别有效性的要求，因此认为测量模型是可信且有效的。

表4-5　　　　　　　　潜在变量区分效度

	主规规范	使用意图	信息支持	工具性支持	态度	情感支持	感知易用性	感知有用性	自我认知
主观规范	0.823								
使用意图	0.673	0.813							
信息支持	0.609	0.680	0.811						
工具性支持	0.547	0.601	0.617	0.885					
态度	0.664	0.784	0.671	0.597	0.822				
情感支持	0.580	0.680	0.666	0.556	0.686	0.903			

续表

	主规范	使用意图	信息支持	工具性支持	态度	情感支持	感知易用性	感知有用性	自我认知
感知易用性	0.540	0.625	0.465	0.447	0.533	0.563	0.815		
感知有用性	0.662	0.736	0.645	0.624	0.724	0.634	0.637	0.825	
自我认知	0.503	0.571	0.499	0.506	0.549	0.539	0.526	0.704	0.854

三、结构模型检验

1. 模型拟合度分析

使用 Tenenhaus 等（2005）提出的拟合优度 GoF 准则对整体模型拟合进行评估。根据 Henseler 等（2016）的研究理论，本书对提出的理论模型的 GoF 值进行计算（如表4-6所示），结果显示理论模型得到较大的 GoF 值 0.66。表明模型拟合较好，它不满足结构方程模型保守指标的要求，但考虑到研究的探索性，并且儿童填制问卷本身的理解力问题，它是可以接受的。综上所述，结构模型的整体拟合性较好。

表4-6　　　　　　　　　　　　　模型拟合 GoF 验证

	使用意图	态度	感知易用性	感知有用性	主观规范	信息支持	工具性支持	情感支持	自我认知	均值	GoF
平均方差	0.661	0.676	0.664	0.680	0.678	0.658	0.783	0.815	0.729	0.705	0.660
R^2	0.698	0.640	0.427	0.710						0.618	

为了评估结构模型，首先使用方差膨胀因子（VIF）准则测试了所有结构的多重共线性。如表4-7所示，所有的方差膨胀因子的值都在 1.370 至 2.547，远远低于阈值5，表明本研究提出的外部模型中不存在显著的多重共线性问题。同时，内部模型的 VIF 值也远低于阈值5（表4-7），因此，可以判断整体模型中不存在显著的多重共线问题，模型结构良好。

表 4-7　　　　　　　　　　　　外部模型的方差膨胀因子的值

题项	方差膨胀因子	题项	方差膨胀因子
使用意图 1	1.796	感知有用性 5	2.379
使用意图 2	1.609	工具性支持 1	1.574
使用意图 3	1.701	工具性支持 2	1.475
使用意图 4	2.117	情感支持 1	1.657
态度 1	1.370	情感支持 2	1.657
态度 2	1.820	信息支持 1	1.372
态度 3	1.653	信息支持 2	1.625
感知易用性 1	2.014	信息支持 3	1.513
感知易用性 2	1.626	自我认知 1	1.847
感知易用性 3	1.743	自我认知 2	1.686
感知易用性 4	1.852	自我认知 3	1.880
感知有用性 1	1.886	主观规范 1	1.486
感知有用性 2	2.036	主观规范 2	1.609
感知有用性 3	2.059	主观规范 3	1.567
感知有用性 4	2.547		

2. 路径系数分析

通过路径系数、显著性值(p)、决定系数(R^2)对结构模型进行了测试。如表 4-8 所示，除 H3b、H5a、H6b 和 H7a 等 4 个假设不支持外，所提出模型中的其他 13 个假设均得到支持。R^2 值代表自变量可以解释的方差量。图 4-2 显示出具有确定值(R^2)的所有有效路径。态度的 R^2 为 0.640，即情感支持、主观规范可以解释儿童数字阅读态度 64% 的变异量。同样，感知有用性较大程度上取决于自我认知、信息支持、工具性支持和主观规范，其可以解释 71% 的感知有用性方差($R^2=0.710$)。儿童对数字阅读的感知易用性主要由主观规范、情感支持和自我认知显著决定，R^2 为 0.427。态度、感知有用性和感知易用性的综合影响解释了 69.8% 的儿童数字阅读意愿方差($R^2=0.698$)。

表 4-8 中的结果表明，态度、感知易用性及感知有用性正向显著影响儿童数字阅读的意图。其中，态度对数字阅读意图的路径系数达到 0.496，其次是

感知有用性，路径系数为 0.249（p<0.01），最后感知有用性也积极影响儿童数字阅读的意图（路径系数：β=0.201，p<0.05）。

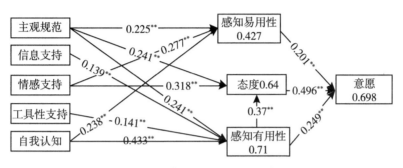

* 表示 p<0.05；** 表示 p<0.01；*** 表示 p<0.001。

图 4-2　理论模型路径

表 4-8　　　　　　　　　　　　　**路径系数及其显著性**

	方差膨胀因子	路径系统	T 统计量	接受情况
H1 态度→使用意图	2.139	0.496	7.098	接受
H2a 感知有用性→态度	2.430	0.370	5.087	接受
H2b 感知有用性→使用意图	2.577	0.249	3.220	接受
H3a 感知易用性→使用意图	1.715	0.201	3.081	接受
H3b 感知易用性→态度	1.849	−0.011	0.194	不接受
H4a 主观规范→感知易用性	1.886	0.241	2.882	接受
H4b 主观规范→感知有用性	1.886	0.225	3.523	接受
H4c 主观规范→态度	1.968	0.241	3.599	接受
H5a 信息支持→感知易用性	2.315	−0.016	0.180	不接受
H5b 信息支持→感知有用性	2.315	0.139	2.774	接受
H6a 情感支持→感知易用性	2.143	0.277	3.321	接受
H6b 情感支持→感知有用性	2.143	0.098	1.551	不接受
H6c 情感支持→态度	1.905	0.318	4.585	接受
H7a 工具性支持→感知易用性	1.875	0.050	0.588	不接受

续表

	方差膨胀因子	路径系统	T 统计量	接受情况
H7b 工具性支持→感知有用性	1.875	0.141	2.248	接受
H8a 自我认知→感知易用性	1.615	0.238	2.820	接受
H8b 自我认知→感知有用性	1.615	0.433	5.918	接受

（1）主观规范

H4a、H4b 和 H4c 等 3 个假设探讨了主观规范与感知易用性、感知有用性和态度的关系。

因为儿童周围环境中与儿童密切相关的人对数字阅读的态度越积极，数字阅读的人越多，儿童就越有可能感觉数字阅读熟悉和有用，降低对数字阅读难度的预期感知，对数字媒体阅读持有良好态度（见图 4-3）。上述结果证实了 3 个假设，即主观规范正向显著预测感知易用性（H4a：$\beta = 0.241$，$p < 0.01$）、感知有用性（H4b，$\beta = 0.225$，$p = 0.001$）及态度（H4c：$\beta = 0.241$，$p < 0.001$）。

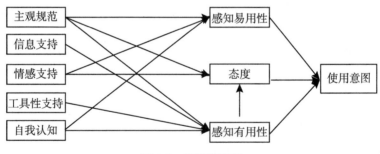

图 4-3　最终模型图

（2）自我认知

自我认知是本研究提取的一个构念，类似于系统有效性模型中的知情行为与认知策略中的元认知概念的结合。知情行为可以正向预测系统的有效使用和效率，系统有效使用与系统有用性相似；而元认知策略也可以提升阅读的效率和理解力，提升系统的可用性和有用性。本研究认为自我认知可以显著正向预测感知有用性和感知易用性。结果证实自我认知显著影响感知有用性(H8b：β=0.433，p<0.001)，和感知易用性(H8a：β=0.238，p=0.005)。

(3)社会支持

本研究将社会支持细分为信息支持、情感支持和工具性支持三个维度，研究其对数字感知易用性、感知有用性及阅读态度的影响。结果证实，情感支持可以显著预测儿童数字阅读的感知易用性(H6a：β=0.277，p<0.01)和态度(H6c：β=0.318，p<0.001)，信息支持和工具性支持对儿童数字阅读感知易用性的影响不显著，但可以显著预测儿童数字阅读的感知有用性(H5b，β=0.139，p<0.01；H7b，β=0.141，p<0.05)。

(4)TAM 内部的关系

TAM 中的核心关系，即感知的易用性、感知的有用性、态度和使用意图之间的关系。除假设 H3b 外，所有的关系假设被支持。本研究结论与前面研究结果基本一致，感知有用性正向预测儿童数字阅读的意愿(H2a：β=0.249，p<0.001)和态度(H2b：β=0.370，p<0.001)。感知易用性影响儿童数字阅读的意愿，但对儿童数字阅读的态度影响不显著。

第五节　结论与建议

这项研究从社会影响角度研究偏远地区儿童数字阅读的影响因素。研究结果发现，主动(社会支持)和被动(主观规范)的社会影响均可以积极预测儿童数字阅读的态度及感知易用性和有用性。主观规范的积极作用，在先前的研究中已经得到了证实。本研究从主动提供社会支持角度，探讨了不同类型的社会支持对儿童数字阅读的影响。

(1)信息支持和工具性支持对感知有用性有积极预测作用，而对感知易用性影响不显著。工具性支持、信息支持主要来自家长、教师、图书馆、同伴的实际支持和数字阅读内容、设备的支持。家长、教师和图书馆认为有用而提供工具性支持和信息支持的信念会延伸到儿童，从而使儿童认为家长或教师提供实际支持的数字阅读平台或设备有用，最终提升儿童数字阅读的意愿。这与访谈中儿童对支持的表述一致。

儿童的阅读内容和工具推荐、提供主要来自家长和老师，而家长为儿童提供的工具性支持和信息支持大多又受到图书馆、学校等的影响。由此来看，学校与图书馆是工具性支持和信息支持链条上最主要的环节。提升儿童数字阅读信息支持和工具性支持的有效性和科学性，需要偏远地区公共图书馆和社区图书馆能够加大儿童数字图书馆和移动图书馆建设，使当地儿童能够使用手机、电脑等常用的数字设备登录图书馆。同时，作为儿童数字阅读内容的主要推荐者，图书馆工作人员应该做好与学校的联合推荐机制，提供符合儿童需求的数字阅读资源，保证儿童健康阅读环境。此外，通过图书馆—学校—企业互联机制，加大对儿童数字阅读市场的监控和评估，通过权威的数字图书馆网站推荐符合各阶段儿童教育水平和阅读能力的合格 App 和网站资源，减轻家长对阅读资源选择的盲目性，提升儿童获得的信息支持的质量和便捷性，同时提供儿童切实可用的工具性支持(如适合且可用的免费数字资源内容)。

(2)情感支持对感知有用性的预测不明显，但显著预测态度和感知易用性。这表明儿童数字阅读中获得激励、陪伴与社交等正面情感，可以有效降低儿童对数字阅读的畏难情绪，增强感知易用性，提升对数字阅读的好感度。

儿童阅读的情感支持主要来自家长及同伴，但是数字阅读突破时间、空间壁垒的阅读形式，为儿童获得网络阅读同伴提供了机会。访谈中发现，大部分儿童在阅读完成后，会查看其他读者对故事的看法、感想的留言，并对自己的留言获得的点赞数量及自己获得的好友数量有强烈的成就感和满足感，并极大促进儿童完成约定的阅读任务。这就要求公共图书馆在建设儿童数字图书馆时，应考虑到儿童的情感需求。数字图书馆中应该设计操作简单的社交功能，提供积分激励等正向情感鼓励的功能。同时，图书馆应开展各类线上线下活动，建立各类阅读小组或阅读打卡活动，并与学校合作开展数字阅读月等活动，为儿童提供获得情感支持的组织群体和环境。

(3)儿童在数字阅读中的自我认知与感知有用性或感知易用性直接相关。自我认知是儿童对自身数字阅读知识和能力的认识，自我认知较好的儿童，一般具备较强的阅读能力。儿童在数字阅读中的自我认知可以通过外部学习和经验积累获得。因此，可以通过学校、图书馆开展数字阅读知识的课程或讲座，培养儿童数字阅读策略，提升儿童数字阅读能力的自我认知水平。

(4)虽然大多数相关研究表明，易用性直接预测了用户对新技术或系统的态度，但本研究结果表明，这种关系不一定在任何情况下都适用于所有人群。一种可能的原因是，数字阅读对作为数字原住民的这一代儿童完全没有挑战。

另一种解释是，感知易用性、感知有用性和态度之间的关系可能取决于儿童数字阅读动机判断。如果儿童认为数字阅读能力培养更重要，那么即使数字阅读操作不易，儿童依然会对数字阅读持积极态度。同时，由于本研究样本集中在新疆某学校，所以可能由于样本偏差造成这一关系不成立。

第五章　青少年数字阅读平台使用
意愿影响因素研究

　　数字阅读平台与其他 ICT 技术一样，需要在社会环境中进行新技术的使用和推广，社会环境相关因素会对新技术的使用产生影响。青少年数字阅读平台、设备的采用和使用效果是教育领域和图书馆领域越来越关注的话题，其研究内容和方法在不断发展。Rosenwald 的调研显示数字原住民更喜欢印刷阅读，而不是电子文本或电子书。随后，很多学者对数字阅读的优势、纸质阅读的偏好及不同类型阅读在儿童数字阅读成就、识字能力等方面的影响进行研究，研究的重点主要集中在学校教育、教师干预和网站注释等各种策略在提升儿童数字素养方面的作用，而很少专门针对数字阅读平台接受问题和使用意图的研究。此外随着专门的电子书阅读器的出现，虽然一些学者研究了电子书阅读器的使用影响因素，但研究对象主要是高中生、大学生等，很少有研究者对儿童的使用情况进行研究。

　　数字阅读平台本身提供的阅读便利性的技术优势也是青少年和家长选择数字阅读的原因。在本研究的初步调研中发现青少年使用"kindle"等电子书阅读器进行数字阅读的比例较少，86%的青少年选择的数字阅读平台是移动端 App、电脑阅读网站、Ipad 上的 App。因此本研究中数字平台主要是指移动端阅读应用程序（App）及电脑端的阅读网站，旨在解释对青少年数字阅读的态度及持续采用该技术的意图，模型考虑系统自身质量、技术的功利性（感知的有用性）、青少年阅读的享乐性价值（感知的享受）和社会因素的影响。通过扩展 Davis（1989）提出的技术接受模型（TAM），结合 DeLone 和 McLean 的信息系统成功模型（D & M 模型），来识别青少年数字阅读平台使用的各种影响因素。

第一节 青少年数字阅读平台使用意愿模型构建

成功实施任何信息系统的关键因素是其用户的接受程度。技术接受模型（TAM）基于用户与技术之间的心理互动，解决了用户如何接受和使用信息技术的问题。TAM 的感知易用性（PEOU）、感知有用性（PU）及态度（AT）在不同的研究领域（如电子学习、游戏模拟等）中均可以较好地预测使用的技术采纳行为和使用意图，因此本研究仍将感知易用性（PEOU）与感知有用性（PU）作为数字阅读平台采纳程度的决定因素。然而由于 TAM 仅考虑功利主义驱动的因素，本研究对 TAM 的外部因素进行了扩展，将个人情感因素中的感知乐趣、自我效能及社会影响的主观规范、社交交互性纳入 TAM 结构。同时，结合 D & M 信息系统成功模型，将其中的信息系统质量维度扩展为系统因素（兼容性、可访问性和信息质量）纳入整个模型，从社会影响、个人因素、系统因素三个方面来解释青少年数字阅读平台的使用意图。TAM 适用性广泛，D & M 信息系统成功模型在教育领域的研究中也得到了很好的应用，因此 TAM 和 D & M 模型可以作为本研究中青少年数字阅读平台研究的合适理论背景，提出青少年数字阅读平台使用意图模型（图 5-1），包括感知易用性

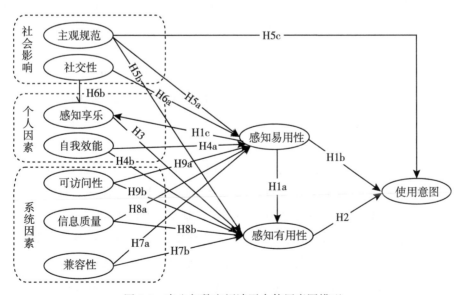

图 5-1 青少年数字阅读平台使用意图模型

（PEOU）、感知有用性（PU）；社会影响因素［主观规范（SN）］影响因素，个人因素［自我效能（SE）、感知享乐（PE）］，系统因素［兼容性（COPA）、信息质量（IQ）、可访问性（ACC）］。

第二节　变量定义与研究假设

一、感知易用性和感知有用性

在 TAM 中，感知易用性（PEOU）和感知有用性（PU）显著影响了使用技术的意图。Davids（1989）在 TAM 中对感知易用性的描述为个体使用系统或信息技术的容易程度。如果用户感知系统或信息技术是容易使用的，认为在使用系统或信息技术的时候可以带来精力的解放，在理解和使用系统或信息技术时是能被感知到的，是相对较容易的。感知有用性是指用户从主观上认为使用某系统能增进其工作绩效的程度。先前的研究表明，用户认为新技术有用或易于使用，因此他们更倾向于采用新技术。研究发现感知易用性对新技术的感知有用性的积极影响，变量在移动阅读中显示出相同的关系。本理论模型把感知易用性（PEOU）定义为青少年采用数字阅读平台这种阅读系统的努力程度，将感知有用性（PU）定义为青少年感觉使用数字阅读平台能提升学习与阅读绩效的程度。据此提出以下假设：

H1a：感知易用性（PEOU）对感知有用性（PU）有积极影响。

H1b：感知易用性（PEOU）对数字阅读平台的使用意图（BIU）有积极影响。

H2：感知有用性（PU）对数字阅读平台的使用意图（BIU）有积极影响。

二、个人因素

个人因素涉及个人情感因素感知享乐（PE）及个人的自我效能（SE）。

感知享乐（PE）被定义为"使用特定系统的活动本身具有享乐的程度，不包括因使用系统而导致的任何功能性后果"。基于 TAM，Davis 等（1992）确定了感知享乐在解释计算机可接受性和使用方面的重要作用，发现感知享乐和感知有用性导致了感知易用性对计算机使用意图的影响。TAM 的多个扩展研究模型显示感知有用性、感知易用性和感知享乐与信息系统和技术的接受行为具有明显相关性。本理论模型将感知享乐定义为青少年使用数字阅读平台时感受到愉悦对时间感的改变。因此，基于数字阅读背景，提出以下假设：

H1c：感知易用性（PEOU）对青少年数字阅读的感知享乐（PE）有积极影响。

H3：感知享乐（PE）对感知有用性（PU）有积极影响。

自我效能（SE）是个人对自己执行特定活动的能力的信念。在数字阅读背景下，自我效能感是儿童对使用数字阅读平台的判断。Cheon 等（2012）将自我效能感定义为对自己执行特定任务的能力和动力的信念。通过对自我效能感水平的测量，发现较高的系统感知舒适度导致使用系统的自信心增强。结果，自我效能感对感知易用性产生直接影响。根据过去的研究，自我效能感对信息系统和技术的感知有用性和感知易用性有积极影响。在此基础上提出以下假设：

H4a：自我效能感（SE）对数字阅读平台的感知有用性（PU）有积极影响

H4b：自我效能感（SE）对数字阅读平台的感知易用性（PEOU）有积极影响。

三、社会环境因素

本研究所说的社会环境因素主要涉及主观规范和社交性。主观规范是指从重要他人或团体（如家人或朋友），感知社会压力从事特定行为。个人周围重要人物或团体的更多支持表明个人实现目标行为的意愿更强。对主观规范的研究发现，主观规范（SN）也会影响技术接受中的感知易用性和感知有用性，主观规范对感知有用性和行为意图的使用产生强烈影响。

社交性定义为青少年与教师、家长、学生及其他读者之间的互动，他们之间的这种互动导致阅读中更多的协作和共享。Cheng（2012）发现互动性可以积极影响人们系统的实用性。如果用户得出结论，可以有效地交流并迅速在彼此之间交换和共享阅读内容，他们就会感到系统是有用的，同时，读者间的交互会产生社交愉悦感。这形成以下假设：

H5a：主观规范（SN）将对数字阅读平台的感知易用性（PEOU）产生积极影响。

H5b：主观规范（SN）将对数字阅读平台的感知有用性（PU）产生积极影响。

H5c：主观规范（SN）将对数字阅读平台的使用意图（BIU）产生积极影响。

H6a：社交性(INT)将对数字阅读平台的感知易用性(PEOU)产生积极影响。

H6b：社交性(INT)将对感知享乐(PE)产生积极影响。

四、系统因素

数字阅读平台自身的技术特征和优势也是人们使用和采纳系统的重要影响因素。本研究中的系统因素主要涉及数字阅读平台本身的兼容性(COPA)、信息质量(IQ)和可访问性(ACC)。

兼容性(COPA)是个人基于创新技术对其现有价值、以往经验和当前需求的适应性的信念。创新与个人的需求和价值观越相容，采用的机会就越大。数字阅读平台具备收藏、词典及添加评论等功能，这使电子书阅读器兼容用户的需求并使其易于使用。

信息质量(IQ)表示作为特定系统的输出生成的信息的特征。数字阅读平台的信息质量尤其是指系统用户认为通过其阅读系统可获得阅读信息是充分、准确、可靠、全面、及时和有组织的程度。阅读平台信息质量高，表明信息组织良好，易于青少年便捷地发现和使用信息，同时意味着信息的可靠和全面，能提升读者对系统有用性的认可度。

可访问性(ACC)是指用户如何访问和使用信息及从系统中提取信息的便捷程度。Park(2009)表示，系统可访问性是指使学生能够访问和使用电子学习系统的轻松程度。本研究中可访问性指青少年能够访问和使用数字阅读系统满足其阅读需求的轻松程度。前期的研究发现，更高可访问性带来了更多的信息使用和更高的学生易用性感知。当数字阅读平台为学生提供各种方便的访问、下载功能时，学生会认为该平台易于使用且对阅读有用。因此，本研究提出如下假设：

H7a：兼容性(COPA)将对数字阅读平台的感知易用性(PEOU)产生积极影响。

H7b：兼容性(COPA)将对数字阅读平台的感知有用性(PU)产生积极影响。

H8a：信息质量(IQ)将对数字阅读平台的感知易用性(PEOU)产生积极影响。

H8b：信息质量(IQ)将对数字阅读平台的感知有用性(PU)产生积极影响。

H9a：可访问性（ACC）将对数字阅读平台的感知易用性（PEOU）产生积极影响。

H9b：可访问性（ACC）将对数字阅读平台的感知有用性（PU）产生积极影响。

第三节　问卷设计与调研实施

一、调研问卷与量表设计

本研究为了确保问卷的可靠性和有效性，每一个构建体均从适当文献中选择测量项目，并结合数字阅读平台自身特点进行微调。调查工具分为两个部分，即人口统计部分和与模型构建有关的部分。第二部分在 5 点李克特量表上询问用户对感知易用性、感知有用性、使用意图，以及个人因素、环境因素和平台因素的看法，其范围从 1"非常不同意"至 5"完全同意"（如表 5-1）。

表 5-1　　　　　　　　　　　　　测量量表编制

	构造项目	题项数目	测量题项举例	来源
TAM 核心	感知易用性	5 项	数字阅读平台很容易使用和操作等	Nikou et al.（2017）
	感知有用性	4 项	数字阅读平台提供多样化手段，可以让我快速进入阅读环境	Lu & June（2014）；Carmen et al.（2013）
	使用意图	5 项	我会向朋友推荐数字阅读平台	Lin & Yu（2018）
个人因素	感知享乐	4 项	使用数字阅读平台进行阅读很有意思	Liao, Palvia & Chen（2009）；Park & Cheong（2005）
	自我效能感	4 项	我希望即使没有人告诉我该怎么做，我也可以在数字阅读平台上完成我的工作	Compeau & Higgins（1995）；Thatcher et al.（2007）

续表

	构造项目	题项数目	测量题项举例	来源
环境因素	主观规范	4 项	我有很多同学使用数字阅读平台进行阅读	Lu & June（2014）；邓朝华 等（2007）
	社交性	3 项	数字阅读平台易于找到与我阅读兴趣相同的人	Cheng（2012）
平台因素	兼容性	4 项	使用数字阅读平台符合我的阅读需求	Chatzara et al.（2006）
	可访问性	5 项	我可以在任何地方获得阅读服务	Al-Mushasha & Nassuora（2012）
	信息质量	5 项	数字阅读平台可以为我提供足够丰富的阅读内容	Lee et al.（2009），Cheng（2012）

二、数据采集

研究的参与者主要是小学三年级到初中三年级的学生，即 9~15 岁的小学生和初中生。按照我国的小学课程进度，所有小学生在三年级正式开始系统学习信息技术课程。课程设置的结果使学生具备基本的信息素养，可以独立使用数字设备完成数字平台上的阅读任务。作为有一定的技术自由度独立使用和选择数字阅读平台的新一代儿童，研究数字阅读平台使用意愿的影响因素有重要的理论和实践意义。本研究通过网络向新疆生产建设兵团某学校（一年级至九年级的公办小学）发放调研问卷，由学校信息课程教师讲解调研目的并组织学生在信息技术课程上完成问卷。问卷回收 282 份，男女比例和年龄比例较为均等。表 5-2 显示了人口描述性统计数据，其中男生为 148 人（占52.5%），女生为 134 人（占 47.5%），大部分回复来自 10~13 岁的学生。

表 5-2 人口描述性统计数据

统计项	类别	人数	占比
性别	男	148	52.5%
	女	134	47.5%

续表

统计项	类别	人数	占比
	9 岁	20	7.1%
	10 岁	43	15.2%
	11 岁	50	17.7%
年龄	12 岁	41	14.5%
	13 岁	57	20.2%
	14 岁	27	9.6%
	15 岁	44	15.6%

注：各年龄人数所占百分比之和为 99.9%，系由四舍五入造成的。

第四节　数据分析

一、数据分析方法

本研究应用了基于偏最小二乘的结构方程模型（PLS-SEM）统计方法，以评估所提出理论模型的解释力和预测力。当不能保证数据的正常性时，PLS-SEM 方法是合适的（Hair et al.，2017）。此外，PLS-SEM 方法即使在样本量较小的情况下也能处理形成变量（Henseler et al.，2016）。考虑到本研究获得样本量仅有 282 人，并且 PLS 模型（偏最小二乘结构方程模型）的局限性较小，因此选择该模型进行数据分析。

在分析收集到的数据时，一般通过两步进行分析：通过评估信度和判别效度来检验所提出测量模型的适用性和构造效度。评估结构模型，旨在评估提出的研究假设的重要性，以及拟议理论模型的解释力和预测力。

二、问卷信度与效度分析

青少年问卷中的每个构建体均从适当文献中选择测量项目，并结合数字阅读平台的特点进行微调，以此确保问卷数据的可靠性与准确性，所以对问卷进行信度与效度的分析是十分必要的。

1. 信度分析

信度分析中较常使用克朗巴哈 α 系数，通过克朗巴哈 α 系数来检验问卷的可靠性或稳定性。信息度系数表示信息可信度的高低，信度系数越高，表明问卷的数据就越可信。

问卷中主观规范、社交性、兼容性、信息质量、可访问性、自我效能、感知享乐、感知易用性、感知有用性和使用意图这 10 个测量项的克朗巴哈 α 系数都在 0.877 至 0.931，均高于 0.8，说明是可以接受的内部一致性阈值，并且问卷的各测量项都具有较高的可靠性(见表 5-3)。

表 5-3　　　　　　　　　　　　问卷各变量可靠性统计

变量	克朗巴哈 α 系数	变量	克朗巴哈 α 系数
主观规范	0.896	自我效能	0.886
社交性	0.877	感知享乐	0.914
兼容性	0.895	感知易用性	0.910
信息质量	0.927	感知有用性	0.917
可访问性	0.931	使用意图	0.926

2. 效度分析

本研究设计的青少年数字阅读平台使用意图影响因素模型以文献为基础，结合理论分析及访谈建立，依据 TAM 及 D & M，结合元认知理论等理论，设计了模型中的影响因素的每个测量项。为了检验问卷测量结果结构与测值间的对应程度，对主观规范、社交性、兼容性、信息质量、可访问性、自我效能、感知享乐、感知易用性、感知有用性及使用意图各影响因素进行效度检验，见表 5-4。

采用因子分析法检验问卷效度，10 个潜在变量的 41 个测量指标中，最低的是感知易用性中 PEOU4 的因子负载值(0.772)，最高的是感知有用性中 PU2 的因子负载值(0.922)，因此所有测量项的因子负载值都在 0.7 以上，可以看出问卷中的测量项基本通过了效度检验。

表 5-4　　　　　　　　　　　　**各测量项的因子负载值**

影响因素	测量项	因子负载	影响因素	测量项	因子负载
主观规范	SN1	0.835	自我效能	SE1	0.883
	SN2	0.880		SE2	0.910
	SN3	0.902		SE3	0.913
	SN4	0.877	感知享乐	PE1	0.843
社交性	INT1	0.889		PE2	0.912
	INT2	0.905		PE3	0.905
	INT3	0.893		PE4	0.908
兼容性	COPA1	0.874	感知易用性	PEOU1	0.786
	COPA2	0.897		PEOU2	0.793
	COPA3	0.845		PEOU3	0.867
	COPA4	0.872		PEOU4	0.772
信息质量	IQ1	0.892	感知有用性	PU1	0.881
	IQ2	0.883		PU2	0.922
	IQ3	0.882		PU3	0.879
	IQ4	0.852		PU4	0.896
	IQ5	0.887	使用意图	BIU1	0.886
可访问性	ACC1	0.867		BIU2	0.846
	ACC2	0.852		BIU3	0.877
	ACC3	0.910		BIU4	0.877
	ACC4	0.897		BIU5	0.904
	ACC5	0.898			

三、测量模型评估

根据 Henseler 等(2009)的指导方针,所有项目的构造都应满足克朗巴哈 α 系数大于 0.7 的准则。将效度或收敛度基于指标在其潜在构成因素上的估计系数的显著性为标准进行评估。测量模型的组合信度与平均方差参数见表 5-5。

表 5-5　　　　　　　　　　测量模型的组合信度与平均方差参数

影响因素	组合信度	平均提取方差	影响因素	组合信度	平均提取方差
主观规范	0.928	0.764	自我效能	0.929	0.814
社交性	0.924	0.802	感知享受	0.940	0.797
兼容性	0.927	0.716	感知易用性	0.937	0.788
信息质量	0.945	0.773	感知有用性	0.941	0.800
可访问性	0.948	0.783	使用意图	0.944	0.771

　　主观规范、社交性、兼容性、信息质量、可访问性、自我效能、感知享乐、感知易用性、感知有用性和使用意图等 10 个潜在变量的组合信度值在 0.924 至 0.948，均大于 0.9。平均提取方差值在 0.716 至 0.814，均大于 0.7，说明模型通过聚合效度检验。

　　根据变量间的平方相关和它们各自提取的平均方差来评估判别效度。为了检验判别有效性，一个构造(因素或潜在变量)及其测度的平均方差应大于该构造与模型中任何其他构造(因素)所分担的方差。由表 5-6 可知，所提取的反映变量的平均方差值始终大于非对角平方相关值，这表明变量之间的判别有效性是令人满意的。

表 5-6　　　　　　　　　　测量模型的判别效度

影响因素	主观规范	社交性	使用意图	兼容性	信息质量	可访问性	感知享乐	感知易用性	感知有用性	自我效能
主观规范	0.874									
社交性	0.626	0.896								
使用意图	0.832	0.608	0.878							
兼容性	0.644	0.757	0.673	0.872						
信息质量	0.679	0.722	0.666	0.760	0.879					

续表

影响因素	主观规范	社交性	使用意图	兼容性	信息质量	可访问性	感知享乐	感知易用性	感知有用性	自我效能
可访问性	0.595	0.702	0.628	0.680	0.671	0.885				
感知享乐	0.688	0.656	0.693	0.701	0.724	0.780	0.892			
感知易用性	0.644	0.632	0.684	0.656	0.626	0.701	0.657	0.888		
感知有用性	0.667	0.675	0.701	0.735	0.776	0.668	0.772	0.658	0.895	
自我效能	0.709	0.676	0.728	0.664	0.684	0.686	0.726	0.699	0.711	0.902

四、结构模型评估

本小节使用偏最小二乘法(PLS)构建结构方程模型(SEM),对上述 18 个假设进行集体验证。这些技术允许对结构模型(即评估理论构造之间的关系)和测量模型(即评估度量的可靠性和有效性)进行分析。为了评估结构模型,首先使用方差膨胀因子(VIF)准则测试了所有结构的多重共线性。如表 5-7 所示,所有的方差膨胀因子介于 2.019 至 3.101,远远低于阈值 5,这表明本小节提出的结构模型中不存在显著的多重共线性问题。

表 5-7　　　　　　　**共线性统计量-膨胀系数 VIF(部分数据)**

测量项	COPA1	COPA2	COPA3	COPA4	INT2	INT3	INT4	IQ2	IQ3	IQ4	IQ5	IQ6
方差膨胀因子	2.461	2.885	2.019	2.449	2.339	2.574	2.302	3.101	2.902	2.937	2.636	2.656

另外,在对结构模型进行潜在的多重共线性评估后,需要对模型进行全面评估,包括其解释能力即 R^2 值(代表自变量解释的方差量)和路径系数的估计值,后者表示因变量和自变量之间关系的强度。R^2 和路径系数共同表明了

数据对假设模型的支持程度。

图 5-2 显示了 R^2 值和所提出的研究假设模型的最终路径系数，可以看出，感知有用性由 6 个外生变量（即兼容性、信息质量、可访问性、自我效能、主观规范和社交性）以及感知享乐、感知易用性的直接影响决定。图 5-2 中感知有用性的 R^2 为 0.850，即上述 8 个变量解释了感知有用性的 85% 的变异量。同样，感知易用性在较大程度上取决于兼容性、可访问性、主观规范和自我效能，其可以解释 73.9% 的易用性方差（$R^2 = 0.739$）。感知享乐由社交性和感知易用性显著决定，R^2 为 0.661。因此，以上提到的外生变量解释了 66.1% 的感知享乐方差。数字阅读平台的持续使用意图由易用性、感知有用性和主观规范决定，R^2 为 0.808。换句话说，易用性、感知有用性和主观规范的综合影响解释了使用意图 80.8% 的方差。

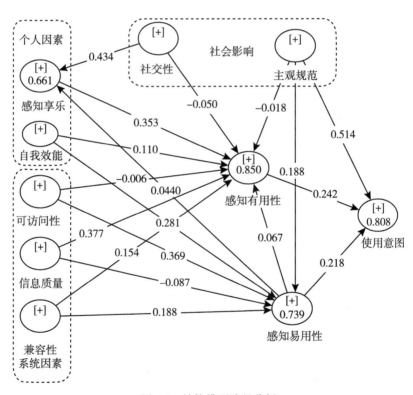

图 5-2　结构模型路径分析

表5-8 提供了标准化路径系数和路径重要性的假设检验结果的摘要。大多数路径在预期的方向上是重要的。显而易见，除了可访问性和感知有用性等7个假设不被接受外（H1a、H4b、H5b、H6b、H7a、H8a、H9b），其余有意向的11个假设都在5%的水平上通过检验。

表5-8   路径系数及其显著性

假设	路径系数	标准差	T 统计量	支持程度
H1a 感知易用性→感知有用性	0.067	0.056	1.188	不支持
H1b 感知易用性→使用意图	0.218	0.057	3.818	支持
H1c 感知易用性→感知享乐	0.440	0.077	5.739	支持
H2 感知有用性→使用意图	0.242	0.073	3.296	支持
H3 感知享乐→感知有用性	0.353	0.071	4.970	支持
H4a 自我效能→感知易用性	0.281	0.090	3.141	支持
H4b 自我效能→感知有用性	0.110	0.087	1.264	不支持
H5a 主观规范→感知易用性	0.188	0.096	1.967	支持
H5b 主观规范→感知有用性	−0.018	0.076	0.238	不支持
H5c 主观规范→使用意图	0.514	0.072	7.100	支持
H6a 社交性→感知易用性	0.434	0.077	5.622	支持
H6b 社交性→感知享乐	−0.050	0.065	0.769	不支持
H7a 兼容性→感知易用性	0.188	0.100	1.873	不支持
H7b 兼容性→感知有用性	0.154	0.077	2.001	支持
H8a 信息质量→感知易用性	−0.087	0.098	0.890	不支持
H8b 信息质量→感知有用性	0.377	0.073	5.157	支持
H9a 可访问性→感知易用性	0.369	0.073	5.082	支持
H9b 可访问性→感知有用性	−0.006	0.058	0.108	不支持

表5-8 中可以看出，TAM 的核心构造（感知易用性和感知有用性）正向显著影响儿童数字阅读平台使用意图（路径系数分别为 0.218 和 0.242），H1b 和

H2 成立。同时社会环境带给青少年的主观规范压力也对青少年阅读平台的使用意图产生显著影响，并且与使用意图高度相关，路径系数达到 0.514，H5c 成立。

感知易用性对感知有用性影响不显著，H1a 不成立。这与 TAM 模型在其他系统采纳方面的研究不大相同。青少年在使用阅读平台中会因为阅读平台的设计、游戏化的项目而感到愉悦，这种个人情感会让青少年认为该阅读平台比较有用，因此青少年的感知享乐显著影响青少年对数字阅读平台的感知有用性，路径系数达到 0.353，H3 成立。

平台的感知易用性指青少年使用平台的不费力程度，如易使用和操作，青少年使用数字阅读平台进行阅读时会感到有意思，因此感知易用性对感知享乐有正向显著影响（$\beta=0.440$，$p<0.0001$），H1c 成立。

在阅读平台上青少年易与他人共享阅读内容，与志趣相投的人进行交流，使青少年在数字阅读平台进行阅读时获得较强的愉悦感，因此社交性显著影响儿童的感知享乐（$\beta=0.434$，$p<0.0001$），H6b 成立。兼容性、信息质量对感知有用性产生正向显著影响，路径系数分别为 0.154 和 0.377，H7b 与 H8b 均成立；而兼容性、信息质量对感知易用性不产生正向显著影响，H7a 与假设 H8a 均不成立。自我效能、主观规范与可访问性对儿童阅读平台使用的感知易用性产生正向显著影响，路径系数分别为 0.281、0.188 及 0.369，H4a、H5a 与 H9a 均成立。

综上，确定了测量模型的信度和效度及结构模型的解释力和预测相关性。最后，使用 Tenenhaus 等（2005）提出的拟合优度 GoF 准则对整体模型拟合进行评估。根据 Wetzels 等（2009）和 Henseler 等（2016）的研究理论，本研究对提出的理论模型的 GoF 值进行计算（如表 5-9 所示），结果显示理论模型得到较大的 GoF 值（0.775），表明模型拟合良好。

表 5-9　　　　　　　　　　　拟合优度 GoF 指数

	平均提取方差（AEV）	R^2		平均提取方差（AEV）	R^2
主观规范	0.764		感知易用性	0.788	0.739
社交性	0.802		感知有用性	0.800	0.850

	平均提取方差（AEV）	R^2		平均提取方差（AEV）	R^2
兼容性	0.761		使用意图	0.771	0.808
内容质量	0.773		均值	0.785	0.764
可访问性	0.783		AVE * R^2	0.600	
自我效能	0.814		GoF	0.775	
感知享乐	0.797	0.661			

第五节　讨论与结论

一、系统因素

本研究中的系统因素来源于 DM 信息系统成果模型中关于信息质量、服务质量及系统质量的阐述，同时结合了青少年使用数字平台的情况，对其进行修订，从信息质量、兼容性和可访问性几个方面探讨系统自身的设置对青少年使用数字阅读平台的影响。根据路径分析，系统因素的 6 个假设中，3 个假设通过检验，3 个假设未通过检验。

兼容性显示了创新与现有价值、以往经验和当前需求的适应性评估。一般认为兼容性越高，平台与个人的使用习惯越相符，就越容易感到系统易于使用。然而，本研究中青少年数字阅读平台的兼容性对感知易用性的影响并不显著，这可能因为青少年在数字阅读平台上对兼容性的体验为数字阅读平台提供的与纸质阅读的类似性，如可以进行标注、翻页等功能，但这些功能的提供，并没有带来更多的易用性，而且提供更多的纸质阅读时的类似功能，如笔记、重点标识及字典等功能反而会增加阅读平台操作的复杂性。同时，路径分析显示兼容性于青少年对数字阅读平台的感知有用性有显著影响，这与研究者在其他系统(如学习系统、图书馆系统和电子商务系统)的研究结果一致。

信息质量显示了数字阅读平台提供的信息内容的及时性、完成性和满足青少年需要阅读内容的需求程度。平台提供的信息质量越高，越能满足青少年阅读的需求并获得及时的最新信息，青少年就越觉得平台对自身有用。这与 Cheng（2012）、Liu 等（2010）和 Rafique 等（2020）在学习、数字图书馆中的研究趋于一致。但本研究中信息质量对感知易用性的影响并不显著，即青少年认为内容的丰富性、内容格式的多样化并不影响青少年使用系统的感知易用性。这可能因为青少年与数字系统的交互，除了对阅读内容进行理解外还涉及利用导航、多媒体技术的应用等，这些技术的使用没有因为系统信息质量的提升而降低，而其他研究中的对象主要是高校学生或成人，简单的数字技术不会成为其使用系统的障碍，但青少年不一样。

路径分析系统可访问性对感知易用性有显著影响，而对感知有用性影响不显著。可访问性反映了青少年使用和从系统中获得阅读信息的简易程度。因此，数字阅读平台的易访问表明青少年使用系统获得信息的便利性，符合理论模型中可访问性显著影响感知易用性的结果。而信息的获取的便利性和可获得性，并不一定表明青少年可以获得自己真正需要的信息，因此，本研究模型数据结论不支持系统的可访问性对感知有用性的影响。

总体而言，平台本身的系统因素对青少年的感知易用性和感知有用性均产生显著影响，不同子因素对两者的影响力不同。系统的兼容性和信息质量显著影响感知有用性，而系统的可访问性显著影响感知易用性。

二、社会因素

与社会因素有关的五个假设中，有三个假设（H5a 主观规范→感知易用性，H5c 主观规范→使用意图，H6a 社交性→感知易用性）得到了支持，主观规范、社交性都对青少年使用数字阅读平台的意图产生间接的重要影响。两个假设（H5b 主观规范→感知有用性，H6b 社交性→感知享乐）没有通过检验。

主观规范性的研究结论，与 Schepers 等（2007）的研究部分一致，认为主观规范会影响使用意图，从而影响人们的行为方式，表明主观规范对感知有用性和使用意图的强烈影响。Venkatesh（2003）的研究认为主观规范会影响技术接受中的感知易用性，与本研究一致。社交性显示在学习系统中为师生的相互交流，相互交流会增强学生对学习系统的感知有用性。而青少年数字阅读平台使用意图模型中社交性对感知有用性的影响不显著，而对感知享乐影响显著，同时社交性通过感知享乐间接影响感知有用性。这可能是本研究并没有严格限定数字阅读为学术阅读或为某个明确问题进行的解决问题的阅读，而是广泛地包含对休闲娱乐、交流和学术等阅读行为。青少年在阅读中的社交很多仅为了交流、娱乐而进行,所以社交性直接满足了青少年交友、交流的娱乐感知。

三、个人因素

本研究中青少年数字阅读平台使用意图模型中的个人因素涉及个人的娱乐感(感知享乐)及个人自我效能对青少年使用意图的影响。两个理论假设(H3 感知享乐→感知有用性,H4a 自我效能→感知易用性)受到支持,而 H4b 假设(自我效能→感知有用性)不成立。

自我效能是青少年自身对使用数字阅读平台的自信心,这使青少年感觉对环境具有控制权,并且对他们来说,应用阅读平台的环境并不复杂,因此他们可以轻松地使用数字平台,Althunibat(2015)、Park 等(2012)的研究也支持这一假设。感知享乐是青少年使用数字阅读平台产生的娱乐感,其增强了青少年进行数字阅读的兴趣,从而提升了青少年对数字阅读平台的感知有用性。

四、TAM 核心要素

感知有用性(PU)、感知易用性(PEOU)及使用意图(BIU)是 TAM 模型的核心元素。研究结论支持 H1b(感知易用性→使用意图)、H2(感知有用性→使用意图)和 H1c(感知易用性→感知享乐)三个假设,这与 Hao(2017)、Chavoshi(2019)的研究一致,而与 Hamidi 等(2018)的研究结果不同。Rafique 等研究者认为,如果使用者认为移动学习系统是容易使用的,则会感觉这个系统更加有用。而本模型结论显示,感知易用性并不显著影响感知有用性,也就是青少年觉得数字阅读平台容易使用,并不代表这个平台对其阅读有用。感知易用性减轻了青少年使用阅读系统的压力,提升了青少年掌握系统的成就感,从而带来了青少年使用系统的感知享乐。因此,该模型表明,如果青少年发现数字阅读平台有用且易于使用,他们将倾向于使用它。

在显著影响使用意图的三个因素中,最重要的因素是主观规范,其次是感知有用性,最后是感知易用性。因此从青少年的角度看,通过设计用户友好的界面减少青少年对系统使用的努力程度,提升感知易用性;提供符合青少年阅读需求的内容和服务,提升感知有用性;同时学校、政府及社区将提供适当的 ICT 基础设施形成恰当的社会规范，会提升青少年对数字阅读平台的使用意图。

五、结论

在这项研究中，基于 TAM 和 D & M 信息系统成功模型的结合，以及一些影响儿童数字阅读的外部社会因素，提出了一个综合模型来解释各种因素对儿童数字阅读平台使用意图的影响。本研究侧重儿童这一特殊群体，从社会、系统(平台)、个人角度，将个人情感和社会影响引入儿童对数字阅读使用的研究，提出了一个较以前研究更全面的研究模型。研究结果也显示针对使用意愿，社会规范提供了比感知易用性和感知有用性更显著的影响，同时，儿童追逐使用乐趣的动机，会增强儿童使用阅读平台过程中的感知有用性。与以往研究中对阅读效能的功利性研究不同，本模型注重儿童感知享乐的心理需求。

本研究也存在一些有待改进的地方。由于儿童对量表理解能力有限，调研是以学校为单位，让教师通过信息课堂组织在校儿童完成问卷，样本地区集中性较明显，所有样本主要来自新疆的学校，所以样本的代表性有些欠缺。另外，不同教师指导学生进行问卷填写过程不同，不同教师对题目的解释可能带有主观性，对学生的选择产生一定影响，比如本模型中的感知易用性和感知有用性间的关系不显著，但 p 值接近 0.05。所以不显著的原因可能是儿童数字阅读平台使用模型与其他系统使用存在一些儿童特有的差异，当然也可能是由于调研数据的影响。

第六章　青少年数字阅读平台有效使用研究

随着数字阅读的兴起，各类数字阅读平台不断涌现。数字阅读已经走进了人们的日常休闲和学习生活，但常常被认为是"碎片化阅读"和"浅阅读"，数字阅读的作用及数字阅读平台的有用性未得到普遍认可。信息系统旨在帮助人们实现目标，但是为了实现这些目标，必须有效地使用这些系统。抛开数字阅读平台的不足，问题可能出现在读者未能有效使用数字阅读系统。有学者提出影响数字阅读深度的因素有数字资源的多样形式、承载介质和自身的阅读能力，但是缺少这方面的实证研究。

数字阅读平台的研究主要集中在新媒介平台的数字阅读推广上，如从系统角度的数字阅读平台的设计与建设、从商业角度的数字阅读平台运营与管理、从用户角度的数字阅读平台体验等方面。为帮助青少年理解并与数字文本有效互动，Turner 提出了一个新的关联阅读框架：通过相遇（读者寻找或接收数字文本）、评估（读者对数字文本的有用性做出判断）和参与（读者与数字文本互动和共享）来概念化读者与数字文本的互动过程。在一个快速变化的技术环境中，关联阅读模式提供了一种方法，以教会青少年读者成为更挑剔的文本消费者和有效的互联读者。这种模式恰好与有效使用理论（theory of effective use）的框架类似。

为帮助青少年读者进行有效数字阅读，研究基于有效使用理论，从用户使用行为视角出发，结合数字阅读平台特性，构建青少年数字阅读平台有效使用模型，通过实证研究和数据分析解释了驱动青少年有效使用数字阅读平台的因素。研究结果可作为管理决策的依据，以提高青少年数字阅读的有效性，提升数字阅读效果。

第一节　青少年数字阅读平台有效使用模型构建

有效使用理论提供了研究系统使用行为的方法，并且应用领域广泛。对于任何信息技术的使用，都可以考虑用户使用效率及使用完成产生的效用。在各种信息系统的使用研究中，透明交互（TI）可以理解为感知易用性（PEOU），区别在于它是客观的而非用户感知的；忠实表示（RF）可以从数据质量方面解释，如数据的完整性、正确性、清晰度和价值；利用数据改善自己使用系统的状态，这样的行为便是知情行动（IA），它反映了用户利用系统的能力。有效使用理论还提出了如何提升有效使用系统的方法，即适应行动和学习行动。前者是从系统的角度出发，调整系统的数据和功能，或者接口和硬件，即物理结构和表面结构；后者则从用户角度出发，学习使用系统并获得高保真的表示，以及如何利用这些表示。过去有学者将有效使用理论成功应用于数字图书馆的有效使用研究，并建议图书馆服务者提供的基础设施需要与用户能力匹配，降低获取知识和信息的障碍。读者面临的问题还包括以全面的搜索实践来验证数字文本的可信度和有用性，以及克服肤浅的练习以进行深入持久的阅读。本研究将数字阅读平台看作一个信息系统，研究如何有效使用这个信息系统来提高数字阅读表现。

本研究构建青少年数字阅读平台有效使用模型（如图6-1所示），研究模型不再将用户的表现分为效用和效率，而统称为有效使用。有效使用（EU）可

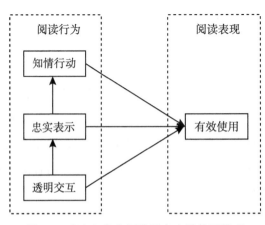

图6-1　青少年数字阅读平台有效使用模型

以定义为青少年读者多大程度上实现了数字阅读目标；透明交互(TI)指青少年读者不受数字阅读平台设计和功能的阻碍，并获取数字内容的程度；忠实表示(RF)指青少年读者从数字阅读平台获得高质量、高保真内容的程度；知情行动(IA)是指青少年清晰地知道自己的阅读行为并做出反应，以达到更好的阅读状态。

第二节　变量定义与研究假设

Burton(2016)将有效使用(effective use)定义为"以有助于实现系统目标的方式使用系统"。有效性理论广泛应用于人类计算机交互和计算机支持合作工作(HCI/CSCW)、健康信息学、信息科学和信息系统等领域，研究信息系统的使用，系统如何实现工作集成及用户如何有效使用。有效使用理论模型将用户使用系统的表现分为效用(effectiveness)和效率(efficiency)，效用是指使用系统后的目标达成情况，效率是指给定输入水平下的目标达成水平。透明交互(TI)、忠实表示(RF)和知情行动(IA)为促进有效使用的因素，同时透明交互(TI)对忠实表示(RF)、忠实表示(RF)对知情行动(IA)有积极的作用。

一、透明交互

透明交互(TI)指用户访问系统的表示程度，它通过缩短时间来提高使用效率，通过提高用户专注度来提升效用。本研究认为透明交互(TI)是青少年访问数字阅读平台的表示程度。影响透明交互的因素有平台的可访问性、可用性、系统界面和社交功能等，当然也离不开读者的操作技能和捕捉信息的能力。Hutchison(2016)发现青春期前的学生认为数字阅读比纸质阅读更难，而且学到的更少。钱鸥(2013)发现大学生进行学术性内容阅读时希望电子阅读器能提供文本突出显示、快速浏览及信息比较等功能。董二林(2015)认为社会化媒体环境使双向互动式的传播方式成为可能。人们既是信息的接受者，也是信息的传播者。本研究中透明交互(TI)对数字阅读有一定影响，提出如下假设。

H1：透明交互(TI)正向影响青少年数字阅读平台有效使用(EU)。

二、忠实表示

忠实表示(RF)指保真度,即用户从系统中获得忠实地反映所表示的域的表示程度。忠实表示通过提高用户的理解和减少不确定性来提升效用,通过减少用户验证保真度的时间来提高使用效率。本研究中青少年顺利地与数字阅读平台产生交互,是其获取信息的前提。数字阅读与传统纸质阅读不同,数字文本需要通过设备呈现在读者眼前,因此电子书产品的外观、交互界面及大数据社交服务是促进阅读深度的保障。崔文浩(2017)认为,信息获取速度与成本是大学生选择数字阅读的因素,而视觉感受差异等是放弃数字阅读的因素。刘坤锋等(2018)的双路径模型认为,读者对数字阅读行为的态度受到中枢路径(信息质量)和边缘路径(信源可信度、声誉)的影响。符合青少年读者需求的硬件和软件加上读者自身的操作能力,促成了透明交互的产生,从而使忠实表示(RF)成为可能。从使用到有效使用(EU)需要理解信息系统的性质和目的。阅读的目的不仅是获取信息,更是使用信息,这使数字文本的有用性和高保真度尤为重要。数字时代,阅读本身并没有被改变,变化的只是出版、传播与阅读的方式。内容和格式的结合影响着读者的阅读习惯、注意力和兴趣。Wolf(2019)认为特定类型的内容有利于深度阅读,不是所有的内容都适合数字阅读。徐孝娟等(2016)发现读者选择数字阅读时受功能性价值、机会性价值、社会性价值及情感性价值的影响。刘斌的调查显示,数字阅读体验与传统纸质阅读体验有一定的差距。诸如仿真翻页效果和字体字号等呈现形式,适当结合多媒体对数字阅读有积极的影响。据此,本研究提出以下假设。

H2:透明交互(TI)正向影响忠实表示(RF)。

H3:忠实表示(RF)正向影响青少年数字阅读平台有效使用(EU)。

三、知情行动

知情行动(IA)是用户对获得的忠实表示(RF)采取行动的程度,以改善使用状态,减少纠错的时间。本研究中青少年在获得忠实表示之后,有效利用数字平台有用的信息资源将大大提升数字阅读的价值,这是一个知情行动(TI)的过程。它既体现了青少年利用数字阅读平台的能力,也体现了数字阅读平台的价值。正确、完整且清晰的信息才能保证读者获得的反馈是真实的,从而采取正确的行动。在响应反馈时，用户采取行动改进系统的使用、性能，以达到更好的阅读目标。无论何种服务组织，提高顾客满意度都应该是首要目标。陈娟认为，数字阅读同质化严重，数字阅读平台应有差异化服务的理念。现代技术手段可以主动感知用户的需求与状态，增强信息服务的时效性、精准性和灵活性，提高信息资源利用率和用户满意度。与用户的沟通反馈有利于改善阅读服务质量，提升用户的阅读体验与忠诚度。青少年读者可以在知情行动的过程中逐渐提高数字阅读能力及数字阅读素养，使数字阅读更有效。据此，本研究提出以下假设。

H4：忠实表示（RF）正向影响知情行动（IA）。

H5：知情行动（IA）正向影响青少年数字阅读平台有效使用（EU）。

第三节　调查设计与实施

一、小规模访谈

为探索青少年数字阅读平台有效使用的影响因素，本研究主要针对有数字阅读平台体验的青少年进行问卷调研。在文献调研的基础上了解可能的初始测量项，对青少年读者进行小规模访谈，随后设计调查问卷。

1. 访谈过程

访谈历时一个多月，访谈内容与形式较为灵活，采用面对面访谈或在线访谈的方式在访谈提纲的基础上展开。访谈样本数量根据 Lincoln 和 Guba（1985）提到的至少 12 个，本研究选择 15 位访谈样本（表6-1），访谈对象来自多个省市及同一省市的多个区域。首先介绍访谈的简要情况，然后对数字阅读的需求、支持及意愿等进行详细了解，最后整理数字阅读的影响因素。

表6-1　　　　　　　　　　　访谈样本汇总

序号	性别	年级	地区单位
1	男	六年级	江苏省南京市力学小学
2	女	五年级	上海市六附二小

续表

序号	性别	年级	地区单位
3	男	六年级	广东省深圳市深圳小学
4	女	六年级	江苏省南京市汉口路小学
5	男	五年级	江苏省南京市谷里中心小学
6	男	六年级	江苏省南京市银城小学
7	男	五年级	浙江省嘉兴市行知小学
8	女	六年级	江苏省南京市汇文小学
9	男	四年级	江苏省南京市拉萨路小学
10	女	六年级	江苏省南京市河西金陵小学
11	女	四年级	四川省宜宾市珙县巡场镇第一小学
12	男	初一	江苏省南京市汇文中学
13	男	六年级	江苏省南京市力学小学金地自在城分校
14	男	五年级	新疆生产建设兵团第五师88团学校
15	女	初一	新疆生产建设兵团第五师88团学校

2. 访谈结果

青少年数字阅读平台有效使用研究从平台采纳与有效阅读开展，既要汲取前人的研究经验，又要考虑青少年数字阅读的特殊性，结合数字阅读特性、数字阅读内容、数字阅读环境、个人因素，从个体因素与系统因素角度进行总结与整理(表6-2)。

表6-2　　　　　　　　　　　　访谈结果分析

因素	影响方面	访谈结果
个体因素	数字阅读特性	数字化的阅读内容丰富
		数字化的阅读形式多样
		数字化的阅读获取方便快捷
		数字化的阅读内容成本低

续表

因素	影响方面	访谈结果
个体因素	数字阅读内容	通过数字阅读平台或网站能够获取新闻、历史、地理、科学、游戏、故事、军事、学习内容、解题答案等信息
		利用电子书阅读大量小说与有趣的故事
		网站、论坛上有很多的学习视频，简单、生动、直观
		网络上动漫、音乐视频、游戏视频等娱乐内容
		新闻报道由公众号推送
	数字阅读环境	从学校信息课上可以学到数字知识
		有平板电脑、手机、电脑可以上网操作
		老师有时会布置项目作业，需要大量的信息（文字图片视频等）资源
		很享受数字内容（故事、视频、动漫）带来的快乐，感觉时间过得很快
	个人因素	搜索需要信息只要用到百度这些工具就很简单
		会在一些论坛上留言、请教问题
		有经常下载需要信息的网站
系统因素	数字阅读特性	网络上会跳出弹窗、游戏广告及其他广告链接
	数字阅读内容	网络上会出现一些不合适阅读的内容
		有些网站需要注册才能使用
		网络上有些信息不够准确、全面和真实，不能完全相信
	数字阅读环境	父母对电子设备设置青少年使用模式，限制网上冲浪的时间和频率
		父母既会买纸质书，也会推荐电子书阅读
		父母会限制使用电子设备的时间和频率
		特殊原因，在线课程与学习资源比较多
	个人因素	没有使用过少儿数字图书馆网站，因为不知道
		数字阅读没有纸质书阅读专注，会分神
		在网络上查找准确信息不容易

二、问卷设计

量表分为两部分，第一部分为用户基本信息，如性别、年龄和数字阅读习惯；第二部分为用户使用数字阅读平台的情况调查。表 6-3 设计采用李克特 5 级量表进行测量，数值 1~5 分别表示非常同意、同意、一般、不太同意和非常不同意。

表 6-3 　　　　　　　　　　　　　测量量表题项

构造项目	含义	测量题项举例	来源
透明交互	阅读平台使用的表示程度	数字阅读平台易与他人共享阅读内容，易与兴趣相同的人交流	董二林等（2015）；刘坤锋等（2018）；Al-Mushasha and Nassuora（2012）；Cheng（2012）
忠实表示	从阅读平台中获得真实的表示程度	能够满足我的大部分阅读需求，数字阅读平台非常符合我的阅读习惯	Chatzara 等（2006）；Kucirkova（2019）；徐孝娟等（2016）；Lee 等（2009）；Cheng（2012）
知情行动	用户使用阅读平台的程度	明确数字阅读行为可以提高数字阅读能力与素养	王红霞（2020）；陈娟等（2017）
有效使用	使用阅读平台的目标达成的水平与情况	数字阅读平台可以提升阅读理解能力，快速进入阅读情境，丰富知识	程秀峰等（2017）

三、数据收集

本研究选取 9~15 岁中小学生作为研究对象。通过与学校合作，在发放问卷之前，将调研意图向信息课程老师说明，并由信息课老师引导学生自主填写。针对小学生，信息课程教师就调研内容详细讲解，指导学生打开调研问卷网站，学生个人填写内容时全过程在老师的指导下进行，从而保证了小学生对问卷的理解及数据在反映儿童数字阅读上的真实性。问卷共发放 282 份，最终收回有效问卷 282 份。

第四节　数据分析与模型检验

一、青少年样本特征分析

从性别、年龄、阅读频率、阅读偏好、阅读工具、阅读场所及数字设备开始使用年龄等七个方面对 282 份有效问卷进行描述性统计分析。

1. 性别

问卷统计结果显示，282 名参与者中，男生 148 人（占 52.5%），女生 134 人（占 47.5%），男女生比例约为 1.1∶1（见表 6-4），说明样本数据男女比例恰当。

表 6-4　　　　　　　　　　　　　　问卷性别统计

性别	数量/人	占比
男	148	52.5%
女	134	47.5%
合计	282	100%

2. 年龄

问卷样本按年龄段分布，282 名参与者中，9～11 岁年龄段的有 113 人，占了全部样本量的 40.1%；12～14 岁年龄段有 125 人，占了全部样本量的 44.3%；14～15 岁年龄段有 44 人，占了全部样本量的 15.6%（见表 6-5）。可以看出 12～14 岁年龄段的参与者最多，其次是 9～11 岁年龄段，考虑到样本是青少年群体，9～11 岁正是从单纯的学习阅读到从阅读中学习过程转变的重要年龄段，因此该年龄段的样本量也较多。

表 6-5　　　　　　　　　　　　　　问卷年龄段统计

年龄段	数量/人	占比
9～11 岁	113	40.1%
12～14 岁	125	44.3%

续表

年龄段	数量/人	占比
14~15 岁	44	15.6%
合计	282	100%

3. 阅读频率

阅读频率可以反映青少年日常数字阅读行为，问卷统计数据从阅读频率上看，每天一次及以上的有 149 人，占全部样本量的 52.8%；三天一次的有 51 人，占全部样本量的 18.1%；每周一次及以上的有 82 人，占全部样本量的 29.1%(见表 6-6)。每天一次及以上的数字阅读的人数最多，达到一半以上。说明青少年日常生活中数字阅读的频率较高，已经成为主要的阅读方式之一。

表 6-6　　　　　　　　　　　　阅读频率统计

阅读频率段	数量/人	占比
每天一次及以上	149	52.8%
三天一次	51	18.1%
每周一次及以上	82	29.1%
合计	282	100%

4. 阅读偏好

选择阅读电子书还是纸质书可以反映青少年阅读的方式。根据统计结果可以看出，青少年是偏爱电子书阅读还是书本阅读。选择书本阅读的有 204 人，占全部样本量的 72.3%；而选择电子书的只有 78 人，占全部样本量的 27.7%，说明书本阅读仍是大多数青少年的首选(见表 6-7)。

表 6-7　　　　　　　　　　　　阅读偏好统计

阅读偏好	数量/人	占比
书本阅读	204	72.3%
电子书阅读	78	27.7%
合计	282	100%

5. 阅读工具

青少年使用的数字阅读工具多种多样，因此将测量题项设置为多选题（见表 6-8）。电脑、手机、电子阅读器、平板电脑是青少年比较常用的阅读工具，其中手机人数为 235 人，使用率达到 83.3%；其次是电脑人数为 164 人，使用率达到 58.2%；电子阅读器人数为 86 人，使用率达到 30.5%；平板电脑和 Mp4/Mp5 的使用率偏低，分别是 12.4% 和 5.7%。这说明手机与电脑仍是青少年数字阅读的主要工具，合理利用手机与电脑是青少年需要关注的。

表 6-8　　　　　　　　　　　数字阅读工具统计

阅读工具	数量/人	占比
电脑	164	58.2%
手机	235	83.3%
电子阅读器	86	30.5%
平板电脑	35	12.4%
Mp4/Mp5	16	5.7%

6. 阅读场所

青少年数字阅读有多个场所，所以将测量题项设置为多选题项。统计如表 6-9 所示。

表 6-9　　　　　　　　　　　阅读场所统计

阅读场所	数量/人	占比
家里	237	84.0%
书店	104	36.9%
图书馆	93	33.0%
学校	86	30.5%
其他	60	21.3%

青少年数字阅读的主要场所在家里、书店、图书馆与学校，在家里的人数最多为 237 人，占全部样本量的 84.0%；书店、图书馆与学校分别是 104

人（36.9%）、93 人（33.0%）与 86 人（30.5%）。这说明青少年在家里进行数字阅读的意愿最强，书店与图书馆能提供较好的阅读环境，随着年级的升高，学业负担加重，学校里更多以课内学习为主，阅读的时间较低年级减少。

7. 数字设备开始使用年龄

数字设备的开始使用年龄可以间接反映青少年数字设备的接触程度及数字设备的使用程度。从表 6-10 中可以看出，7~9 岁年龄段开始接触数字设备的人数最多，为 134 人，占全部样本量的 47.5%；其次是 10~12 岁年龄段，为 68 人，占全部样本量的 24.1%；4~6 岁年龄段的人数为 38 人，占全部样本量的 13.5%；13 岁以后开始使用数字设备的人数仅为 9 人，只占全部样本量的 3.2%。

表 6-10　　　　　　　　　　　　数字设备开始使用年龄统计

开始使用年龄	数量/人	占比
3 岁以前	4	1.4%
4~6 岁	38	13.5%
7~9 岁	134	47.5%
10~12 岁	68	24.1%
13 岁以后	9	3.2%
从未使用过	29	10.3%
总计	282	100%

2019 年底数字化资源的丰富与青少年在线学习方式的推广，接触数字设备的群体更为低龄化，越来越多的孩子从小学开始接触数字设备，其对数字设备的使用与掌握较以往同龄孩子有了明显的提升。3 岁以前接触电子设备的有 4 人，结合调研可知，家长越来越重视孩子的早期教育，有些儿童在低龄段就开始接触电子设备。从未使用过数字设备的有 29 人，占全部样本量的 10.5%，这说明还有部分孩子接触数字设备较晚。随着信息化程度的不断加强，对青少年数字化要求越来越高，学生需要尽早适应数字化的学习。

二、问卷信度与效度分析

1. 问卷信度检验

信度检验是通过内部一致性系数(克朗巴哈 α 系数),来反映问卷的可靠性或稳定性,信度系数越高表明问卷的数据越可信。问卷的克朗巴哈 α 系数为 0.981>0.9,说明问卷整体的信度水平较高(见表6-11)。

表 6-11　　　　　　　　　　　　　问卷可靠性统计

克朗巴哈 α 系数	项数
0.981	28

如表6-12所示,对各变量进行信度分析,透明交互、忠实表示、知情行动和有效使用的克朗巴哈 α 系数分别为 0.950、0.943、0.914 和 0.945,均大于0.9,说明问卷的各测量项具有非常好的信度,可靠性高。

表 6-12　　　　　　　　　　　　问卷各变量可靠性统计

维度	克朗巴哈 α 系数
透明交互	0.950
忠实表示	0.943
知情行动	0.914
有效使用	0.945

2. 问卷效度检验

本研究所设计的青少年数字阅读平台有效使用模型是在文献调研、理论分析及专家访谈的基础上建立起来的。本研究结合有效使用理论,参阅大量相关模型构建的文献资料,对模型中所涉及的影响因素的每个测量项精心设计。形成预调查问卷之后,走访相关专业领域的专家对问卷的合理性与措辞进行探讨与修改,并在预调查之前小范围地请一些青少年对各问项的理解程度与语言表达清晰程度进行全方位了解,预调查后对不合理的测量问项予以删除,最终形成了正式儿童调查问卷与家长调查问卷。整个问卷形成的过程是严谨的，具有良好的内容效度。

　　根据结构效度评价方法，首先对儿童问卷整体进行效度检验。由表 6-13 可知，KMO 检验值为 0.972，大于 0.8，Bartlett 球形度检验近似卡方值是 8195.305，统计值显著性为 0.000，小于 0.001。这说明该研究数据具有很高的相关性，适合作因子分析。

表 6-13　　　　　　　　　　问卷 KMO 和 Bartlett 检验

KMO 取样适切性量数		0.972
Bartlett 球形度检验	近似卡方	8195.305
	自由度	378
	显著性	0.000

　　对透明交互、忠实表示、知情行动和有效使用分别进行效度检验。透明交互影响因素的 KMO 度量值为 0.952，大于 0.8，Bartlett 球形检验近似卡方值为 2282.368，统计值显著性为 0.000，小于 0.001。这说明透明交互的相关变量数据之间具有很高的相关性，调查问卷中透明交互的数据具有较高的效度(见表 6-14)。

表 6-14　　　　　　　　　　透明交互 KMO 和 Bartlett 检验

KMO 取样适切性量数		0.952
Bartlett 球形度检验	近似卡方	2282.368
	自由度	45
	显著性	0.000

　　忠实表示影响因素的 KMO 度量值为 0.943，大于 0.8，Bartlett 球形检验近似卡方值为 1763.867，统计值显著性为 0.000，小于 0.001。这说明忠实表示的相关变量数据之间具有很高的相关性，调查问卷中忠实表示的数据具有较高的效度(见表 6-15)。

表 6-15　　　　　　　　　　**忠实表示 KMO 和 Bartlett 检验**

KMO 取样适切性量数		0.943
Bartlett 球形度检验	近似卡方	1763.867
	自由度	28
	显著性	0.000

知情行动影响因素的 KMO 度量值为 0.846，大于 0.8，Bartlett 球形检验近似卡方值为 780.083，统计值显著性为 0.000，小于 0.001。这说明知情行动的相关变量数据之间具有很高的相关性，调查问卷中知情行动的数据具有较高的效度(见表 6-16)。

表 6-16　　　　　　　　　　**知情行动 KMO 和 Bartlett 检验**

KMO 取样适切性量数		0.846
Bartlett 球形度检验	近似卡方	780.083
	自由度	6
	显著性	0.000

有效使用影响因素的 KMO 度量值为 0.921，大于 0.8，Bartlett 球形检验近似卡方值为 1496.344，统计值显著性为 0.000，小于 0.001。这说明有效使用的相关变量数据之间具有很高的相关性，调查问卷中有效使用的数据具有较高的效度(见表 6-17)。

表 6-17　　　　　　　　　　**有效使用 KMO 和 Bartlett 的检验**

KMO 取样适切性量数		0.921
Bartlett 球形度检验	近似卡方	1496.344
	自由度	15
	显著性	0.000

经过验证性因子分析(CFA)，表 6-18 显示各题项的因子负载值均大于 0.7，说明测量模型效度较好。

表 6-18   各测量项的因子负荷量

维度	题项	因素负荷量	维度	题项	因素负荷量
透明交互	TI1	0.796	有效使用	EU1	0.836
	TI2	0.872		EU2	0.888
	TI3	0.832		EU3	0.866
	TI4	0.845		EU4	0.847
	TI5	0.827		EU5	0.866
	TI6	0.813		EU6	0.866
	TI7	0.779	忠实表示	RF1	0.836
	TI8	0.746		RF2	0.817
	TI9	0.800		RF3	0.780
	TI10	0.800		RF4	0.823
知情行动	IA1	0.854		RF5	0.842
	IA2	0.839		RF6	0.848
	IA3	0.879		RF7	0.836
	IA4	0.835		RF8	0.791

3. 问卷的正态分布检验

正态性评估选项可以就观察变量的分布情形进行判断，如表 6-19 所示，所有测量项的偏度系数绝对值小于 1，所有测量项的峰度系数的绝对值小于 3，问卷中数据是符合正态分布的。

表 6-19   问卷的正态性分布检验

影响因素	测量项	平均值	标准偏差	偏度	峰度
透明交互（TI）	2.32	1.046	0.554	−0.102	2.32
	2.29	0.944	0.541	0.204	2.29
	2.35	1.013	0.505	−0.046	2.35
	2.33	1.002	0.507	−0.032	2.33
	2.26	0.981	0.705	0.519	2.26

续表

影响因素	测量项	平均值	标准偏差	偏度	峰度
透明交互 （TI）	2.27	1.016	0.601	−0.001	2.27
	2.38	1.031	0.573	0.08	2.38
	2.39	1.025	0.559	0.106	2.39
	2.34	1.014	0.564	−0.078	2.34
	2.26	0.974	0.57	0.151	2.26
忠实表示 （RF）	2.35	1.009	0.465	−0.125	2.35
	2.31	1.01	0.575	0.148	2.31
	2.39	1.059	0.519	−0.197	2.39
	2.45	1.026	0.373	−0.27	2.45
	2.32	1.043	0.555	−0.087	2.32
	2.24	0.983	0.677	0.217	2.24
	2.29	0.999	0.546	0.038	2.29
	2.27	0.958	0.578	0.259	2.27
知情行动 （IA）	2.24	0.991	0.575	0.055	2.24
	2.28	1.014	0.715	0.353	2.28
	2.31	0.996	0.54	0.042	2.31
	2.33	1.024	0.657	0.167	2.33
有效使用 （EU）	2.24	1.011	0.675	0.214	2.24
	2.2	0.971	0.838	0.727	2.2
	2.27	1.015	0.673	0.155	2.27
	2.34	1.015	0.543	−0.024	2.34
	2.32	1.046	0.554	−0.102	2.32
	2.29	0.944	0.541	0.204	2.29

三、验证性因素分析

结构方程模型含有两个基本的模型：测量模型（measured model）与结构模型（structural model）。验证性因素分析通过构建的测量模型反映指标潜在变量的估计参数显著水平与各因素构念的聚合效度和区别效度。

1. 测量模型参数值的评估指标

为了验证因素结构模型中各影响因素之间的相关性，本研究构建"青少年数字阅读平台有效使用"的验证性因素分析的概念模型图，展现各潜在变量相关系数(见图 6-2)。

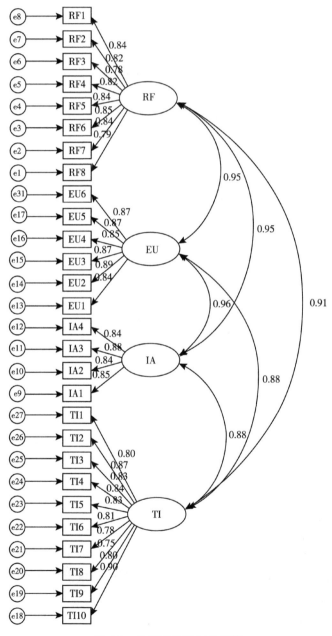

图 6-2　各潜在变量相关系数

采用极大似然法所估计的未标准化回归系数，将"RF8←RF""IA1←IA"
"EU1←EU""TI10←TI"的未标准化回归系数设为固定参数值为1，不进行路
径系数显著性检验，见表6-20。所有潜在变量与其观察变量的路径系数均显
著不等于0，说明问卷的整体水平较高，设置的各测量项能较合适地对模型进
行表达。9个潜在变量间的协方差估计值表示潜在变量间的显著共变关系，从
变量间的相关系数值可以看出变量间均达到显著，见表6-21。

表6-20 观察变量与潜在变量的回归系数

	回归系数	标准误	临界比	显著性概率值
RF8←RF	1			
RF7←RF	1.102	0.068	16.192	***
RF6←RF	1.099	0.067	16.48	***
RF5←RF	1.158	0.071	16.26	***
RF4←RF	1.113	0.07	15.8	***
RF3←RF	1.089	0.074	14.699	***
RF2←RF	1.088	0.07	15.656	***
RF1←RF	1.112	0.069	16.142	***
IA1←IA	1			
IA2←IA	1.005	0.056	18.094	***
IA3←IA	1.033	0.052	19.756	***
IA4←IA	1.01	0.056	17.915	***
EU1←EU	1			
EU2←EU	1.02	0.052	19.641	***
EU3←EU	1.039	0.055	18.757	***
EU4←EU	1.017	0.056	18.034	***
EU5←EU	1.055	0.056	18.7	***
EU6←EU	1.054	0.056	18.745	***
TI10←TI	1			
TI9←TI	1.041	0.067	15.52	***
TI8←TI	0.981	0.07	14.047	***

续表

	回归系数	标准误	临界比	显著性概率值
TI7←TI	1.03	0.07	14.801	***
TI6←TI	1.06	0.067	15.714	***
TI5←TI	1.041	0.065	16.129	***
TI4←TI	1.086	0.065	16.637	***
TI3←TI	1.082	0.067	16.218	***
TI2←TI	1.056	0.061	17.334	***
TI1←TI	1.068	0.07	15.259	***

注：* 表示 $p<0.05$，** 表示 $p<0.01$，*** 表示 $p<0.001$。

表 6-21 　　　　　　　　　　　**潜在变量间的相关系数**

	回归系数	临界比	显著性概率值
RF↔IA	0.606	9.391	***
RF↔EU	0.605	9.353	***
RF↔TI	0.536	9.008	***
IA↔EU	0.688	9.758	***
IA↔TI	0.582	9.183	***
EU↔TI	0.576	9.115	***

注：* 表示 $p<0.05$，** 表示 $p<0.01$，*** 表示 $p<0.001$。

通过 AMOS 25.0 软件运算分析，对所收集的 282 份问卷进行模型拟合与修正，模型的主要配适度指标见表 6-22。模型的卡方值为 948.708，统计值显著性为 0.000，自由度为 344，即模型的卡方自由度比值为 2.758，其值介于 [1, 3]，符合适配度标准；RMSEA 为 0.079，小于 0.08；RMR 为 0.035，小于 0.5；CFI、TLI、IFI 大于 0.9，适配度较高；PGFI、PNFI、PCFI 均大于 0.5，达到了良好的标准；GFI、AGFI 大于 0.7，NFI 大于 0.8，适配值可以接受。模型适配度结果表明收集数据和构建模型匹配较好，所提出的路径假设关系和实际情况吻合，模型系数结果具有准确性和有效性。

表 6-22　　　　　　　　　　　　　**测量模型评估指标表**

模型评估指标	评价标准		本模型指标值	评价
	合理	良好		
绝对适配度指数				
RMESA	<0.08	<0.05	0.079	合理
RMR	<0.05		0.035	良好
GFI	[0.70, 0.90)	>0.9	0.812	合理
AGFI	[0.70, 0.90)	>0.9	0.779	合理
增值适配度指数				
TLI	[0.70, 0.90)	>0.9	0.918	良好
IFI	[0.70, 0.90)	>0.9	0.926	良好
NFI	>0.8	>0.9	0.888	合理
CFI	[0.70, 0.90)	>0.9	0.926	良好
简约适配度指数				
PGFI	>0.50		0.688	良好
PNFI	>0.50		0.809	良好
PCFI	>0.50		0.842	良好
X^2/DF	3.0-5.0	<3	2.758	良好

2. 测量模型聚合效度与区别效度检验

聚合效度由组合信度与平均方差抽取量两个指标来检验。

为了验证在探索性因素分析中得到的因素结构模型是否与实际数据适配，本研究利用 AMOS 25.0 对 282 份样本数据进行分析，得到透明交互、忠实表示、知情行动和有效使用四个潜在变量的 28 个测量指标的因素负荷量（见表 6-23）。这 28 个测量指标的因素负荷量介于 0.746 至 0.888，皆大于 0.70 小于 0.95，表示此模型的基本适配指标理想。四个潜在变量的组合信度介于 0.914 至 0.951，均大于 0.8，表示模型内在质量佳；四个潜在变量的平均方差抽取量介于 0.659 至 0.743，均大于 0.5，表示模型内在质量理想，因此模型通过聚合效度的检验。

表 6-23 　　　　　　　　　　组合信度与平均变异量抽取值表

维度	题项	因素负荷量	信度系数	组合信度	平均方差抽取量
透明交互	TI1	0.796	0.634	0.951	0.659
	TI2	0.872	0.760		
	TI3	0.832	0.692		
	TI4	0.845	0.714		
	TI5	0.827	0.684		
	TI6	0.813	0.661		
	TI7	0.779	0.607		
	TI8	0.746	0.557		
	TI9	0.800	0.640		
	TI10	0.800	0.640		
忠实表示	RF1	0.836	0.699	0.943	0.676
	RF2	0.817	0.667		
	RF3	0.780	0.608		
	RF4	0.823	0.677		
	RF5	0.842	0.709		
	RF6	0.848	0.719		
	RF7	0.836	0.699		
	RF8	0.791	0.626		
知情行动	IA1	0.854	0.729	0.914	0.726
	IA2	0.839	0.704		
	IA3	0.879	0.773		
	IA4	0.835	0.697		

续表

维度	题项	因素负荷量	信度系数	组合信度	平均方差抽取量
有效使用	EU1	0.836	0.699	0.945	0.743
	EU2	0.888	0.789		
	EU3	0.866	0.750		
	EU4	0.847	0.717		
	EU5	0.866	0.750		
	EU6	0.866	0.750		

表 6-24 可以看出，所有潜在变量的平均方差抽取量平方根均大于该潜在变量与其他潜在变量间的相关系数，表明测量模型具备较好的区别效度。

表 6-24 潜在变量区分效度

	透明交互	忠实表示	知情行动	有效使用
透明交互	0.812			
忠实表示	0.059	0.822		
知情行动	0.063	0.064	0.852	
有效使用	0.063	0.065	0.07	0.862

四、结构方程模型检验

本研究利用结构方程分析模型，利用 AMOS 25.0 统计软件构建完整的结构方程模型并进行验证分析。

1. 结构方程模型构建

青少年数字阅读平台有效使用模型中包括 4 个潜在变量、28 个观察变量，其中 3 个自变量为透明交互(TI)、忠实表示(RF)和知情行动(IA)，1 个因变量为有效使用(EU)。其中，假设透明交互(TI)、忠实表示(RF)和知情行动(IA)对有效使用(EU)有直接影响；透明交互(TI)对忠实表示(RF)有直接影响；忠实表示(RF)对知情行动(IA)有直接影响。根据验证性因素分析，本研究利用 AMOS 25.0 构建结构模型路径关系(见图 6-3)。

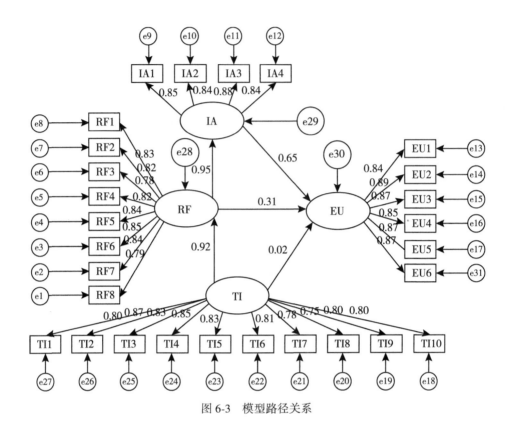

图 6-3　模型路径关系

2. 结构模型参数值评估指标

结构模型的评估应该包括整体模型适配度的判别，主要是检验假设模型与样本数据之间的适配程度。表 6-25 综合考虑各适配度指标，本研究提出的青少年数字阅读平台有效使用假设模型拟合度较好。

表 6-25　　　　　　　　　结构模型整体适配度评价指标

模型评估指标	评价标准		本模型指标值	评价
	合理	良好		
绝对适配度指数				
RMESA	<0.08	<0.05	0.079	合理
RMR	<0.05		0.034	良好

续表

模型评估指标	评价标准		本模型指标值	评价
	合理	良好		
GFI	[0.70, 0.90)	>0.9	0.811	合理
AGFI	[0.70, 0.90)	>0.9	0.778	合理
增值适配度指数				
TLI	[0.70, 0.90)	>0.9	0.918	良好
IFI	[0.70, 0.90)	>0.9	0.926	良好
NFI	>0.8	>0.9	0.888	合理
CFI	[0.70, 0.90)	>0.9	0.925	良好
简约适配度指数				
PGFI	>0.50		0.690	良好
PNFI	>0.50		0.811	良好
PCFI	>0.50		0.845	良好
X^2/DF	[3.0, 5.0)	<3	2.756	良好

3. 模型假设检验

通过路径系数、临界比及变异比例 R^2 来评估整个模型的解释程度和相关假设关系的显著性，结果如表 6-26 所示。临界比 C. R. 的绝对值均大于 1.96，显著性概率值 P 除了"有效使用←交互透明"为 0.012 且小于 0.05 外，其他都小于 0.001。结果表明，本研究提出的 5 个假设全部通过了检验。

表 6-26　　　　　　　　　　模型结果分析

假设	路径	未标准化系数	标准误	临界比	显著性概率值	标准化系数
H1	有效使用←透明交互	0.123	0.049	2.510	0.012	0.115
H2	忠实表示←透明交互	0.890	0.030	29.357	***	0.868
H3	有效使用←忠实表示	0.413	0.065	6.396	***	0.395
H4	知情行动←忠实表示	0.920	0.030	30.565	***	0.877
H5	有效使用←知情行动	0.456	0.047	9.699	***	0.458

注：＊表示 $p<0.05$；＊＊表示 $p<0.01$；＊＊＊表示 $p<0.001$。

依据上述假设结果和路径系数，整理出如图 6-4 所示的样本模型与路径系数。从图 6-4 中可看出，忠实表示、知情行动和有效使用的 R^2（被解释方差）分别是 0.754、0.769 和 0.855，表明研究模型具有较好的预测效果。

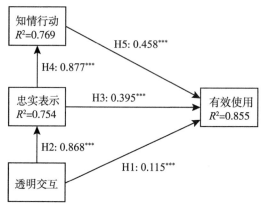

图 6-4　样本模型与路径系数

结果显示透明交互显著正向影响有效性，路径系数为 0.115(**)，支持 H1；透明交互显著正向影响忠实表示，路径系统为 0.868(***)，支持 H2；忠实表示显著正向影响有效性，路径系数为 0.395(***)，支持 H3；忠实表示显著正向影响知情行动，路径系数为 0.877(***)，支持 H4；知情行动显著正向影响有效使用，路径系数为 0.458(***)，假设 H5。

五、路径系数分析

（1）知情行动是影响青少年有效使用数字阅读平台最重要的因素，其次是忠实表示和透明交互。透明交互到有效使用和忠实表示的路径系数分别为 0.115(**) 和 0.868(***)，反映出阅读设备是数字阅读的基础，是忠实表示的前提条件。阅读平台系统的可访问性、可用性、界面与功能设计及社交互动对青少年用户起到了辅助阅读的作用，使之与纸质阅读同样易用的同时，还增加了功能性。

数字阅读的兴起，得益于移动终端和互联网的发展与普及。随着 5G 时代的到来和移动智能终端的普及，加速了信息的传播，使阅读变得更加方便、快捷和具有互动性。移动客户端的下载、安装、注册和登录也会影响用户对平台的选择。青少年读者必须学会如何同时使用传统读写技能和数字读写技能，以及知道如何有效地将书本和数字工具结合起来，以最大限度地利用数字工具的经济性，满足阅读需求。

硬件设备方面，不同的电子设备有不同的优缺点。便携性、交互功能是促进青少年数字阅读的关键因素。为了满足大众需求，专业阅读器的设计要考虑传统文学和学术研究，不能仅限于小说或网络文学。软件性能方面，数字阅读平台应根据读者习惯和需求实现精致的阅读体验，在页面颜色、字体、清晰度、亮度、背影和模式等方面更加智能化；在仿真纸质、翻页效果、保护视力、夜间风格和笔记等方面更加人性化。硬件和软件的进步能更好地承载文字音频，支持忠实表示，直接和间接促进有效的数字阅读。

另外，在媒体融合和社会化媒体的时代，数字阅读平台不能缺少社交功能。线上阅读社区可以为青少年读者提供自主选择参与的读书活动、阅读计划。读者间分享阅读习惯和情感，可以帮助青少年获得更全面的阅读体验，增强阅读成就感、认同感，使青少年以积极、乐观的态度进行数字阅读。未来数字阅读平台不仅是一个知识获取工具，更是文化交流社区，共同驱动青少年有效阅读。

（2）忠实表示到有效使用和知情行动的路径系数分别为 0.395（***）和 0.877（***），可以看出忠实表示对有效使用的影响大于透明交互，同时也是读者采取正确的知情行动的保障。青少年读者希望数字阅读平台系统既能兼具纸质阅读的习惯，又能满足不同的阅读需求及风格，提供具有可靠性、时效性、适当性及完整性的阅读内容，且内容形式多样、新颖。

阅读是为了获取有价值的知识或信息，无论是学术性的还是娱乐性的。数字阅读平台能否忠实表示出读者想要的内容，是影响青少年有效使用数字阅读平台的关键因素。

内容质量和设计质量越来越受到数字出版者的重视，高质量的内容是吸引读者的有效手段。数字阅读平台需要通过完整的制度规范进行品质把控，提供精品内容和优质的阅读体验。例如，懒人听书就将"内容为王"定为企业的发展战略。根据国家广播电视总局的意见，加快传统新闻出版单位的数字化转型有利于数字阅读资源的专业化建设，从根本上解决现有资源质量参差不齐的问题。加强内容审核，规范流程，提升传播者的信息传播能力和正能量，培养青少年读者的文化素养和鉴赏力。注重市场细分，对相关的资源进行归类、筛选、删除、更新，满足不同用户的多元化需求，有利于青少年读者高效获取资源、深入利用资源。针对不同的消费层次，出版多等级数字内容，如免费图书、精品专区和独家特色内容。

数字内容的呈现形式是影响有效阅读的重要因素之一。根据梅耶的多媒体学习理论，文字、图片、声音和视频的不同组合和呈现方式，会出现不同的学习效果。数字阅读平台的构建需要与出版机构、动漫及电影公司等内容提供方建立长期良好的合作关系，提升平台开放性及包容性，引进绘本、音频及视频等形态的优质内容资源。为了适应读者纸质阅读的习惯，可以自由切换仿真纸质翻书效果、声音，模拟纸质画质及书写笔记，有利于青少年用户更加直观、便捷地接收信息，提高对事物的理解能力和接受能力，促进有效阅读。

(3)知情行动到有效使用的路径系数为0.458(***)，高于透明交互和忠实表示，对数字阅读平台有效使用阅读起到了重要的作用。这说明青少年用户切实感受到可以通过数字阅读平台丰富阅读推荐及个性化指导，进而判断自己的阅读程度，了解自己的阅读偏好，合理地控制阅读进度，对有效阅读起到的正向影响程度最高。

在终端设备技术发展相对成熟和数字出版逐渐规范的今天，追求智能内容推荐、个性化服务体验和智慧阅读是数字阅读的发展趋势。青少年图书品类日益丰富和细分，阅读需求愈加精细化、个性化，为有效满足不同读者的阅读诉求，根据青少年认知发展规律，对年龄、喜好和阅读习惯等数据进行分析搭建阅读内容推荐体系，对平台内容进行科学、合理的分类，实行分龄阅读方式，为用户定制个性化的阅读方案，这种科学、合理的内容推荐是提升数字阅读能力的有效路径。

利用5G、云计算和大数据技术，能实现高效、精准和可靠的阅读信息获取。利用收集到的读者的阅读喜好、习惯、阅读速度、阅读时间和地点等信息，能实现智能化阅读跟踪、管理与评价。读者通过系统反馈了解自己的阅读进度，判断真实的阅读表现，有利于制订下一步的阅读计划，调整和改进阅读方式，提升阅读效用和效率。相似偏好的读者还可以建立线上交流的分享型阅读社区，在获取良好的人际关系的同时实现自身价值，达到交互的作用。

未来数字阅读的发展和推广需要多行业、跨领域的合作，包括智能技术、数字出版、信息管理等专业知识与技能的支撑，创新生态阅读环境，构建科学阅读体系，打造智慧阅读平台。

第七章　青少年多媒体阅读材料
浏览偏好与行为研究

随着信息技术的飞速发展，多媒体学习已经成为年轻人发展社交和认知能力的重要途径。与传统学习相比，多媒体学习在学习内容、学习方式和学习空间等方面发生了很大的变化。多媒体学习材料大多采用文本、图片、音频和视频的混合形式。在信息时代，多媒体学习已经应用于教育和娱乐等领域。多媒体学习已经成为学习的主要方式之一，已经在不同级别的小学、中学和中学后教育中普及（Cheung & Slavin，2013；Harskamp，2015；Foster & Anthony，2016；Yakob et al.，2020）。

多媒体浏览是多媒体学习过程中的一种重要学习行为。学习者浏览多媒体网页的方式既有针对性的，也有无目的的，以满足他们的信息需求。多媒体界面一直被认为是影响中学生学习行为的重要因素。多媒体界面是由一定空间位置的信息元素组成的，不同的多媒体界面结构类型会影响学习者进行不同的浏览行为（Liu & Zhou，2011）。多媒体教学比文本教学更能反映学习内容的心理表征（Mayer，2009），但一些呈现形式不同的学习材料会增加学习者的认知负荷。探索多媒体浏览的认知过程对学习材料设计师了解如何改进他们创建的材料至关重要（Lowe，1999，2003）。Mayer（2005）提出了多媒体学习的原则，其中一些原则近年来受到了研究者的关注。邻近效应原理指出，如果元素彼此靠近，则认为它们聚集成组（Li，2015）。先前对指示性引导元素的研究发现，粗体、下划线或以对比色标记的元素往往会被感知（Wang et al.，2004；Zeng et al.，2009；Guo，2012）。

此外，对多媒体设计的一个重要原则——模态效应的大量研究表明，对于多媒体学习，双通道呈现模式（听觉和视觉）优于单通道模式（视觉或听觉）（Liu，2013；Sung & Mayer，2012）。在多媒体学习环境中，这种渠道的组合通常被表示为信息呈现模式，通过多媒体界面以各种组合呈现的对象包括文本、图片、声音、视频和动画。先前的研究表明，呈现模式影响学习者的认知负荷和学习成绩（Liu，2013；Sung & Mayer，2012；Wang，Lan & Zhang，2015；Xu，2001）。同时，早期研究还发现，通过双通道呈现，文本和图片表达的信息可以被有效地吸收（Moreno & Mayer，2007；Wiemer，2010；Shen et al.，2019）。一项关于大学生学习有效性的研究证明图片和音频模式在学习相机的结构和工作原理方面比文本和图片及纯文本模式更有效（Wang，Lan & Zhang，2015）。

就学习材料的类型而言，很少有研究将其分为具体材料和抽象材料，尤其是对多媒体学习。研究表明，处理抽象信息比处理具体信息需要更多的大脑互动（Della，2018）。一些研究集中在具体和抽象的单词或图片上，大多数结果表明，具体的单词或图像更有利于认知记忆（Boucher et al.，2016；Orena et al.，2018）。Mayer（2017）认为，抽象和具体的学习材料都可以适应不同的呈现模式，但具体材料和抽象材料采用哪种呈现方式尚不清楚。因此，本研究分别使用抽象材料和具体材料来研究不同的表现形式。

第一节 研究目的与研究假设

一、研究目的

多媒体浏览是多媒体学习过程中一种重要的学习行为。本研究从不同界面结构、不同呈现方式两方面探讨青少年多媒体阅读材料的浏览偏好与浏览行为特征，同时探讨青少年对抽象多媒体内容主观模式与具体多媒体内容呈现模式的偏好。

（1）青少年浏览不同界面结构（上文下图、上图下文、左文右图及左图右文）的多媒体阅读材料的眼动特征。

（2）青少年浏览一种多媒体阅读材料四种不同的呈现方式（文字、文字和图片、音频和图片、文本和音频与图片）的阅读效果与眼动特征。

（3）青少年浏览不同类型（具体与抽象）的多媒体阅读材料同一种呈现方式的阅读效果与眼动特征。

二、研究假设

本研究探讨了多媒体学习行为下，界面结构和呈现模式两方面的差异对高中生性别的影响，还探讨了学生对抽象、具体多媒体内容的呈现模式偏好。"抽象"是指从事物的原始联系中提取事物的规则、属性和关系，而"具体"是对概念的各个方面的规定，是关系的完整性，以及它们在理解中的反映。本研究探讨了四种多媒体界面结构：上文下图、上图下文、左文右图及左图右文。四种多媒体的呈现方式：文本、文本和图片、音频和图片、文本和音频与图片。

提出的研究问题如下：

研究问题 1：这四种界面结构对我国高中生的注意力有不同的影响吗？哪种界面结构更吸引人的关注？

研究问题 2：抽象或具体多媒体内容中的四种呈现方式对我国高中生学习成绩有不同的影响吗？

研究问题 3：抽象或具体多媒体内容中的四种呈现方式组合，在总注视时长、注视点个数或瞳孔直径上是否存在差异？

研究问题 4：学生在界面结构和呈现方式上的注意是否存在性别差异？

提出研究假设如下：

H1：四种界面结构的注视点个数存在差异，其中左文右图结构注视点个数最多。

H2：四种界面结构的总注视时长存在差异，其中左文右图结构总注视时长最长。

H3：抽象材料的阅读表现在四种呈现方式之间存在差异。

H4：具体材料的四种呈现方式在学习绩效上存在差异。

H5：对于抽象内容，文本和图片模式在四种呈现模式组合中获得最短的总注视时长、最低的注视点个数和最大的瞳孔直径。

H6：对于具体内容，在四种呈现方式组合中，音频和图片模式的总注视时长最短，注视点个数最少，瞳孔直径最大。

H7：学生在界面结构上的注意存在性别差异。

H8：学生在呈现方式上的注意存在性别差异。

第二节　研究设计

一、实验被试

实验一是四种界面结构的单因素实验，实验二运用的是 2（材料类型）×4（呈现方式）的双因素的混合实验。实验材料包含具体材料和抽象材料两种；而对于呈现方式，则分别有文本、文本和图片、图片和音频、文本和图片与音频四种类型。选取南京市某中学 80 名学生（男 40 名，女 40 名）作为实验对象，每种呈现方式的被试为 20 名。要求被试具有正常的裸眼视力或矫正视力，具有正常的色觉，能够很好地阅读和理解汉语，以前没有参加过其他类似的实验。被试按性别平均分配。在每个实验中，都有特定数量的受试者参与（见表 7-1）。

表 7-1　　　　　　　　　　　　　　被试分布情况

性别	实验一	实验二
男生	$N = 40$	$N = 40$
女生	$N = 40$	$N = 40$

二、实验仪器与材料

使用的实验仪器为 Eyelink1000plus 眼动仪。EyeLink1000plus 是目前为止采样最精确的眼动仪，它的采样率可以达到 2000 Hz，提供多个可调换的镜头和多种装置方案，并支持遥测模式和固定模式，当被试头部处于固定在下巴托上进行实验或者在遥测形式下进行实验时，这两项实验都可以达到采样率高及无噪声的特点。Eyelink1000plus 眼动仪配备两款应用较基础的软件，分别是 Data Viewer（DV）与 Experiment Builder（EB）。DV 是数据处理和数据值导出的软件，利用 DV 不仅可以得到数据的热力图等可视化指标，还可以导出注视时间、瞳孔直径等一系列的眼动指标。EB 主要是用来进行试验程序的编写，有着可视化的拖拽控件形式的编程环境，使用快捷便利。EB 编制的程序可以直接应用于眼动仪中，也可以实现直接连接。

实验材料选自中国科普博览网，材料内容适合高中生。从抽象和具体角度选取实验材料。具体材料中的图片和文字主要是包含更具象化的名词或方位词等比较容易与现实联系起来的内容；而抽象材料中的图片和文字的内容主要是依靠性质和关系来展示其内容。实验邀请了 10 名高中教师，包括语文、地理、物理、数学、信息和生物等科目的教师，由其对实验材料进行选择和评价，以确保同一实验中所用材料的内容和难度水平具有可比性。最终，研究界面结构的实验一材料是"听觉系统"，由四个文本—图片部分组成。混合实验二中，"尼罗河"为具体材料，"统计力学"为抽象材料，每个材料文本描述部分的长度都是 117 个字符（包括标点符号），有效地控制因变量，使所有文本都只包含一个段落。材料中用到的图片做了统一处理，图片格式相似，为避免色彩对图片内容产生的影响，全部统一为黑白图片。

对两种材料的差异性结果显示，两者之间无论是图片还是文字都存在显著性差异（$P<0.05$）。每种材料的呈现组合方式为四种：文本（内容只含有文本+材料）；文本和图片（内容中包含文字和图片两方面）；图片和音频（内容由图片和音频组成）；文本和图片与音频（内容不仅由文字和图片还有音频一起构成）。

实验所用的设计程序是直接用 EB 软件来编写的，直接在被试机所带的 EB 软件上完成程序的编写，编写的程序保证实验的整个过程都在屏幕上完成，保证了实验的连贯性和无干扰性。程序中设计的材料呈现的时间是不固定的，被试正常阅读，直到点击空格才会自动翻页。

三、实验程序

实验于 2019 年 12 月在南京邮电大学管理学院的眼动实验室开展。在进入实验室之前，每名参与者都被告知了实验材料、任务和操作方法等。由于实验室里只有一台眼动跟踪器，被试一个接一个地独立完成实验。实验室里有两名实验人员：一人操作眼球跟踪装置和主机，另一人引导参与者在实验过程中遵循正确的步骤。

被试首先要求完成预测试，以确保他们熟悉实验过程。之后，开始正式实验，开始时界面结构不同的材料被显示在电脑屏幕上。同时，由预编程序记录实验数据，并由与眼动跟踪器相连的主机进行记录。浏览完一页后，被试按空格键进入下一页，直到没有页面可供查看，电脑自动停止录制并清除屏幕上的内容。整个实验过程花了大约20分钟才完成。之后，要求下一名被试重复上述实验步骤，直到一组(40名被试)完成实验。

具体实验步骤如下：

(1)实验开始前，被试先平缓心情，大致了解实验过程。

(2)由第二名实验人员引导被试先坐在固定距离的椅子上，然后指导其把下颌放在固定高度的下颌托上，手放在指定键盘位置，平视屏幕，同时告知被试相关实验要求。

(3)进行实验校准，由第一名实验员操纵主试机在眼动仪的9点校准界面上对被试眼动信号进行校准。当校准误差在合理范围内时则校准成功，可以进行下面的实验，否则被试需要再进行一次重新校准。

(4)校准成功之后被试便可以开始实验，在正式的实验开始之前会先有一个练习实验供被试练习，被试熟悉整个流程之后进行正式实验。

(5)实验开始之后计算机便开始自动记录被试实验数据，被试按照实验程序结束实验之后程序会自动跳出，记录结束。接下来换另一名被试坐在椅子上，按照同样的步骤继续进行实验数据采集。

实验结束后，另一个实验也按照同样的步骤进行。实验二将80名被试按呈现方式平均分为4组。进行预测试，以确保参与者具有相同的先前知识。在前测的基础上，20名学生按随机顺序在4种呈现方式(文本、文本和图片、图片和音频、文本和图片与音频)中的一种学习具体材料和抽象材料，实验在这8种条件(2种材料类型，4种呈现方式)下进行。后测是一种理解测验，包括6个单选项目，每个项目选择正确得1分，考试总分是6分。用学习效率来评价学习者的学习成绩，学习效率用学习成绩除以时间来计算。

测试后的数据从眼动跟踪器导到SPSS 22.0进行统计分析。对使用眼动跟踪器收集的数据进行一系列方差分析(ANOVA)以检验假设。实验一采用方差分析方法，比较四种界面结构的固定次数和固定持续时间；实验二采用方差分析检验四种呈现方式在注视次数、注视持续时间和瞳孔大小上是否存在差异。

此外，热力图是一种可视化的地图，可以直观生动地显示参与者对实验材料的固定分布；特定显示元素上的固定数量反过来可能反映该元素的重要性。热映射可以通过叠加多个参与者的注视点来确定视觉注意力的焦点位置，揭示哪些区域能够吸引参与者的兴趣，从而方便寻求快速解释用户行为和心理的研究人员。

需要注意的是，热图也被用来分析学生的注意力。在热力图中，红色表示注视点最集中或注视时间最长的区域，黄色紧随其后，绿色表示注视点最集中或注视时间最短的区域。这主要反映了实验材料上的注视分布。

四、实验结果分析指标

1. 阅读速度

阅读速度是指一定时间内被试能够阅读的字数，其单位为字/分钟。在本实验中，由于设置的字数是一定的，因此直接用被试阅读所用的时间来表示被试的阅读速度，这在一定程度上减少了计算量。

2. 阅读效率

阅读效率是一定时间内被试对指定材料的阅读理解率，阅读效率(E)＝阅读速度(R)×阅读理解率(C)。其中，阅读理解率(C)指被试阅读指定材料之后回答问题的正确率，即阅读理解率(C)＝（被试得分/题目的总分）×100%。

3. 注视次数

注视次数（fixation count）是指注视点的个数。当阅读时，被试的眼睛一直看着某个位置不动然后转移到另外一个位置的状态就是注视，注视一次也就算一个注视点。

4. 注视点持续时间

注视点持续时间（fixation duration）包括总注视时长及平均注视时长，是指被试花费在每个注视点的平均注视时间的总时长。

5. 瞳孔直径

瞳孔直径（pupil size）是指阅读材料时瞳孔的平均大小，在心理学上一直有着非常广泛的应用，它可以反映被试在进行信息加工时的心理活动。

6. 热力图

热力图是指一种经过特殊处理的图片形式，它以高亮的形式来凸显被试注意力较多的页面区域。

第三节 数 据 分 析

一、界面结构数据分析

1. 注视点个数分析

表 7-2 显示了四种类型界面结构的注视点个数的平均值和标准差。在四种界面结构中,左文右图界面结构注视点个数最高(68.21),其次是上文下图(50.63),左图右文(42.68),上图下文的注视点个数最少(32.84)。

表 7-2 　　　　　　　　**界面结构注视点个数的均值与方差分布**

界面结构	均值	标准差
上文下图	50.63	6.792
上图下文	32.84	5.305
左图右文	42.68	5.518
左文右图	68.21	7.707

2. 总注视时长分析

表 7-3 显示了四种类型界面结构的总注视时长的平均值和标准差。左文右图这种类型界面结构总注视时长最长(14.74),其次是上文下图(10.93),左图右文(9.29),上图下文结构的总注视时长最短(7.74)且平均注视时长也最短。

表 7-3 　　　　　　　　**界面结构总注视时长的均值与方差分布**

界面结构	均值	标准差
上文下图	10.93	0.81
上图下文	7.74	0.68
左图右文	9.29	0.79
左文右图	14.74	1.90

3. 性别及界面结构对注视点个数的影响

方差分析可以反映实验数据之间的偏离程度，对样本之间的显著性检验有很大的帮助，能有效地整合和处理采集的原始数值，进而展现出实验数据的数理结果。采用单因素方差分析和双因素方差分析分别考察了性别、界面结构及界面结构和性别相互作用对学生注意力的影响。

表 7-4 显示了性别及界面结构对注视点个数作用的影响、界面结构和性别交互作用对注视点个数的影响。根据数据可以看出，性别及界面结构和性别（$p>0.05$）对注视点个数没有显著影响。界面结构对注视点个数（$F=100.093$，$p<0.001$）有显著的主效应，对总注视时长（$F=125.982$，$p<0.001$）也有显著的主效应。

表 7-4　　　　　　　　　**性别及界面结构对注视点个数主效应检验**

变量	注视点个数
性别	2.671
界面结构	100.093***
界面结构和性别	0.448

注：＊表示 $p<0.05$；＊＊表示 $p<0.01$；＊＊＊表示 $p<0.001$。

4. 性别及界面结构对总注视时长的影响

表 7-5 显示了性别及界面结构对总注视时长作用的影响、界面结构和性别交互作用对总注视时长的影响。根据数据可以看出，界面结构和性别对总注视时长（$p>0.05$）无显著影响。性别对总注视时长（$F=4.481$，$p<0.05$）有显著影响；界面结构对总注视时长（$F=125.982$，$p<0.001$）有显著的主效应，结合表 7-4 界面结构对注视点个数（$F=100.093$，$p<0.001$）有显著的主效应。这说明不同的界面结构对学生的注意力有显著的影响。与女生相比，男生的注视持续时间更长。

表 7-5　　　　　　　　　**性别及界面结构对总注视时长主效应检验**

变量	总注视时长
性别	4.481*

续表

变量	总注视时长
界面结构	125.982 ***
界面结构 × 性别	0.327

注：＊表示 $p < 0.05$；＊＊表示 $p < 0.01$；＊＊＊表示 $p < 0.001$。

5. 界面结构的多重比较

表 7-6 比较了不同界面结构的注视点个数与总注视时长（涉及四种界面结构的所有可能组合）。其中，左文右图结构吸引的注视点个数显著高于上文下图、上图下文及左图右文结构（均 $p < 0.05$；表 7-6）。同样，左文右图结构的注视时间也比其他三种结构长（均 $p < 0.05$）。其他三种结构的注视次数和总注视时间无显著性差异。

表 7-6　　　　　　　　　　**注视点个数与总时长多重比较表**

(*I*)界面结构	(*J*)界面结构	(*I-J*)	
		注视点个数	总注视时长
上文下图	上图下文	17.79	3.19
	左图右文	7.95	1.64
	左文右图	−17.58 *	−3.81 *
上图下文	左图右文	−9.84	−1.55
	左文右图	−35.37 *	−7.00 *
左图右文	左文右图	−25.53 *	−5.45 *

注：＊表示 $p < 0.05$；＊＊表示 $p < 0.01$；＊＊＊表示 $p < 0.001$。

6. 热力图分析

在图 G-1（见附录 G）中，热点（红色标记）表明青少年对界面结构的关注。红色区域表示用户注视时间最长的区域，绿色区域表示注视时间最短的区域，没有颜色的区域表示未观察到的区域。这四种界面结构在文本上都呈现出一个比图片上更大的红色区域，这表明大多数学生更容易被解释性的文本信息吸引。特别是，他们更注重学习材料中的科学术语和名词。

从热力图 G-1 中可以发现，在所有四种图文结构材料中学习者都将主要精力集中在文字部分，图片相对而言起到辅助学习的作用。结合四种图文结构下的初次注视区域进行统计和汇总，得到结果有：上文下图结构里的 40 名被试人员中有 28 人初次注视区域为文字区域，有 9 人初次注视区域为图片区，另有 3 人初次注视区域既非文字区也非图片区；上图下文结构中所有人初次注视区域均为文字区；左图右文结构中有 23 名试初次注视区域为文字区域，17 人首次注视区域为图片区，明显高于其他 3 种结构中首次注视图片区域的人数；左文右图结构中初次注视文字区的人数为 28 人，与上文下图结构大致相等，有 3 人初次注视区域为图片区域，另有 9 人初次注视区域为空白区域。

仔细对比图片与文字区域中注视效果的差异，可以发现四种图文结构中注视点数量密集的部分与图片解释说明内容高度重合。足以证明图片在学习过程中起到了辅助学习者理解文字内容的作用；同时结合前文结论也可看出总体而言图片注视点数量与总体文字阅读时间呈现负相关关系，图片注视点数量越多，则文字阅读时间越短。下文上图结构中初次注视文字区域的阅读者数量最多，上文下图结构和左文右图结构大致相同，左图右文是首次注视图片区域概率最高的图文结构。

二、呈现方式数据分析

1. 注视点个数分析

被试在不同的呈现方式下进行不同类型材料的注视点个数的均值和标准偏差如表 7-7 所示。在阅读抽象材料的时候，被试在文本和图片与音频这种方式下的注视点个数（122.44）是最多的，而被试注视点个数最低时是在图片和音频（64.56）的方式下。对于具体材料，被试在图片和音频（106.05）的方式下的注视点个数同样也是最低的，在文本和图片与音频（140.44）的呈现方式下被试的注视点个数是最多的。从抽象材料和具体材料的对比来看，被试在抽象材料的四种呈现方式下的注视点个数都比在阅读具体材料时的四种呈现方式下的注视点个数少。

表 7-7 不同方式下被试的注视点个数比较

	抽象材料		具体材料	
	平均值	标准差	平均值	标准差
文本	97.32	50.04	114.88	50.74
文本和图片	80.42	32.30	107.00	53.43
文本和图片与音频	122.44	26.96	140.44	38.62
图片和音频	64.56	41.05	106.05	40.59

当在不同呈现方式下时，对被试阅读材料的注视次数进行单因素方差分析，得到结果如表 7-8 所示。从表 7-8 中可以看出，在被试阅读抽象材料的时候，不同呈现方式之间的显著性非常明显（$p < 0.05$），而在阅读具体材料时不同的呈现方式之间是没有显著性差异的（$p > 0.05$）。

表 7-8 不同呈现方式下注视次数方差分析

		平方和	均方	F	显著性
抽象材料	组之间	31811.49	10603.83	7.105	0.000
	组内	101491.12	1492.52		
具体材料	组之间	14144.87	4714.96	2.204	0.095
	组内	147579.16	2138.83		

运用方差分析中的最小显著性法对不同材料下不同呈现方式的被试阅读材料时的注视点个数均值进行两两比较（见表 7-9、表 7-10）。

表 7-9 抽象材料下不同呈现方式注视点个数均值比较

均值	(I)呈现方式	(J)呈现方式			
		文本	文本和图片	文本和图片与音频	图片和音频
97.32	文本		16.90	−25.13	32.75*
80.42	文本和图片	−16.90		−42.02*	15.86

续表

均值	(I)呈现方式	(J)呈现方式			
		文本	文本和图片	文本和图片与音频	图片和音频
122.44	文本和图片与音频	25.13	42.02*		57.88*
64.56	图片和音频	−32.75*	−15.86	−57.88*	

注：* 表示 $p < 0.05$；** 表示 $p < 0.01$；*** 表示 $p < 0.001$。

表 7-10　　　　　　　具体材料下不同呈现方式注视点个数均值比较

均值	(I)呈现方式	(J)呈现方式			
		文本	文本和图片	文本和图片与音频	图片和音频
114.88	文本		7.88	−25.56	8.83
107.00	文本和图片	−7.88		−33.44*	0.95
140.44	文本和图片与音频	25.56	33.44*		34.39*
106.05	图片和音频	−8.83	−0.95	−34.39*	

注：* 表示 $p < 0.05$；** 表示 $p < 0.01$；*** 表示 $p < 0.001$。

可以看出，当被试在阅读抽象材料的时候，对于被试最终的平均注视次数而言，文本和图片与音频的呈现方式与文本和图片及图片和音频之间存在显著性的差异（$p < 0.05$），而仅文本的呈现方式与图片和音频之间也存在显著性（$p < 0.05$）差异。其他的比较则没有显著性差异。

当被试在阅读具体材料的时候，和被试阅读抽象材料的时候一样，文本和图片与音频的呈现方式与文本和图片及图片和音频之间也有着非常明显的差别（$p < 0.05$），而其他的比较则没有显示出明显的差别。

2. 注视时长分析

注视是在某一点上停留一段时间的现象，将所看之物投射到视网膜敏感处中央区，注视时长受视觉对象的复杂程度和个体技能的影响。表 7-11 显示的是不同呈现方式下被试的总注视时长的均值和标准差。

从表 7-11 可以看出，抽象材料在仅文本（223.20）的呈现方式下被试的总注视时长最短，而在图片和音频（333.79）的呈现方式下被试的总注视时长是最高的。具体材料文本和图片（232.17）呈现方式总注视时长最短，图片和音频(252.15)呈现方式总注视时长最长。而从不同材料的角度对比来看，在抽象材料和具体材料因素下，不同被试在不同方式下的总注视时长之间的差别不明显。

表 7-11　　　　　　　不同呈现方式下材料的注视时长比较

	抽象材料		具体材料	
	均值	标准差	均值	标准差
文本	223.20	46.11	244.69	49.26
文本和图片	235.36	37.00	232.17	25.92
文本和图片与音频	259.23	57.40	249.90	52.30
图片和音频	333.79	171.01	252.15	70.18

不同材料不同呈现方式下单因素方差分析如表 7-12 所示，结果发现，当被试在阅读抽象材料的时候，不同的呈现方式之间有着非常明显的差异($F = 5.057$，$p < 0.05$)；而当被试在阅读具体材料的时候，不同呈现方式之间不存在明显性的差别($F = 0.560$，$p > 0.05$)。

表 7-12　　　　　　　不同材料的总注视时长方差分析

		平方和	均方	F	显著性
抽象材料	组之间	124390.58	41463.53	5.057	0.003
	组内	557556.36	8199.36		
具体材料	组之间	4527.39	1509.12	0.560	0.643
	组内	186083.19	2696.86		

运用最小显著性法分析法，比较不同呈现方式阅读抽象材料时注视点持续时间的均值，如表 7-13 所示。当被试阅读抽象材料的时候，图片和音频的呈现方式与其他三种呈现方式之间的总注视时长均值存在显著性的差异($p < 0.05$)，而其他的呈现方式之间的总注视时长则不存在显著性的差异($p > 0.05$)。

表 7-13 不同呈现方式下抽象材料注视点持续时间均值比较

均值	(I)呈现方式	(J)呈现方式			
		文本	文本和图片	文本和图片与音频	图片和音频
223.20	文本		−12.16	−36.04	−110.59*
235.36	文本和图片	12.16		−23.87	−98.43*
259.23	文本和图片与音频	36.04	23.87		−74.55*
333.79	图片和音频	110.59*	98.43*	74.55*	

注：* 表示 $p < 0.05$；** 表示 $p < 0.01$；*** 表示 $p < 0.001$。

3. 瞳孔直径分析

瞳孔直径可以反映被试在进行信息加工时的心理活动。被试在不同的呈现方式下阅读不同材料时的平均瞳孔直径的均值和标准差如表 7-14 所示。

表 7-14 不同呈现方式阅读材料的瞳孔直径比较

	抽象材料		具体材料	
	均值	标准差	平均值	标准偏差
文本	1336.75	374.10	1358.07	382.25
文本和图片	1567.25	281.15	1626.95	292.65
文本和图片与音频	1403.01	427.30	1384.06	469.04
图片和音频	1622.69	521.74	1611.78	483.41

从表 7-14 可以看出，阅读抽象材料，文本(1336.75)呈现方式平均瞳孔直径最小，而图片和音频呈现方式(1622.69)平均瞳孔直径是最大的。阅读具体材料，文字(1358.07)呈现方式平均瞳孔直径最小，而平均瞳孔直径的最大是文字和图片的呈现方式(1626.95)。

不同呈现方式下平均瞳孔直径单因素方差分析，结果如表 7-15 所示。阅读抽象材料时，不同呈现方式之间的平均瞳孔直径均存在显著性差异($F = 1.969$，$p < 0.05$)，而阅读具体材料时，不同呈现方式之间的平均瞳孔直径存在显著性差异($F = 2.194$，$p < 0.05$)。

表 7-15　　　　　　　　　　　不同呈现方式瞳孔直径方差分析

		平方和	均方	F	显著性
抽象材料	组之间	966603. 975	322201. 325	1. 969	0. 027
	组内	11129137. 507	163663. 787		
具体材料	组之间	1128051. 012	376017. 004	2. 194	0. 047
	组内	11825763. 354	171387. 875		

　　瞳孔直径运用方差分析中的最小显著性法进行分析，当在不同的方式下阅读两种材料时，得到的结果如表 7-16 和表 7-17 所示。阅读抽象材料时，文本的呈现方式与图片和音频的呈现方式之间在瞳孔直径上存在显著性差异（$p<0.05$）。阅读具体材料时，文本的呈现方式与图片和音频的呈现方式之间在瞳孔直径上同样存在显著性差异（$p<0.05$）。

表 7-16　　　　　不同呈现方式下抽象材料瞳孔直径的均值比较

均值	(I)呈现方式	(J)呈现方式			
		文本	文本和图片	文本和图片与音频	图片和音频
1336. 75	文本		−230. 51	−66. 26	−285. 94[*]
1567. 25	文本和图片	230. 51		164. 24	−55. 43
1403. 01	文本和图片与音频	66. 26	−164. 24		−219. 68
1622. 69	图片和音频	285. 94[*]	55. 43	219. 68	

注：* 表示 $p<0.05$；** 表示 $p<0.01$；*** 表示 $p<0.001$。

表 7-17　　　　　不同呈现方式下具体材料瞳孔直径的均值比较

均值	(I)呈现方式	(J)呈现方式			
		文本	文本和图片	文本和图片与音频	图片和音频
1358. 07	文本		−268. 89	−25. 99	−253. 71[*]
1626. 95	文本和图片	268. 89		242. 90	15. 17
1384. 06	文本和图片与音频	25. 99	−242. 90		−227. 73
1611. 78	图片和音频	253. 71[*]	−15. 17	227. 73	

注：* 表示 $p<0.05$；** 表示 $p<0.01$；*** 表示 $p<0.001$。

4. 不同呈现方式的热力图结果分析

热力图可以以特殊高亮的形式显示被试阅读材料时的注视区域，不需要额外的分析，直接就可以展示被试的关注分布区域，十分便捷。图 G-2 显示的是被试分别在仅文本呈现方式、文本和图片呈现方式、文本和图片与音频呈现方式、图片和音频呈现方式下阅读抽象材料时的热力图分布。从图 G-2 中可以看出文本呈现方式，被试的注视区域全部都落在文字区域内，而且注视区域内亮度最深的部分基本是材料题目的答案所在区域。当呈现方式为文本和图片与文本和图片及音频，被试的阅读区域会分配一部分给相应的图片位置；而且对于文字区域，被试在文本和图片与音频的方式下比文本和图片方式下的关注度更高。

图 G-3 显示的是被试分别以文本呈现方式、文本和图片呈现方式、文本和图片与音频呈现方式、图片和音频呈现方式阅读具体材料时的热力图分布。

从图 G-3 中可以看出，文本呈现方式下被试比较关心的是各种具体名词及方位词；文本和图片、文本和图片与音频这两种呈现方式下被试虽然会注视到图片区域，但是主要注意力还是在文字上面；而且文本和图片及音频呈现方式下被试的文字注视区域与文本和图片呈现方式相比则较为分散。图片和音频的呈现方式下，被试阅读具体材料的注意力则全部集中在图片区域，而且主要集中在图片区域，注视区域有突出性。

5. 学习情况分析

对学习成绩进行方差分析，无论是抽象材料（$F = 0.65$，$p > 0.05$）还是具体材料（$F = 1.68$，$p > 0.05$），呈现方式的主效应均无统计学意义（表 7-18）。

表 7-18　　　　　　　　**不同类型阅读材料的学习成绩方差分析**

指标	材料类型	方差	自由度	均方	F
学习成绩	抽象材料	3.80	6	1.26	0.65
	具体材料	6.88	6	2.30	1.68
学习效率	抽象材料	3.76	6	1.26	1.86
	具体材料	12.16	6	4.06	2.79[*]

注：　* 表示 $p < 0.05$；** 表示 $p < 0.01$；*** 表示 $p < 0.001$。

对学习效率进行方差分析，呈现方式对具体材料的主效应显著（$F = 2.79$，$p < 0.05$），对抽象材料的主效应不显著（$F = 1.86$，$p > 0.05$）。具体材料中，图片和音频呈现方式的学习效率最高，而文本和图片与音频呈现方式的学习效率最低，这与双重编码理论和认知负荷理论是一致的（表 7-19）。

表 7-19　　　　　　　不同类型阅读材料学习表现综合分析

指标	材料类型	文本		文本和图片		文本和图片与音频		图片和音频	
		均值	标准差	均值	标准差	均值	标准差	均值	标准差
学习成绩	抽象材料	3.300	2.274	2.500	2.040	2.800	1.766	2.600	1.314
	具体材料	4.200	1.576	3.700	1.750	3.700	1.750	4.700	1.490
学习效率	抽象材料	0.176	0.166	0.118	0.102	0.100	0.066	1.528	3.606
	具体材料	0.182	0.106	0.168	0.076	0.120	0.070	0.884	2.222

第四节　假设检验

研究结果表明，界面结构对中国高中生的注意力有显著的影响。在四种界面结构中，左文右图结构的注视点个数最多，总注视时长最长。支持 H1 和 H2。

无论是抽象内容还是具体内容，四种呈现方式的学习成绩在统计学上均无显著差异。无论是图片还是音频都没有对记忆知识产生任何影响。从保留后测结果来看，文本呈现方式的学习成绩高于其他三种（文本和图片、图片和音频、文本和图片与音频）。抽象词很难形象化，通常指的是思想或概念。而具体词语描述的是有形实体，很容易被理解为心理意象，因此图片和音频模式的学习成绩高于其他三种呈现方式（文本、文本和图片、文本和图片与音频）。不同呈现方式对具体内容的学习效率差异有统计学意义，对抽象内容的学习效率差异不显著。图片和音频模式的学习效率最高，而文本和图片与音频呈现方式的学习效率最低。音频对学生的学习帮助，必须考虑认知负荷及产生的负面影响。综上所述，H3 不成立，H4 部分成立。

对于抽象内容，文本和图片呈现方式下的总注视时长最短，瞳孔直径最大，而在图片和音频呈现方式的注视点个数最少。因此，部分支持 H5，即在四种呈现模式中，抽象内容的文本和图片模式接收到最短的总注视持续时间、最大的瞳孔直径；H6 成立，即用于呈现具体内容的图片和音频模式在四种模式中具有最短的总注视时长、最大的瞳孔直径和最少的注视点个数。

研究结果显示男生对界面结构的总注视时间显著长于女生。然而，在注视点个数上没有观察到如此显著的性别差异。因此，部分支持 H7 的观点，即学生对界面结构的注意存在性别差异。在这项研究中没有发现如此显著的性别差异。事实上，学生对呈现方式的注意没有显著的性别差异。因此，不支持 H8。

第八章 少儿数字图书馆青少年
浏览行为研究

随着信息技术的快速发展及人们信息获取方式的变革，传统的图书馆开始利用现代信息技术开展多种线上服务并提供各种数字资源，数字图书馆、智慧图书馆开始出现。作为全民阅读的重要组成部分，青少年阅读环境建设和阅读能力提升成为我国乃至世界各国关注的重点。《中华人民共和国公共图书馆法》规定，"政府设立的公共图书馆应当设置少年青少年阅览区"。现代青少年作为数字原住民，对数字技术的使用具有天然优势。与此同时，随着国家对少儿阅读支持经费的增加，少儿图书馆中数字资源购置费用的占比也提高至31%，各地开始建设各类少儿数字图书馆。研究发现，当今大部分数字图书馆并不适合青少年使用。为了确保青少年数字图书馆的可用性，设计人员必须充分考虑青少年的需求。

研究发现，大多数常规的网站和图书馆信息搜索界面对于青少年来说使用效果不佳，因为它们多采用基于文本和面向任务的方式。Hutchinson 等研究了青少年在寻求信息过程中所面临的限制和挫折感。例如，某些孩子无法拼写、打字、阅读、导航、撰写查询语句等，而且青少年和成人在图书搜索中使用的术语有所不同。宋艳研究发现各省市的少儿数字图书馆网站版面设计存在特殊少儿群体操作不便的问题。少儿数字图书馆网站是连接各个年龄段青少年的文化交流和知识学习的重要基地，适合青少年需求的网站架构和设计对青少年成功获得知识和信息至关重要。

笔者通过眼动追踪技术对青少年在不同的少儿数字图书馆网站的无目的阅览行为进行对比研究，分析青少年在浏览两种不同类型的图书馆界面设计（页面包含或不包含动画媒体）时的浏览路径和规律，验证少儿数字图书馆网站设计的实用性，为图书馆网站结构设计和布局提供科学建议。

第一节 研究目的与假设

一、实验目的

少儿数字图书馆网站是连接各个年龄段青少年的文化交流和知识学习的重要基地，适合青少需求的网站架构和设计对青少年成功获得知识和信息至关重要。本研究使用多个省市儿童数字图书馆界面，研究青少年在静态和动态两类少儿图书馆网页中进行无目的浏览行为的眼动特征。

(1)青少年无目的浏览少儿数字图书馆网站的眼动特征。

(2)青少年无目的浏览有无动画两类网页的眼动特征。

二、实验假设

本研究的实验假设如下：

H1：浏览有无动画两种网页时，首次注视点位置反映网页类型对被试的浏览行为习惯有显著影响。

H2：浏览有无动画两种网页时，注视时间的长短反映网页类型对被试的浏览行为习惯有显著影响。

H3：浏览网页不同兴趣区时，注视点个数的差异反映不同兴趣区对被试浏览行为习惯有显著影响。

H4：浏览网页不同兴趣区时，平均瞳孔直径大小的差异反映不同兴趣区对被试浏览行为习惯有显著影响。

H5：被试浏览网页时的眼动轨迹和眼动热力图可以反映被试在浏览不同网页时的不同浏览习惯。

第二节 实 验 设 计

一、实验被试

本次实验对象为小学一年级至五年级的青少年，有无动画两种网页实验的被试为20人，且所有被试矫正视力正常。每个参与者都进行了两种不同格式(有动画网页与无动画网页)少儿图书馆网页的无目的浏览测试。同时，为了明确参与者浏览路径及首次关注区域，将作为实验素材的每个少儿数字图书馆网页分为九个部分(如图 8-1 所示，将每个网页划分为九格作为本次实验的兴趣区)。最终，所有青少年均在眼动仪上进行双因素(即有无动画网页与网页九格)混合实验设计。

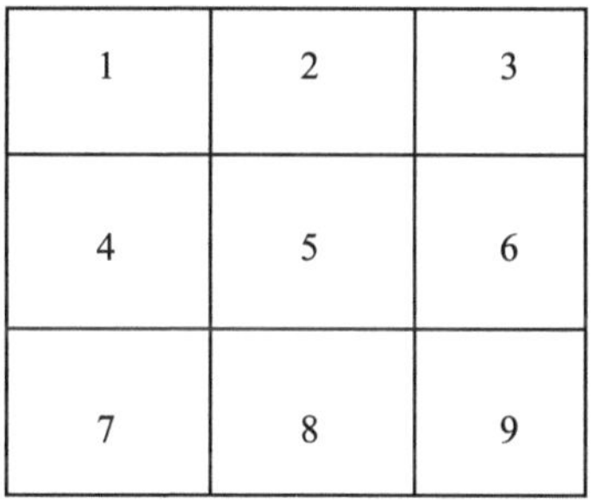

1	2	3
4	5	6
7	8	9

图 8-1 网页材料兴趣区划分示意

研究人员收集了青少年网页浏览的眼动数据，如眼动指标为注视次数、区域注视时长、平均瞳孔直径(可以反映被试在进行信息接收和加工时的心理负荷程度)和热力图等数据，然后通过一项重复措施来测试不同媒体格式对青少年浏览信息的影响。

二、实验仪器与材料

选择使用 Eyelink 1000plus 眼动仪，使用台式摄像机来跟踪用户的眼动，实时记录被试在浏览网页时眼球活动的精确数据，包括在查看计算机屏幕上的网页时的注视次数、注视持续时间、扫视、扫描路径和平均瞳孔半径等，为分析验证实验假设提供基础。

从建设少儿数字图书馆的省市中根据实验任务要求选取具有代表性的数字图书馆门户网站页面作为实验素材。同时，选取超星少儿图书馆主页作为演示素材，用于引导儿童熟悉实验过程和讲解实验规则。最终实验材料选取了来自上海、洛阳、舟山等地少儿数字图书馆的网页截图，素材包含静态页面和动态页面，并将图片大小统一调整为高宽比例 4∶3 的格式。无目的浏览实验素材来源如表 8-1，部分实验素材界面示例见图 8-2。

表 8-1 　　　　　　　　　　　　　无目的浏览实验素材来源

静态页面(页面不含动画元素)	动态页面(页面内含有动画元素)
昆明少年儿童图书馆	深圳少年儿童图书馆
上海少年儿童图书馆	上海市普陀区少年儿童图书馆
重庆市少年儿童图书馆	陕西省图书馆少年儿童分馆
舟山海洋数字图书馆少儿资讯	首都图书馆少年儿童图书馆
张家港市少年儿童图书馆	合肥市少年儿童图书馆
河南省少年儿童图书馆	东莞少年儿童图书馆
湖南省少年儿童图书馆	武汉市少年儿童图书馆
洛阳市少年儿童图书馆	超星少儿图书馆
北京市西城区青少年儿童图书馆	CNKI 少儿图书馆数字阅览室

(a)示例一

(b)示例二

图 8-2　部分实验素材界面示例

三、实验程序

实验需要两位实验人员开展，一名实验人员主要负责测试主试机，另一名实验人员则负责二号机准备工作。实验开始，被试需要进行眼动九点校准，将误差控制在小于 1 的可接受范围内。

(1)实验开始前，将被试人员安排在实验室外做好准备工作，让被试大致了解本次实验的过程和应用。

(2)准备工作完成之后，实验人员将一名被试引导进实验室内主试机位置，讲解本次实验的过程和被试需要参与的实验操作，提示被试左手放在键盘空格键。

(3)主试机讲解完成，被试准备好之后进入眼动校准界面，另一名实验人员在二号机进行九点校准，当被试在每个点的眼动信号校准误差小于 1 时按回车键表示接受此误差值。当九点误差均小于 1 时，表示校准成功，然后将准备的实验素材画面传回主试机，被试开始进行浏览实验；若有任何一点的误差值大于或等于 1，则代表校准失败，重新校准。

(4)实验开始之后，首先为被试提供静止(无动画)的网页，每个网页时长 35 秒，要求被试在这段时间内模拟日常浏览网页时的情景进行无目的浏览。每个被试会浏览多个无动画网页，每浏览结束一个网页按下空格键进入下一个网页，以此重复完成所有的无动画网页实验。

(5)被试稍作休息后进行第二部分(有动画网页)的实验。

(6)实验开始之后计算机便开始自动记录被试实验数据，被试按照实验程序结束实验之后程序会自动跳出，记录结束。依次按照相同的步骤进行实验数据采集。

四、实验结果分析指标

1. 注视次数

注视次数指注视点的个数。当被试在浏览网页过程中存在视线停顿的点，该点就会被标记出来作为注视点。

2. 区域注视时间

区域注视时间是被试在浏览网页时，视线在网页的某个区域所停留的总时间。

3. 首次注视点

首次注视点是被试在浏览网页时首次视线停留的位置。

4. 平均瞳孔直径

瞳孔直径是指浏览网页时瞳孔的平均大小。该指标在心理学上一直有着非常广泛的应用，可以反映被试在进行信息接收和加工时的心理负荷程度。

5. 热力图

热力图是指一种经过特殊处理的图片形式，图中越红的区域说明被试在此区域的注视点个数、注视时长数值最大。

第三节　结　果　分　析

本研究分析首次注视点位置、注视的数量及注视时长，了解青少年的浏览路径习惯，比较学生在少儿数字图书馆网页不同区域的信息处理效率，探索青少年对有无动画网页的浏览差异及兴趣点。用户的平均瞳孔直径或瞳孔大小(以毫米为单位)反映青少年在不同页面设计中的认知负荷水平。

一、首次注视点位置分析

由表 8-2 可以看出，当被试在无动画的少儿数字图书馆网页浏览时，第一区域的首次注视点频次最多，占总频次的 25.7%；而第九区域频次最少，仅占 6.0%。当被试在有动画网页浏览时，第五区域的首次注视点次数最多，占总频次的 34.7%；而第三区域频次最少，仅占 3.3%，由此可得，网页中心区域最受欢迎。同样可以发现在无动画网页上被试的首次注视点均匀分布在各个区域，而有动画网页则大多分布在第四、第五区域，其具体分布情况如图 8-3。

表 8-2 首次注视点在各区域的频次与百分率

项目		无动画网页		有动画网页	
		频次	百分率	频次	百分率
位置区域	1	77	25.7%	22	7.3%
	2	40	13.3%	13	4.3%
	3	14	4.7%	10	3.3%
	4	29	9.7%	54	18%
	5	38	12.6%	104	34.7%
	6	30	10%	29	9.7%
	7	29	9.7%	16	5.3%
	8	25	8.3%	20	6.7%
	9	18	6%	32	10.7%
总计		300	100%	300	100%

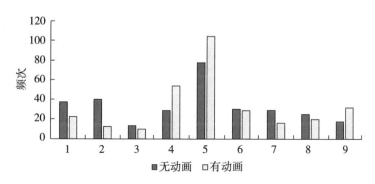

图 8-3 首次注视点在不同区域的分布

二、注视点个数

由表 8-3 可以看出,被试在实验过程时,有无动画两种形式的网页类型对被试进行网页无目的浏览的注视点个数的差异效果显著($F = 7.51$,$p < 0.05$),有动画网页的总注视点个数大于无动画网页的个数(如表 8-4)。被试在无动画网页上的第四和第五区域的注视点个数的平均值远大于其他区域,而被试在有动画网页上的第五和第六区域的注视点个数的平均值大于其他区域,可以

得出兴趣区对被试进行无目的浏览注视时长的差异效果显著（$F = 59.216$，$p < 0.001$）。

表 8-3　　　　　　　　　　　注视点个数的二因素方差分析

数据来源	自由度	均方	F
网页类型	1	176.59	7.51*
兴趣区	8	402.183	59.216***
网页类型和兴趣区	8	24.421	2.391

注：* 表示 $p<0.05$；** 表示 $p<0.01$；*** 表示 $p<0.001$。

表 8-4　　　　　　　　　　　注视点个数分析

位置区域	无动画网页			有动画网页		
	平均值	标准差	总个数	平均值	标准差	总个数
1	19.78	1.67	356	18.22	1.09	328
2	23.00	1.31	414	37.00	1.83	666
3	9.72	0.96	175	25.67	1.68	462
4	51.28	1.97	923	38.44	1.43	692
5	58.11	2.59	1046	59.94	2.46	1 079
6	33.22	2.10	598	44.89	2.04	808
7	22.11	1.59	398	28.61	1.51	515
8	35.89	1.60	646	44.94	1.73	809
9	29.56	1.25	532	39.17	1.29	705

　　进一步比较两种网页中注视点平均值最大值和最小值的差值，可以发现兴趣区在有动画网页上对注视点个数的作用更加显著（表 8-4）。同样可以得出，网页类型与不同兴趣区在交互作用下，对被试进行无目的浏览的注视点个数差异效果显著（$F = 2.391$，$p<0.05$）。兴趣区对两种网页不同区域的注释点个数效用如图 8-4 所示。

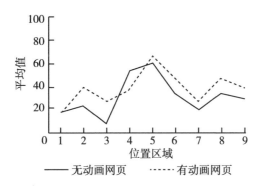

图 8-4 兴趣区对两种网页不同区域的注释点个数效用

三、各个区域的注视总时长

由表 8-5 可以得出,被试实验过程中有动画网页的总浏览时长大于无动画网页,即网页类型对被试进行网页无目的浏览注视时长的差异效果显著($F=4.47$,$p<0.05$),且被试对有动画网页的兴趣度高于无动画网页。被试于无动画的网页进行无目的浏览时,在网页的第五区域浏览时间最长,第三区域时间最短,可以得出兴趣区对被试进行无目的浏览的注视时长的差异效果显著($F=50.163$,$p<0.001$)。同样可以看出,网页类型与不同兴趣区在交互作用下,被试进行无目的浏览的注视时长差异效果显著($F=2.044$,$p<0.05$),见表 8-6。兴趣区对不同网页不同区域注视时长的影响作用如图 8-5 所示。

表 8-5 各区域注视时长

项目		无动画网页时长	有动画网页时长
位置区域	1	70	69
	2	83	143
	3	33	99
	4	192	145
	5	227	234
	6	126	176

续表

项目		无动画网页时长	有动画网页时长
位置区域	7	80	107
	8	131	191
	9	122	167
总计		1068	13344

表 8-6　　　　　　　　各区域注视时长的二因素方差分析表

数据来源	自由度	均方	F
网页类型	1	3614729.264	4.47*
兴趣区	8	17673653.43	50.163***
网页类型和兴趣区	8	292658.183	2.044*

注：* 表示 $p<0.05$；** 表示 $p<0.01$；*** 表示 $p<0.001$。

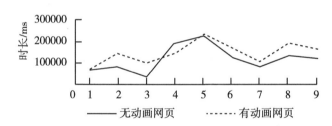

图 8-5　兴趣区对不同网页、不同区域注视时间的效用

四、平均瞳孔直径

瞳孔直径大小是指被试注视局部区域时，瞳孔直径变化的平均大小。瞳孔直径是反映认知加工活动中资源分配和心理负荷的灵敏指标。闫国利等指出，瞳孔直径变化可能与认知加工负荷有关。由表 8-7 和表 8-8 可以得出，被试在浏览过程中有无动画两种网页相对应的兴趣区上的平均瞳孔直径的差异波动并不大，即网页类型对被试进行网页无目的平均瞳孔直径的差异效果不显著（$F=0.43$，$p<0.05$）；但发现被试在两种网页中第四和第五兴趣区域的平均瞳孔直径均大于其他区域，说明被试在该区域的心理负荷是最大的，且最

大与最小分别相差 685 和 403，因此可以得出兴趣区对被试进行无目的浏览的平均瞳孔直径的差异效果显著（$F = 69.176$，$p < 0.001$）。同样，对比发现被试在两种网页的同一兴趣区上的平均瞳孔直径总是相差不多，得出网页类型与不同兴趣区在交互作用下，对被试进行无目的浏览的平均瞳孔直径差异效果不显著（$F = 1.341$，$p < 0.05$），说明青少年在浏览有无动画页面时花费的经历大致相当，认知负荷基本一致。

表 8-7 各区域的平均瞳孔直径大小

位置区域	无动画网页		有动画网页	
	平均瞳孔直径	标准偏差	平均瞳孔直径	标准偏差
1	2042	596.38	1514	538.86
2	2142	609.28	2180	636.94
3	1336	506.54	1766	543.82
4	2700	734.76	2270	676.26
5	2682	702.16	2720	734.12
6	2334	652.54	2214	614.34
7	2150	637.28	1976	583.06
8	2296	659.14	2098	630.84
9	2110	632.78	2092	644.56

表 8-8 各区域的平均瞳孔直径大小的二因素方差分析

数据来源	自由度	均方	F
网页类型	1	114306.716	0.43 [*]
兴趣区	8	975876.149	69.176 [***]
网页类型×兴趣区	8	18610.412	1.341

注：* 表示 $p < 0.05$；** 表示 $p < 0.01$；*** 表示 $p < 0.001$。

五、眼动轨迹与眼动热点图分析

注视点轨迹图是在轨迹图中有一系列标着序号的小圆圈轨迹，反映儿童观察该网页的过程，序号反映了视觉浏览的顺序。因此，通过注视点轨迹图可以直观地了解被试在浏览过程中的第一注视点、浏览次序等信息。通过注视点热力图可以发现被试的关注点及兴趣区。在热力图中，主要有红色、橙色、绿色三种颜色。其中，颜色越深表明被试在该区域的注视时间越长，注视点次数越多，属于热门区域；反之则属于冷门区域。

图 G-4 是被试无目的浏览某有动画网页的眼动热力图和眼动轨迹图。图 G-5 是浏览无动画网页的眼动热力图和眼动轨迹图。从图 G-4 可以发现被试的注视点基本涵盖了整个网页，但眼动回跳次数较多，说明被试视线多集中在网页的动画区域。从图 G-5 可以发现被试的注视点大多分布在左下与右下区域，分析眼动轨迹发现被试的浏览轨迹是按照文字排列顺序连接的，回跳次数较少。

第四节　假 设 检 验

无目的浏览是一种自由浏览模式，浏览数据更多地依靠被试自身的浏览习惯和网页中的刺激眼动注视的元素。从数据得出被试在无动画网页上无目的浏览时，首次注视点基本均匀分布在网页的各个区域，各区域中的首次注视点个数相差不大，视线具有一定分散性；而在有动画的网页上，首次注视点大多分布在第四、第五区域中，这可能是大部分网页为了更好地吸引用户浏览，会将动画框设置在网页的中心区域，因此被试在无目的浏览时会更关心的动画的内容，此时视线被刺激会具有一定聚集性。H1 成立。

从总注视时长来看，被试在有动画网页上的总注视时长显著大于无动画网页，说明被试对有动画网页的兴趣度高于无动画网页。从注视点个数来看，被试在有动画网页的注视点个数显著大于无动画网页，特别是在网页中设置动画框的区域注视点个数显著多于无动画区域，这说明网页中的动画元素具有很强的诱导性，能够吸引被试提高对有动画网页中的动画因素的关注度。从平均瞳孔直径大小来看，被试在有动画网页中的平均瞳孔直径大小与无动画网页差异显著，说明被试在浏览有动画网页时的心理负荷程度大于无动画网页，尤其是在存在动画元素的区域，被试对该区域的认知加工时间较长；而在无动画网页中因为没有刺激和影响被试视线的因素，被试的平均瞳孔直径大小在整个网页中的差异不大。H2 成立。

无论被试是在哪种网页中进行无目的浏览，网页的第五区域(中心)是总注视点个数最多和注视时长最长的区域，其次便是中左区域(无动画网页)或中右区域(有动画网页)，所以我们将网页中部作为用户的浏览偏好区；网页的第三区域(右上)是被试注视点个数最少和注视时间最短的区域，因此将网页的右上区域作为用户浏览的网页盲区。H3 成立。

在两种网页上，被试在网页的第四、第五区域(中左、中心)的平均瞳孔直径大小是最大的，说明无论在哪种网页，被试在第四、第五区域的认知心理负荷都是最大的；网页的第三区域(右上)的平均瞳孔直径大小都是最小的，说明用户在这个区域的关注度相较于其他区域都是最小的，在第三区域用户的认知心理负荷是最小的。H4 成立。

在无动画网页中无目的浏览时，被试的注视点基本均匀分散在网页的各个区域，首次注视点位置较分散，眼动回跳次数也较少。因此，被试的眼动浏览轨迹基本符合从左往右、从上往下的规律，其中部分不显著差异可能是各个网页的文字排版方式不同所导致的。在有动画网页中无目的浏览时，被试的注视点大多分散在动画区域，而首次注视点位置较为分散，但由于网页中的动画元素会刺激和影响被试的视线，因此在动画网页中各区域的眼动回跳次数均比无动画网页多，被试的浏览视线多集中在网页的动画区域。H5成立。

第五节　结论与建议

一、研究结论

根据实验结果可以得到如下结论：

(1)被试在无目的浏览这两种网页时，中心区域的首次注视点数量最多，而其他区域相差不大，因此被试在浏览网页时首先浏览的区域总是中心区域，并且因为浏览网页的随意性，每个被试在浏览不同网页时的首次注视点位置也不尽相同。

(2)有动画网页中的平均注视时间和平均瞳孔直径都大于无动画网页中的平均注视时间和平均瞳孔直径，这说明被试对有动画网页的认知、加工处理和心理负荷程度都大于无动画网页。

（3）两种网页的中心区域的眼动指标数值都是最大的，即中心区域是被试的"视觉偏好区域"，而网页的右上区域眼动指标数值最小，即右上区域是被试的"浏览盲区"。

（4）将有动画网页中的动画区域与其他区域作对比发现，眼球从其他区域回跳到该区域的次数明显比无动画网页多。因此，网页中的动画元素更能吸引用户的视线。

（5）从被试的眼动轨迹来看，被试在无动画网页中更倾向于按照网页中的内容进行顺序浏览；而在有动画的网页中，被试的视线轨迹主要以动画区域为中心向四周分散，没有明显的浏览规律。

二、有关少儿数字图书馆网页设计的建议

根据上述结论，用户在无目的浏览网页时眼球活动是具有一定规律的，网页的设计者就要利用这些规律将网页中的一些重要信息放在更容易让用户注意到的位置，将不同重要等级的信息放在用户关注程度不同的区域，以提高用户的浏览效率和浏览体验。

针对无目的浏览性质的网页，网页设计者可以将需要传达的重要信息放在网页的中心部分，这样可以让用户第一眼就对网页有初步了解。在网页的边侧区域，设计者可以放一些有网页内容相关的视频动画，这样可以加深用户对网页的认知，或者可以投放部分与图书馆相关的图书广告或链接，以吸引用户的视线。

第九章　青少年数字阅读行为中广告的影响研究

根据《2022 年度中国数字阅读报告》，2022 年我国数字阅读用户规模为 5.3 亿，数字阅读市场总体营收规模达 463.52 亿元，同比增长 11.5%，数字阅读用户显著增长。于 2021 年 3 月颁布的《中华人民共和国国民经济和社会发展第十四个五年规划和 2035 年远景目标纲要》，对今后的五年乃至十五年的社会发展进行详细战略部署。提升青少年的阅读能力，从长远角度上可以帮助提升国民的整体素质，增强国家的软实力，对实现"十四五"时期全民阅读的发展建设目标具有十分重要的战略意义。

在数字环境下，读者会带着一种新的"数字化思维"方式，他们的阅读行为、阅读模式会有相应调整。但是，很多青少年还没有习惯使用数字工具进行阅读，他们在识别、整合和反思信息的过程中出现的问题暴露了他们数字阅读能力的不足。

第一节　青少年数字阅读行为影响因素研究概述

在迈向 5G 的时代背景下，青少年生活成长的环境基本被数字媒介技术应用场景覆盖，数字化阅读已然走入青少年的日常生活，成为青少年阅读的重要组成部分。由于青少年的年龄较小、数字环境与传统阅读环境差异较大等原因，青少年在进行数字阅读时会受到各种各样的影响，因此充分了解青少年在数字环境下的阅读行为影响因素，对提高青少年数字阅读素养具有重要意义。经过文献梳理发现，可以将影响青少年数字阅读行为的因素分为外在因素和内在因素两个方面，其中外在因素包含载体的变化、广告干扰等，内在因素是指青少年自身的主观因素。

一、载体的变化

随着信息技术与移动设备的发展，以智能手机、电脑等为代表的智能终端作为阅读的新载体，不断对传统阅读载体进行冲击。青少年具有强烈的好奇心与探索欲，自然乐于接受这些新载体，数字阅读载体以其便携性与交互性等优点为青少年带来了丰富的阅读体验，同时也对他们的数字阅读行为产生影响。

阅读的载体从纸张到屏端的变化引起了阅读方式的转变。张欣然认为传统的图书，其内容是按照逻辑顺序进行编排，虽然存在跳读、略读等阅读行为，但青少年读者无法完全无视图书的编排顺序，任意选择或组合阅读内容。而在数字阅读时代，阅读的载体由纸张转变为以 Kindle 为代表的电子阅读器，再进一步演变为智能手机、电脑等，这一系列的变化使数字阅读内容的呈现突破了线性特征，使青少年的数字阅读行为变为非线性的导航模式与浏览模式，青少年可以通过点击等行为选择想要了解的内容，这种开放的阅读方式使青少年的阅读行为更加自由。

有关载体变化影响青少年数字阅读行为的研究较丰富。刘娟娟与杨根福以研究青少年数字化阅读行为数据为主要目的，通过爬虫技术获取因载体变化而产生的各类数字化阅读 App 上家长和青少年的评论进行分析，对青少年的数字阅读行为偏好有了较深入的认识，得到了有益的结论。刘丽就各种载体在未成年人数字阅读推广中的应用情况和发展前景进行探讨，分别列出包括电子阅读器、手机、平板电脑及微型自助图书馆等载体对青少年数字阅读行为的有利影响。Margaret 等在一项关于阅读载体对青少年数字阅读行为的影响中发现，青少年阅读频率与载体的使用模式有关，载体功能越多，越可能干扰青少年的数字阅读行为。姜洪伟和汪汇芳对上海市等 4 个地区的四年级学生进行抽样调查，了解青少年使用不同载体进行数字阅读的行为和习惯，发现青少年倾向使用手机和平板电脑进行数字阅读，但阅读量较少，对青少年的数字阅读行为产生了不利影响。

由此可以看出，由于载体的变化对青少年数字阅读行为的影响有利有弊，一方面，载体的进步可以提高青少年的阅读效率，赋予青少年更大的阅读主动权；另一方面由于载体的变化所形成的超文本形式制约了青少年对数字阅读内容的深入思考，出现跳读、略读等行为，不利于培养青少年"深阅读"习惯。

二、广告干扰

近年来，互联网已经超越传统媒体，成为广告商必不可少的投放平台，因而在数字阅读中出现广告也是不可避免的。在数字阅读过程中，青少年不仅需要从中寻找自己需要的信息，同时还要抵御无关信息的干扰。当青少年的阅读目标不够明确，抗干扰能力又相对较弱时，广告作为外在影响因素，会对青少年数字阅读行为产生很大的负面影响。

广告通过直接干扰和间接干扰两种方式影响着青少年的数字阅读行为。其中，直接干扰主要是指广告以文字、图片类型呈现，这些广告有的与阅读材料无关，有些可能涉及少儿不宜的信息；间接干扰是由此衍生的新阅读干扰因素，如阅读材料重叠等，这些干扰因素会对青少年的数字阅读行为产生不同程度的影响。然而通过文献梳理发现，当前学界对于该方面的研究极少，从研究对象看，大多是以成人为研究对象探讨广告对阅读行为的影响。例如，杜涵、庞博以 56 名大学生为被试开展眼动追踪实验，发现上半版面广告（第一、第二象限）的注视次数和注视时长高于下半版面（第三、第四象限），左、右版面则无显著差异；Day 和 Shyi 通过研究 flash 广告，发现其不但会吸引成人被试的注意力，还使被试的决策能力受到影响，但是缺乏以青少年为研究对象的相关研究。从研究主题来看，大多以网页广告对青少年价值观、心理等方面影响的研究为主。例如，牛静认为广告信息会通过声音、画面等形式吸引青少年，使青少年不可避免地吸收不符合他们年龄段的内容，从而影响其价值观等方面；林嘉怡指出青少年由于缺乏对信息的完全认知和判断能力，很容易被部分不良广告吸引视线，会对青少年心理产生消极影响。然而，鲜少有学者以广告干扰青少年数字阅读行为为主题进行分析。鉴于此，考虑到青少年读者的认知能力普遍较低，数字阅读素养相对不高，对数字媒介的操作能力有限，其阅读行为会受到广告的影响，因此将青少年、数字阅读行为、广告影响三者有机结合起来，研究数字环境下广告对青少年阅读行为的影响是很有必要的。

此外，广告的一致性是指广告本身内容与其所处的页面内容一致。有研究发现一致性会提高读者对广告的视觉关注，杨强和谢其莲构建视觉显著性、任务类型和内容一致性对广告注意效果的三项联合影响模型，发现任务类型、内容一致性对广告注意效果上的影响起到显著调节作用；也有研究认为广告的一致性不影响读者的注意力，宫准等人发现新闻内容与网页广告内容相关性的主效应不显著，被试在广告与内容相关/不相关条件下的成绩并无显著差异。基于此，本研究将通过在阅读材料中设置与材料相关/不相关的广告，来探讨广告一致性是否会对青少年数字阅读行为产生显著影响。

三、主观因素

除了上述的外在因素，青少年自身的认知能力、阅读习惯、阅读策略等主观因素也会对青少年数字阅读行为产生影响，国内外学者对此进行了研究。

在有关青少年的认知能力影响数字阅读行为方面，杨海波等人发现与高认知负荷条件相比，被试在低认知负荷条件下对网页广告的注视次数更多，凝视时间更长。王娟和马雪梅等人发现不同年龄段青少年对相同的材料进行数字阅读时，认知能力较低的三年级学生的注视时长和注视点个数显著高于认知能力较高的四、五年级学生。由以上研究可以看出，认知能力在注视次数、注视点个数等方面影响青少年数字阅读行为。关于阅读习惯这一影响因素的研究，Zhang 针对青少年数字科技阅读方面进行了调研，结果显示青少年的目光更习惯聚焦于相对浅显的科技资料上，他们的阅读行为是随机、粗略和分散的。在数字环境中，青少年的阅读习惯不仅体现在阅读内容上，还体现在字体字号等方面，青少年对不同的字体字号也有不同的反应。Abubaker 等研究了不同字体、不同字号对青少年数字阅读行为的影响。

青少年的阅读策略可以理解为阅读的方法与技巧，如青少年在进行以回答问题为目的的数字阅读时，阅读策略差异就体现在题目与材料的阅读先后次序等方面，然而有关青少年阅读策略的差异与对数字阅读行为影响的研究还很少，有待补充。

综上，可以发现在众多影响因素中，广告这一因素对青少年数字阅读行为影响较大，然而相关系统研究却很少。本章主要研究广告这一外在因素对青少年数字阅读行为的影响，同时探讨青少年的阅读策略差异。

第二节 研究问题与假设

一、研究问题

近二十年的研究表明数字阅读与纸质阅读不一样，数字阅读需要额外的ICT 技能、信息鉴别能力、网络中风险规避能力等。数字环境下的风险主要涉及不良信息诱导及广告对阅读的干扰，但多数研究侧重网页广告对成年人阅读质量的影响，或移动 App 中的广告对成年人用户的手机阅读与交互使用体验的影响，有关广告对青少年数字阅读影响的研究较少。因此，研究基于眼动技术，通过实验法及访谈法探讨以下问题，研究广告对青少年数字阅读的影响，并提出具有针对性减少广告影响程度、培养青少年数字阅读素养的有效建议。

(1)青少年在阅读材料中有/无广告的情况下，以答题为目的的阅读行为对成绩是否有影响。

(2)青少年在阅读材料中存在与材料相关/不相关广告的情况下，以答题为目的的阅读行为对成绩是否有影响。

(3)青少年在数字阅读环境下，应对主观题/客观题时，其阅读答题的行为特征与习惯是否有差异。

二、研究假设

本研究提出如下假设：

H1：阅读材料中有/无广告情况下，青少年的阅读行为存在显著差异。

H2：阅读材料中存在相关广告或不相关广告的情况下，青少年的阅读行为存在显著差异。

H3：青少年在数字阅读环境下应对主观题/客观题时，阅读策略存在显著差异。

H4：青少年在数字阅读环境下，主观题和客观题阅读测试成绩存在显著差异。

H5：青少年在数字阅读环境下，测试成绩和广告浏览行为显著相关。

第三节 研究方法与过程

本研究采用了眼动实验法和访谈法。眼动实验的重点是记录被试阅读测试时的眼动数据。访谈法的重点是了解被试自述实验过程中的阅读策略。

一、实验被试

Scott 等确定参与眼动实验的样本数量在 12~84 是合适的。因为同一个年龄段内的被试，其眼动行为在数量上通常不会有较大差异。取一个合适区间数量就可以展开眼动数据分析。实验共招募 28 名青少年，剔除眼动数据记录不合格数据，最终保留 24 组有效眼动数据。被试年龄均为 10 岁，男女比例为 1：2，视力或者矫正视力良好。所有被试在课内外都接触过数字阅读。

二、实验仪器与材料

使用 Eyelink1000plus 眼动仪，采样率高达 2000 Hz。运用 Experiment Builder(EB) 编写实验程序，利用 Data Viewer(DV) 进行数据的输出和处理。

实验刺激材料选自 ePIRLS 2016 在线阅读能力测评内容，材料主题为科技类信息性文本"Mars"。根据实验设计选取具有代表性的 5 个测试页面。所有页面设置，右侧一栏是题目，左侧页面包括文字或图片信息内容，除了测试页面 4 以外的测试页面，左侧信息内容与右侧题目之间都含有广告栏，其中测试页面 3 的广告内容与阅读材料不相关。5 个测试问题中包括 3 道填空题和 2 道选择题。每题满分为 10 分。填空题答对一半得 5 分，答错得 0 分。选择题选对得 10 分，选错得 0 分。本研究对材料文字、材料图片和图文型、文字型广告做了处理。

三、兴趣区划分和眼动指标选取

阅读材料兴趣区按文字区、图文区和广告区划分，共计 9 个兴趣区，分别命名为 S01—S09(见图 9-1)。S01 为材料页面的图文区，S02 为相关图文广告区，S03 为材料页面文字区，S04 为相关图文广告区，S05 为材料页面文字区，S06 为不相关图文广告区，S07 为材料页面文字区，S08 为材料页面的图文区，S09 为相关文字广告区。

（a）测试页面 1　　　　　　　　　　　　（b）测试页面 2

（c）测试页面 3　　　　　　　　　　　　（d）测试页面 4

（e）测试页面 5

图 9-1　兴趣区划分

　　选择瞳孔类和注视类两大类眼动指标。瞳孔类指标能反映认知负荷程度、感兴趣程度及情感正负向维度，本研究选用平均瞳孔大小（average pupil size，APS）数据指标。注视指两次眼跳间眼睛保持相对静止的眼动行为，一般至少持续 100 ms。注视类指标从时程上精确解释不同信息的加工过程，可以反映读者对视觉材料的加工程度；注视点轨迹与认知风格和兴趣区相关，对关键信息区域表现出关注迹象和兴趣，反映用户的浏览和注视情况及视觉刺激在大脑中被处理的先后顺序。本研究选用指标为首次注视持续时间（first fixation duration，FFD）、注视总时间、注视持续时间、热力图和注视点扫视（saccade event visibilities，SEV）。

四、实验程序和访谈设计

1. 实验程序

为了发现实验潜在问题并优化实验流程，我们开展了预实验。预实验所采集的数据不纳入实验数据。正式实验程序如下：

（1）实验开始前，负责人员集中介绍实验要求与过程。

（2）实验人员引导被试来到实验专用场地，提示被试遵守实验要求。

（3）实验定标。让参与者调整座位并完成校准工作。

（4）实验开始。被试按顺序完成阅读测试，材料呈现的时间不设置上限。被试确认答完当前页面的问题后，通过触发设置即可跳入后一页的材料。

实验结束后，就实验内容进行访谈，访谈结束后换下一位被试，每次实验和访谈的时间控制在 15~20 分钟。整个实验过程都会有研究人员全程录像。

2. 访谈设计

为了了解被试的答题策略与思考过程，设计了访谈提纲。例如，被试的答题策略是怎么样的（先阅读材料再答题/先看问题再阅读材料）；在平时的阅读中，被试更喜欢哪种阅读方式（精读/泛读）；题目中出现了与材料相关的广告，被试是否有留意和浏览；与材料相关的广告对被试的答题是否构成干扰；题目中出现了与材料不相关的广告，被试是否留意和浏览；与材料不相关的广告对被试的答题是否构成干扰；题目是纯文字，有/无广告存在是否会对被试的阅读效果产生影响；等等。

第四节　数 据 分 析

一、有/无广告数据分析

1. 阅读注视时间和测试成绩分析

有/无广告下测试成绩和注视总时间分析见表 9-1。

表 9-1 有/无广告下测试成绩和注视总时间分析

变量	有无广告	均值	标准差	t	显著性
测试成绩(SCORE)	有	8.75	2.26	1.97	0.07
	无	10.00	0.10		
注视总时间(TFD)	有	62542.17	29097.50	3.39	0.00
	无	29682.92	16708.74		

从表 9-1 中阅读测试成绩来看,有/无广告没有显著性差异($p=0.07>$ 0.05),但无广告测试成绩好于有广告(10.00>8.75)。从注视总时长来看,有/无广告呈现显著差异($p=0.00<0.05$),有广告注视总时长要大于无广告(62542.17>29682.92)。

2. 文字区和广告区的分析

文字区 S03 的平均瞳孔直径大小大于广告区 S04(2114.03>1961.22),说明有广告,被试对文字区内容的认知加工的努力程度更大。广告区 S04 的注视持续时间和注视点总数均远小于文字区 S03(749.25<34634.67,4.33<132.83),说明被试在测试过程中的精力主要放在文字区 S03 和测试内容主题上。有广告的情况下被试的测试成绩低于无广告情况下的成绩(10.00>8.75),说明广告区 S04 的存在会对被试整体阅读的质量和效果产生影响。

3. 文字区显著性差异分析

分析有/无广告文字区各眼动指标的差异性,进行独立样本 t 检验。由表 9-2可知,注视持续时间($p=0.00<0.01$)、注视点总数($p=0.00<0.01$),有/无广告文字区存在显著差异,有广告文字区的注视持续时间大于无广告(34634.67>6995.92),有广告文字区的注视点总数大于无广告(132.83>30.42),说明广告会导致被试阅读速度下降。而平均瞳孔直径大小($p=0.53>$ 0.05),首次注视持续时间($p=0.66>0.05$),有/无广告文字区不存在显著性差异。

表 9-2　　　　　　　　　　有/无广告文字区变量差异分析

变量	有无广告	均值	标准差	t	显著性
平均瞳孔直径大小 （APS）	有	2114.03	578.91	0.63	0.53
	无	1969.32	543.26		
注视持续时间（FD）	有	34634.67	17105.97	5.13	0.00
	无	6995.92	7509.30		
首次注视持续时间 （FFD）	有	165.08	73.75	-0.45	0.66
	无	180.00	89.22		
注视点总数（FC）	有	132.83	64.21	4.97	0.00
	无	30.42	31.35		

4. 有/无广告相关性分析

为探究有/无广告测试成绩与注视持续时间、首次注视持续时间和注视点总数之间的相关关系，进行 Pearson 相关性分析。分析结果显示，有/无广告测试成绩与注视持续时间、首次注视持续时间和注视点总数不显著相关（p 值均大于 0.05）。通过访谈得知，被试在答题时的阅读策略和浏览习惯有差异，故测试成绩与眼动数据没有显著性相关关系。

二、相关/不相关广告数据分析

1. 测试成绩和阅读注视时间分析

广告与材料相关/不相关测试成绩和注视总时长见表 9-3。

表 9-3　　　　　广告与材料相关/不相关测试成绩和注视总时长

变量	广告相关性	均值	标准差	t	显著性
测试成绩（SCORE）	相关	4.92	4.58	3.76	0.00
	不相关	10.00	0.01		
注视总时间（TFD）	相关	38681.75	18234.82	0.98	0.34
	不相关	30830.50	20208.21		

由表 9-3 可知，相关/不相关广告测试成绩有显著差异（$p = 0.00 < 0.05$），

相关广告的成绩低于不相关广告（4.92<10.00）。相关与不相关广告下的注视总时长没有显著性差异（$p=0.34>0.05$）。

2. 文字区和广告区分析

广告相关/不相关情况下广告区的注视持续时间（503.25<10047.58，912.25<14229.08）和注视点总数（2.75<47.42，5.42<51.50）都明显小于文字区。这说明无论广告是否与材料相关，被试在测试中的注意力主要集中在阅读测试题上。

3. 文字区和广告区差异分析

为了探究相关/不相关广告的文字区和广告区各项眼动指标之间是否存在显著性差异，进行独立样本 t 检验，结果显示，所有眼动指标均不存在显著性差异（p 值均大于0.05）。

4. 广告与材料相关/不相关相关性分析

广告与材料相关/不相关相关性分析见表9-4。

表9-4　　　　　　　　　广告与材料相关/不相关相关性分析

变量	不相关广告（TFD）	不相关广告（FFD）	不相关广告（FC）	不相关广告（SCORE）	相关广告（TFD）	相关广告（FFD）	相关广告（FC）	相关广告（SCORE）
不相关广告（TFD）	1.00	0.25	0.972**	0.04	0.606**	-0.20	0.641**	0.15
不相关广告（FFD）	0.25	1.00	0.13	0.04	0.23	-0.14	0.17	-0.08
不相关广告（FC）	0.972**	0.13	1.00	0.00	0.637**	-0.18	0.682**	0.15
不相关广告（SCORE）	0.04	0.04	0.00	1.00	0.02	0.02	0.03	-0.24

续表

变量	不相关广告（TFD）	不相关广告（FFD）	不相关广告（FC）	不相关广告（SCORE）	相关广告（TFD）	相关广告（FFD）	相关广告（FC）	相关广告（SCORE）
相关广告（TFD）	0.606**	0.23	0.637**	0.02	1.00	0.02	0.972**	-0.09
相关广告（FFD）	-0.20	-0.14	-0.18	0.02	0.02	1.00	-0.02	-0.552*
相关广告（FC）	0.641**	0.17	0.682	0.03	0.972**	-0.02	1.00	-0.09
相关广告（SCORE）	0.15	-0.08	-0.27	-0.24	-0.09	-0.552*	-0.09	1.00

注：*表示 $p<0.05$；**表示 $p<0.01$。

由表9-4可知，相关/不相关广告情况下的测试成绩与注视持续时间、首次注视持续时间和注视点总数的相关性不显著，说明测试成绩的高低与这些眼动数据没有显著性相关关系。注视持续时间和注视点个数呈现显著相关关系（$p<0.01$），说明被试在数字阅读中，注视持续时间越长，注视点个数就会越多，信息加工负荷越大。

三、主/客观题数据分析

1. 测试成绩和阅读注视时间分析

主观题/客观题测试成绩和注视总时长差异分析见表9-5。

表9-5　　　　　主观题/客观题测试成绩和注视总时长差异分析

变量	题型	均值	标准差	t	显著性
测试成绩（SCORE）	主观题	5.00	4.77	-3.63	0.00
	客观题	10.00	0.00		
注视总时间（TFD）	主观题	44552.42	22317.69	-0.70	0.49
	客观题	38681.75	18644.65		

由表9-5可知，主观题与客观题的得分有显著差异（$p=0.00<0.05$），主观题得分低于客观题（$5.00<10.00$）。主观题与客观题的注视总时长无显著性差异（$p=0.49>0.05$）。

2. 文字区主观题/客观题差异分析

注视持续时间在主观题/客观题上均存在显著的差异（$p=0.01<0.05$），主观题的注视时间总和显著大于客观题（$20429.42>10047.58$）。首次注视持续时间在主观题/客观题上存在着显著的差异（$p=0.02<0.05$），主观题的首次注视持续时间小于客观题（$105.83<153.08$）。主观题的注视点总数显著大于客观题（$74.92>47.42$）。而平均瞳孔直径在主/客观题上不存在显著性差异（$p=0.24>0.05$）（见表9-6）。

表9-6　　　　　　　　文字区主观题/客观题眼动数据差异分析

变量	题型	均值	标准差	t	显著性
平均瞳孔直径大小（APS）	客观题	1864.96	527.03	-1.21	0.24
	主观题	2136.35	572.76		
注视持续时间（FD）	客观题	10047.58	4048.27	-2.91	0.01
	主观题	20429.42	11666.25		
首次注视持续时间（FFD）	客观题	153.08	42.10	2.49	0.02
	主观题	105.83	50.33		
注视点总数（FC）	客观题	47.42	17.23	-2.04	0.04
	主观题	74.92	43.34		

注视持续时间在主观题/客观题上存在显著性差异（$p=0.01<0.05$），主观题的注视时间总和大于客观题（$2000.08>503.25$）。注视点总数在主观题/客观题上存在显著性差异（$p=0.01<0.05$），主观题的注视点总数显著大于客观题（$8.75>2.75$）。而平均瞳孔直径、首次注视持续时间在主观题/客观题广告区之间不存在显著性差异（$p>0.05$），见表9-7。

表 9-7   广告区主客观题/客观题眼动数据差异分析

变量	题型	平均值	标准差	t	显著性
平均瞳孔直径大小(APS)	客观题	1798.06	387.34	-0.94	0.36
	主观题	2014.62	527.95		
注视持续时间(FD)	客观题	503.25	676.92	-3.08	0.01
	主观题	2000.08	1539.77		
首次注视持续时间(FFD)	客观题	165.57	134.24	-0.77	0.45
	主观题	200.58	65.98		
注视点总数(FC)	客观题	2.75	3.11	-3.11	0.01
	主观题	8.75	5.91		

3. 扫视路径与访谈分析

通过分析 24 位被试的眼动轨迹图并结合访谈,结果如下:

(1)针对主观题(测试题 3:为什么火星看起来是红色的?),50%的被试先看题目,再浏览文字区定位答案,50%的被试先浏览文字区,再看题目确定答案。有 75%的被试答题时较少浏览本页的不相关广告,25%的被试答题时有过频繁浏览本页广告。所有被试均称该广告对答题不产生影响。

(2)针对主观题(测试题 5:关于火星探测任务,你如何理解"失败多于成功"这句话?),75%的被试先看题目,再浏览文字区定位答案,25%的被试先浏览文字区,再看题目确定答案。有 18 名被试称自己有浏览本页中广告的行为,其中 12 位称该广告对其寻找答案无影响。

由上可以发现,被试在阅读测试中,针对主观题/客观题两种题型所选择的阅读策略有明显差异。眼动轨迹对比分析情况和访谈结果基本一致。

四、热力图与扫视路径分析

热力图显示被试阅读材料时的注视区域,直接展示被试的关注分布区域。图 G-6 是 24 名被试测试页面 1、测试页面 3 和测试页面 5 的热力图总览。

由图 G-6 可知,注视区域内绿色和红橙色的覆盖范围是材料问题和对应的答案分布的区域。总体上,广告区域除了图 G-6(a)的广告上有零星的绿色覆盖外,图 G-6(b)和图 G-6(c)广告区域均无眼动浏览痕迹,说明广告对多数被试的阅读和答题的影响较小。

然而，研究个体被试的热力图和扫视路径时发现，被试 1 和被试 7 的得分较低且浏览页面的注视时间较长。热力图[G-7（a）、图 G-8（a）]和扫视路径图[图 G-7(b)、图 G-8（b）]见附录 G。

通过分析，被试 1 在实验中受广告的影响较大，图 G-7（a）中广告区大面积被覆盖，说明被试长时间浏览广告内容。扫视路径图中的序号代表被试的浏览顺序，箭头代表被试的浏览路径。通过观察扫视路径图[图 G-7(b)]，发现其无明确浏览目的，呈现多种浏览模式。通过分析图 G-8（a），发现被试 7 短时间浏览广告内容。观察扫视路径图 G-8(b) 可以发现被试 7 在浏览中注意力会被广告分散。因此，被试 1 和被试 7 在阅读过程中频繁地扫视广告区，阅读目的不明确，阅读效率较低，直接影响阅读质量。广告的内容和页面布局对一些青少年还是会产生较大的干扰。

第五节　假设检验与讨论

一、广告对阅读速度的影响

广告对青少年用户的阅读速度是有影响的。当页面中只呈现文字性信息时，用户的认知是处理文字语义的编码加工，要求用户集中注意力，表现出较快的阅读速度。当页面中加入与材料内容无关的广告时，用户会对广告内容有所关注，本研究表明有/无广告在注视总时长方面有显著性差异，有广告时注视总时长高于无广告时，直接影响用户的阅读速度。另外，用户能够判断页面中的广告与本页内容有无关联，当页面中出现与内容相关但无实质性帮助的广告时，用户的阅读速度会变慢，且相关广告的注视总时长高于不相关广告。根据 Paivio 的双重编码理论，用户对一种渠道的认知存在容量上限，用户总认知负荷是不能超过认知负荷上限的。用户判断广告内容与测试问题的相关联程度是需要时间的。因此，与材料内容关联性大的广告会影响用户的阅读速度。这与 Day 和 Shyi 研究的结论一致，广告会吸引被试的注意力，影响阅读速度。

二、广告对阅读行为的影响

用户的阅读方式不同，阅读行为表现出明显的差异。本研究选取了注视点次数、首次注视持续时间、注视持续总时间这三个能够用认知负荷理论解释用户视觉注意力分配及信息获取情况的眼动指标。当阅读文字性阅读材料时，被试的平均注视持续时间最短，注视总次数最少；而在有广告的情况下被试的平均注视持续时间较长，注视次数较多。用户在阅读材料中有/无广告的情况下，文字区和广告区的注视点次数和注视持续总时间存在显著差异，H1 成立。

相关/不相关广告的测试页面，广告区的浏览行为和文字区的阅读行为均不存在显著性差异。广告区的注视持续总时间和与注视点总数明显小于文字区的数据。说明不论广告是否与材料内容相关，被试在阅读测试时，注意力主要集中在与测试题最密切相关的文字上。因此，H2 不成立。虽然通过分析被试的注视热力图可以发现有两位被试在做阅读测试时，广告区注视覆盖范围较广，说明广告对他们是有吸引力，产生了一定的影响，但从所有被试呈现出的热力图来看，广告区的覆盖范围远远小于文字区，说明大多数被试未受到广告的影响，这与显著性差异分析的结果一致。

三、阅读策略差异分析

分析被试在阅读测试中的眼动轨迹图，发现主观题测试时，有 12 名被试是关注题目，再浏览文字区定位答案；另外 12 名被试是先浏览文字区，再关注题目确定答案。客观题测试时，有 18 名被试是关注题目，再浏览文字区定位答案，另外 6 名被试是先浏览文字区，再关注题目确定答案。

根据访谈结果，20 名被试在回答主观题/客观题的策略选择上会有不同。答主观题时，有 14 名被试先通读阅读材料，再阅读题目给出合适答案。答客观题时，有 18 名被试先浏览题目，再带着问题阅读材料定位合适的答案。

数据分析结果与访谈结果基本一致，这说明青少年在面对主观题/客观题时的阅读策略确实有较大的差异。在主观题方面，被试愿意先浏览阅读材料再阅读题目回答问题。在客观题方面，被试愿意先阅读题目，再浏览阅读材料定位答案。H3 成立。在进行数字阅读时，高效地定位、准确地整合评估信息是数字阅读素养能力的重要体现，提高数字化媒介的利用效率、多页面浏览、根据连贯的阅读顺序整合多信息观点回答综合性问题，是现在青少年应当掌握的阅读技巧。

四、广告对阅读测试成绩的影响

经统计，24 名被试中阅读测试成绩满分的有 6 人，剩下的 18 人成绩均在 30~40，主观题和客观题的成绩有显著统计学差异（$p = 0.00 < 0.01$），H4 成立。统计各题失分率时，发现失分率最高的一道题是设置了与阅读材料关联程度较大广告的主观题。此题均分为 4.92 分。在眼动数据分析中，发现被试在这道题上的注视持续时间整体较长，说明阅读本题材料的时候，会花费较多的时间进行思考和判断，与材料密切程度较大的广告对答题产生了一定的干扰。

通过有/无广告、广告相关/不相关情况下阅读测试成绩与广告浏览行为的相关性分析，发现被试的阅读测试成绩和广告浏览行为相关性的主效应不显著。H5 不成立。这与前人研究新闻内容和网页广告内容相关性时，被试在广告与内容相关/不相关下的成绩无显著差异的结论一致。结合访谈和实验观察记录，得知被试在答题时的阅读策略和浏览习惯有明显差异。有人能快速浏览定位到答案，而有人浏览定位答案所花费的时间较长。虽然被试答题的时间和注视情况差异较大，但绝大多数被试能回答正确，测试成绩无明显差异。

第六节 结论和建议

一、结论

基于眼动技术对青少年数字阅读中的广告影响进行研究发现：

（1）广告对青少年的阅读速度是有影响的。有/无广告在注视总时长方面有显著性差异，有广告时注视总时长高于无广告时，直接影响用户的阅读速度；广告内容无论与阅读内容相关与否都会影响用户的阅读速度。

（2）在数字阅读材料中有/无广告的情况下，青少年的阅读行为存在显著差异；在有与材料相关/不相关广告的情况下，其阅读行为不存在显著差异。在无广告情况下，用户平均注视持续时长最短；在广告与材料相关的情况下，用户注视次数最多，平均注视持续时长最长；不论广告是否与材料内容相关，被试在阅读测试时，注意力主要集中在与测试题最密切相关的文字上。

（3）广告对阅读测试成绩的影响，通过有/无广告、广告相关/不相关情况下阅读测试成绩与广告浏览行为的相关性分析，发现被试的阅读测试成绩和广告浏览行为相关性的主效应不显著。无广告仅图文形式下的阅读材料测试下，被试的阅读测试成绩较好，阅读速度也较快；在不相关广告的情况下，被试的阅读测试成绩基本不受影响，阅读速度较无广告略慢；在广告与材料相关的情况下，被试的阅读测试成绩小幅下降，阅读速度较无广告时明显变慢。

（4）青少年在数字阅读环境下，回答主观题/客观题时，其阅读策略存在显著性差异。虽然被试答题时的阅读策略和阅读习惯有明显差异，但是被试阅读测试成绩与阅读行为呈现的相关性不显著。然而阅读测试成绩较低的被试，其阅读行为与阅读测试成绩较高的被试存在差异，可作为事后分析被试阅读成绩的依据。

二、建议

综上，从青少年数字阅读平台设计、青少年数字阅读能力提升方面给出以下建议：

（1）从青少年数字阅读平台的设计角度，需要考虑用户的年龄段和对事物的判断能力，青少年用户虽然有一定判断广告干扰的能力，但不可否认的是，一些广告吸引青少年的视线，分散青少年的阅读专注力，对数字阅读速度与效率、阅读质量产生直接影响，因此建议平台页面的设计应尽量不放置广告。如若需要放置广告，广告内容应尽量避免与阅读材料内容密切相关，或由一些能激发青少年想象力、锻炼发散性思维的图文替代；广告放置的位置应在页面的边角区域且所占面积不超过整体页面的1/6，在最大程度上减少广告对青少年数字阅读的干扰。

（2）从青少年数字阅读能力提升角度，PIRLS（国际阅读素养研究进展）于2016被扩展到 Pre PIRLS，模拟互联网环境包括网页、信息图形、动画、多个选项卡、弹出窗口和导航等评估四年级青少年在计算机上完成阅读任务的情况。评估结果显示，青少年在数字阅读方面的技能是有限的，特别是在线定位信息能力方面，较难判断信息的准确性和可靠性。数字时代海量信息流要求读者能够区分事实和观点，具有检测偏见信息和恶意内容的策略。尽管本研究结果显示广告的存在不会直接影响青少年读者的阅读行为，但在一定程度上会影响青少年读者的阅读质量和阅读效率，建议教育工作者及家长要有意识地培养青少年的数字阅读技能和策略，通过自主学习从多样化形式的在线文本中建构意义，批判性地评估在线信息的可靠性。比如为了培养青少年读者甄别广告的能力及提升其阅读效率，可以通过在数字阅读平台中适量放置与阅读材料内容相关/不相关的广告，并辅以阅读策略与技能指导的方式来实现。

第十章　青少年数字阅读中信息定位
能力研究

　　阅读是青少年接受外部知识、形成个人主观意识的重要途径。青少年又是互联网运用的重要群体，因此数字阅读是青少年获取知识和认识世界的重要途径。数字阅读素养是评价阅读品质的重要指标之一，数字阅读素养影响了青少年是否能够敏锐地洞察和准确地认识客观世界，对他们建立正确的价值观和健全的人格、获得和利用必要的知识发挥重要作用。阅读素养作为其他一切学习能力的核心，对人们感知世界、学习知识和锻炼自我产生着重要的影响。尽管如此，我国青少年数字阅读素养并未引起人们足够重视，以往的研究对象主要为大学生和成人，且对数字信息定位能力的研究不足。

　　专家们认为，数字阅读与纸质阅读有很大差异，因此需要对数字阅读素养进行专门评测。在网络面前，读者面临海量信息的选择，需要寻找获得目标信息的路径。所以，准确定位关键信息是有效数字阅读的基础要求。在网络阅读情境下，读者必须检索出能够提供有效信息的网站，利用各种形式的链接进行导航，这些行为需要读者具备必要的数字信息定位能力。

　　国际教育成就评价协会（IEA）于 2016 年首次将数字阅读素养纳入国际阅读素养进展研究的测评体系，并将其命名为 ePIRLS。ePIRLS 提供了多个不同题材的数字阅读材料和配套题目，面向全球多个国家的四年级小学生，通过学生的答题结果测评数字阅读素养。ePIRLS 测评的是数字阅读中各方面的综合能力，没有单独评价该年龄段学生在数字阅读中的信息定位能力。另外，该测评仅能根据测试结果评价学生的数字阅读素养。想要监测到学生的阅读行为，使用眼动跟踪技术是一种流行的实验方法。眼动跟踪技术弥补了问卷和访谈方法的不足，是较精准和便利的一种记录信息行为的方式。

第一节 信息定位能力研究现状

数字媒介提供的信息数量远远超过读者需要的数量，在这种情况下，读者必须意识到哪些文本是自己需要的。这就需要基于读者对文本质量的评估，文本质量是由各项指标构成的，如网页链接中包含的信息。国际学生评估项目 2018(PISA 2018)中的访问和检索任务要求读者扫描单个文本，以便检索由几个单词、短语或数值组成的目标信息，不需要或很少需要理解超过短语层次的文本。目标信息的识别是通过问题和文本的匹配来实现的，尽管有些任务可能需要在单词或短语级别进行推理、搜索并选择相关文本。

计算机屏幕上显示的文本大小、字体和颜色等有不同程度变化，所以大部分数字文本附带了许多阅读辅助工具，让用户访问和显示特定的段落。这些工具包括滚动条、选项卡和调整屏幕上文本大小或定位文本的工具，如移动菜单、目录和嵌入式超链接等。读者在信息定位时还受到数字文本线索提示的影响，许多学者对这方面进行了研究。较高的信息定位能力体现在是否可以快速感知各种整合方式(分类、标签和时间轴等)，恰当使用线索快速定位目标，善于利用图片线索等。王雪等将数字文本中的线索划分为内在线索和外在线索，内在线索存在于文本内容里，对某些文字加注一些特殊的标记；外在线索是学习者的学习任务，即阅读目标。从学习效果和眼动指标上来看，两种线索组合的学习效果最好，之后是单独的内在线索，单独的外在线索效果最差。视觉线索可以在正确的时间将读者的注意力引导到屏幕的正确区域，从而促进学习，避免分心。而明确的外在线索，即读者把握问题的关键，有助于快速定位到正确信息。利用眼动实验法和质性访谈法，研究人员发现信息图表中的导语和分栏标题获得被试较多的关注，加快了读者接触目标信息并进行加工的速度。

在辅助阅读的工具中，导航是数字阅读的重要组成部分。导航能力强的读者尽量减少对无关页面的访问，并有效地浏览必要的页面。关于学生在课堂上使用电脑的研究显示，学生的导航行为和数字阅读表现具有部分关联，适当的导航技巧有助于获得良好的阅读表现。不同的导航行为决定了读者的阅读顺序，阅读顺序则决定了读者对文本内容的理解和答案的整合。学生在整合多页面文本并按要求回答问题时，增加了信息浏览的数量，使答案更全面和丰富。在阅读故事体文章时，不恰当的导航行为造成不连贯的阅读顺序，不利于读者对文本内容的记忆。提升数字阅读中的导航能力的意义在于，在读者掌握阅读技巧、有效使用数字媒介的基础上，提高对文本信息的加工和利用效率。是否具备足够的素养或理解策略会影响阅读的表现，决定读者能否找到目标信息并综合这些信息来回答问题。

通过回顾国内外关于阅读素养的文献，发现影响数字阅读素养的因素很多。本章的重点是关注数字阅读素养中的信息定位能力，这些能力包括选取正确的检索信息或链接、利用导航等工具找到目标页面、根据阅读目的定位文本信息及提取高质量信息。以往的研究方法大多采取问卷或实验方法评价读者的阅读表现，并提出提升读者信息定位能力的建议，其研究对象主要为大学生。在理论基础方面，认知负荷理论和多媒体学习理论的使用较频繁。教育学者们致力于减少认知负荷的相关策略研究，以及学习资源设计研究和影响因素研究。这些理论对建设良好的数字阅读环境具有重要意义，成为改善阅读环境的理论依据和指导原则。本研究将基于这两个理论，利用眼动追踪技术记录读者眼动行为和文本处理过程，并对被试进行访谈，最后综合评价小学生数字阅读中信息定位能力。

第二节 研究目的和问题

一、研究目的

数字阅读素养是衡量数字化时代全民阅读质量和水平的重要指标之一，小学生具备的数字阅读素养影响了学习知识和认知世界的能力。数字阅读中信息定位能力是数字阅读素养的重要组成部分，本研究基于成熟的数字阅读素养测评材料选择不同类型的文本信息设计眼动实验材料，结合眼动指标和访谈记录解释和评价小学生数字阅读中的信息定位能力。具体研究内容如下：

（1）小学生在数字阅读中进行检索（文学性文本检索和信息性文本检索）时的眼动特征，以及眼动特征和检索成绩之间的关系。

（2）小学生在数字阅读中进行文本定位（非连续性文学文本、非连续性信息文本、连续性文学文本、连续性信息文本）时的眼动特征，以及眼动特征和文本定位成绩之间的关系。

(3)小学生在数字阅读中进行导航(多页面导航、网站标签导航、超链接导航)时的眼动特征,以及眼动特征和导航成绩之间的关系。

二、提出研究问题

本研究的主要问题如下:

RQ1:小学生数字阅读中检索文本性文本与信息性文本信息,反映了什么样的数字阅读能力及使用了哪些数字阅读策略?

RQ2:小学生数字阅读中文本定位连续性文本中的信息性文本与文学性文本信息,反映了什么样的数字阅读能力及使用了哪些数字阅读策略?

RQ3:小学生数字阅读中文本定位非连续性文本中的信息性文本与文学性文本信息,反映了什么样的数字阅读能力及使用了哪些数字阅读策略?

RQ4:小学生数字阅读中网站标签导航、多页面导航及超链接导航,反映了什么样的数字阅读能力及使用了哪些数字阅读策略?

第三节　实验设计

一、实验被试

本次实验对象为年龄在 10 岁左右的小学生。10 岁左右是儿童作为阅读者发展的重要转折点(通常学校教育的这个阶段,儿童已经学会了如何阅读,正在通过阅读进行学习),国际上评估这个年龄段学生的阅读理解是一种趋势。本研究在南京市招募了小学三年级至五年级且年龄在 9~11 岁的学生 18 人,其中男生 9 人,女生 9 人。所有学生均无视力障碍或语言障碍,具有正常的阅读能力,并且可以简易操作键盘或鼠标。

二、实验仪器与材料

1. 实验仪器

实验是在专业眼动实验室进行,实验室处在密闭环境中,不受外界干扰,环境设置如图 10-1(a)所示。两台台式电脑连接在一起,左侧为实验员的计算机,称为主试机。实验员通过主试机进行实验前的校准等操作,接着控制并呈现阅读材料给被试。右侧为参与者使用的计算机,称为被试机,设置为 120 Hz 的刷新率,屏幕分辨率为 1024 × 768。被试机下方放置的为眼动记录仪[图 10-1(b)]。

（a）眼动实验室(左：主试机；右：被试机)

（b）EyeLink1000plus 眼动记录仪

图 10-1　实验仪器

　　本研究使用的实验仪器为 Eyelink1000plus 眼动仪。EyeLink1000plus 是目前为止采样最精确的眼动仪，它的采样率可以达到 2000 Hz，提供多个可调换的镜头和多种装置方案。桌面上还有一个下颌固定器，用于固定被试头部，提高采样率。Eyelink1000plus 眼动仪配备两款软件，分别是 Experiment Builder（EB）和 Data Viewer(DV)。EB 主要用来进行试验程序的编写，它有着可视化的拖拽控件形式的编程环境，比较快捷便利，EB 编好的程序可以直接应用于眼动仪中。DV 是一款数据处理和数据导出的软件，利用 DV 不仅可以得到热力图和扫视路径图等可视化指标，还可以导出平均注视时间、眼跳和瞳孔直径等一系列的眼动行为指标。

2. 实验材料

本次实验的阅读材料选自 ePIRLS 2016，将英文翻译成中文分别为信息性文本和文学性文本两种。信息性文本是一篇关于火星的科普材料，文学性文本是一篇关于一位女医生生平事迹的介绍。两篇数字阅读材料分别配有多道填空题或操作题，我们选取其中考查信息定位能力的部分作为实验材料，将实验材料中具有干扰性的广告图片去除。针对实验材料的设计合理性和科学性，咨询了相关领域的专家。最终确认阅读材料及问题的难易程度符合小学生水平，并且能够反映小学生的数字阅读中的信息定位能力。

本次实验测评的信息定位能力包括检索能力、文本定位能力和导航能力。最终的实验材料共 17 张图片和 11 道题目，包括文学性文本 11 张图片和 6 道题目(第三题和第四题均为网站标签导航)，信息性文本 6 张图片和 5 道题目(表 10-1)。题目难度分为四个等级，分别为 400(低级国际基准)、475(中级国际基准)、550(高级国际基准)和 625(先进国际基准)。阅读材料呈现方式为每张图片左侧为文本信息，右侧为题目。使用 EB 编好实验程序后，分别将文学性文本和信息性文本阅读材料依次放到程序里，并在首页设置了开场白和指导语，结尾设置了感谢词。

表 10-1　　　　　　　　　文学性文本与信息性文本阅读材料

类型	题号	测评内容	题目要求	难度等级
文学性文本	1	检索	从互联网搜索结果列表中直接推断，以识别最相关的网站	400
	2	非连续性文本定位	通过浏览时间轴来查找和重现明确说明的信息	475
	3、5	网站标签导航	点击网站标签	400
	4	连续性文本定位	对意见作出直截了当的推断	475
	6	多文本导航	整合来自多个网页的信息以提供两个答案	>625

续表

类型	题号	测评内容	题目要求	难度等级
信息性文本	7	检索	从互联网搜索结果列表中直接推断，以识别最相关的网站	>625
	8	非连续性文本定位	从文本或图表中定位并重现三条明确说明的信息	400
	9	连续性文本定位	定位一个简单的推论来提供一个理由	475
	10	网站标签导航	导航题目要求的页面	400
	11	超链接导航	从超链接弹出的文本框中检索并重现术语的定义	400

　　为了确保实验能够顺利进行，并且得到预期结果，我们邀请两名专家对实验材料进行评价和修正。实验程序优化过后，邀请了两名小学生进行先验测试，一人是五年级男生，另一人是六年级女生，这两名学生均没有计算机使用障碍。经过两轮实验和访谈，这两名小学生给予了良好的反馈，实验程序正常导出了眼动数据，录音和录像设备使用正常。基于上述实践，实验仪器和实验材料准备就绪。

　　三、眼动指标选取

　　对于利用眼动仪记录下来的数据进行分析，不同的研究目的可能会选择不同的指标。在本研究中，通过眼动追踪技术，获得六种测量指标：平均注视时间、总注视时间、注视点个数、眼跳距离、平均瞳孔直径、热力图。

　　平均注视时间是指在每个注视点上花费的时间。熟练阅读者比初学者更少进行固着，因为熟练阅读者能够更快地处理细节形式的信息，这意味着信息定位能力高的学习者更有效率。

　　总注视时间，即所有注视点上花费的总时间，反映了学习者对兴趣领域的选择性关注、认知负荷及学习者的信息处理强度。

注视点个数是指区域内所有注视点的数量，反映被试从文本中定位信息的速度，速度越快、难度越小，即被试的信息定位能力越强。

眼跳距离指从一个注视点到另一个注视点的距离，反映了学习者阅读多媒体学习材料时知觉广度的一个指标。通过观察扫视路径图，同样可以了解读者的阅读过程、认知负荷及信息处理强度。

平均瞳孔直径是一种有用的心理活动和认知负荷测量方法。以往的研究表明，困倦和疲劳会使瞳孔直径减小，而积极情绪和预期会使瞳孔增大。本实验的研究对象为小学生，平均瞳孔直径可能相对较大。

热力图是注视次数和注视时间的另一种表示形式。观察热力图，可以了解哪些文本区域吸引了读者的注意力，以及哪些区域被读者忽视了。

四、实验程序

经过先验测试，实验与访谈的时间大约为 20 分钟，考虑到学生的等待时间，将实验分 3 次进行，每次邀请 6 名学生来到实验室。实验人员首先带领被试参观实验室，熟悉实验环境，营造良好的阅读氛围，让被试进入轻松的阅读状态。每次实验前，为学生讲解实验目的、实验内容和实验过程，以提高他们的兴趣，提高实验效率。我们为每名学生提供了纪念礼品和甜点，以促进他们的积极性。

每次有一名学生进入实验室，其余学生在准备室等候。被试进入实验室后坐到被试机前，实验人员帮助被试调整座椅和下颌固定器的高度，被试头部与屏幕的距离大概为 80cm。实验前，主试告诉被试在实验过程中尽量减少头部活动，确保数据采集的准确性。另一名实验人员在主试机上操作程序，首先进行九点校准，即眼动仪"捕捉"被试眼球的运动轨迹。当校准误差在合理范围内时表明校准成功，否则重新校准。正式实验前有一个练习，让被试进入轻松的阅读状态，在被试熟悉流程之后进行正式实验。在实验过程中，参与者可以通过按下键盘上的空白键或点击鼠标左键来控制自己的阅读速度。当按下空白键或点击鼠标左键时，当前屏幕上的文本会消失，出现相关的问题或下一个文本。被试按顺序完成阅读测试，先是文学性文本阅读，紧接着是信息性文本阅读。实验过程使用出声思维法，被试通过口述的方式说出答案。实验人员在征得被试同意后在其侧后方摆设手机进行录像和录音，以便观察被试的数字阅读行为及实验结束后的测试答案校对。

第四节 访谈设计

一、访谈目的

实验结束后立即与被试进行访谈，与被试产生直接对话，能及时获取被试阅读中遇到的重要问题。实验法和观察法有一定的局限性，不能准确评价小学生数字阅读中的信息定位能力。例如在定位和导航过程中，我们无法确定被试是否真的找到了正确的选项或链接，有可能没有找到而直接跳过。访谈结果将作为信息定位能力评价的重要参考。

二、访谈内容

访谈内容基于阅读材料和问题设计，了解每一名小学生的阅读策略和答题过程，尤其是那些无法通过观察或答案得出的信息，例如浏览顺序、略读还是精读。对于定位到正确答案的题目，访谈人员引导被试说出定位过程。对于没有定位到正确答案的题目，了解被试遇到了哪些问题，是什么原因阻碍了他们定位正确答案。访谈内容还包括被试日常的数字阅读习惯和数字阅读经验，了解他们喜欢什么样的数字阅读文本。针对不同的被试，访谈问题会根据实验观察和被试的回答有所变化或增减。

三、访谈过程

访谈在实验室内进行，实验结束后立即进行面对面访谈，避免被试遗忘以求获得全面准确的信息。访谈中，我们将阅读材料以图片的形式再次呈现在另一台电脑上，根据阅读顺序呈现每一页阅读材料，帮助被试回忆实验经过。访谈人员和被试共同回顾整个阅读过程，回忆每一次阅读细节和答案选择。征得被试的同意，访谈内容全程录音，待所有访谈结束后，播放录音，记录访谈结果。

第五节 结果分析

一、检索

(一) 检索总体分析

1. 眼动指标对比分析

比较 18 名被试眼动指标(表 10-2),采用独立样本 t 检验比较文学性文本检索和信息性文本检索在眼动指标上的差异。文学性文本的平均注视时间和平均瞳孔直径小于信息性文本(231.83<240.12, p>0.05;1471.86<1559.68, p>0.05),平均眼跳距离则相反(3.71>3.26, p>0.05)。文学性文本的总注视时间、注视点个数均小于信息性文本(15062.84<35974.25, p<0.001;63.72<149.33, p<0.001)。总注视时间和注视点个数受学习材料复杂程度和个人技能的影响,材料越复杂、数字阅读能力越低,总注视时间和注视点个数越多。本实验检索题项中,信息性文本的难度要大于文学性文本。这一点在 ePIRLS 2016 数字阅读材料难度界定中有明确说明,文学性文本的检索题项难度等级为最低级 400,信息性文本的检索题项难度等级为最高级 625。虽然信息性文本检索题项难度系数较高,但是总体正确率达到 77.8%,高于文学性文本的 66.7%。

表 10-2 文学性文本和信息性文本检索眼动指标

眼动指标	文本类型	平均值	标准差	t 值
平均注视时间(AFD)	文学	231.83	25.61	-0.894
	信息	240.12	30.32	
总注视时间(TFD)	文学	15062.84	7434.99	-5.745[***]
	信息	35974.25	13534.30	
注视点个数(FC)	文学	63.72	28.69	-5.956[***]
	信息	149.33	53.82	

续表

眼动指标	文本类型	平均值	标准差	t 值
平均眼跳距离（ASA）	文学	3.71	1.21	1.398
	信息	3.26	0.67	
平均瞳孔直径（APS）	文学	1471.86	385.24	−0.916
	信息	1559.68	130.60	

注：* 表示 $p < 0.05$；** 表示 $p < 0.01$；*** 表示 $p < 0.001$。

2. 热力图对比分析

图 G-9 为 18 名被试检索题项的热力图覆盖图总览，反映的是 18 名被试总体的注视点分布情况。左侧为文学性文本检索题项，可以看出，注视点主要集中在问题和正确选项上，即图中的红色部分。网站链接下方的简介吸引了少量的注意力，表现为绿色。由此可见，被试在检索能力考查中表现良好。右侧为信息性文本检索题项，题目部分获得了较多注视点，呈现的红色较链接部分甚至更深。至于四条链接区域，大部分注视点落在了前三条链接，第四条链接及黑色字体简介部分吸引了少量的注意力。本题答案为第三条链接，选择错误的三名被试均选择了第二条链接。第二条链接中的关键词"行星"造成了一定的干扰，但题目的关键词是"太阳系中的"而不是"太阳系外"，只有认真阅读了题目要求才能定位到正确选项。结合访谈，大部分被试认为信息性文本的检索题更难一些，因此阅读的时间更久，信息加工更仔细，最终的答题结果反而要稍好于文学性文本的检索题。

（二）文学性文本检索

1. 眼动指标权重计算

使用熵权法计算各项眼动指标权重，并按照权重值大小排序。首先将 DV 导出的眼动指标数据构建评价矩阵 E。P_i 代表第 i 个小学生被试；I_j 代表第 j 个评价指标，在本研究中指平均注视时间、总注视时间、注视点个数、平均眼跳距离和平均瞳孔直径五项眼动指标；x_{ij} 代表第 i 个评价方案关于第 j 个评价指标的评价值，即第 i 个小学生关于第 j 个眼动指标的数值。

$$I_1, \cdots, I_j, \cdots, I_n$$

$$\boldsymbol{E} = \begin{array}{c} p_1 \\ \vdots \\ P_i \\ \vdots \\ P_m \end{array} \begin{bmatrix} x_{11} & \cdots & x_{1j} & \cdots & x_{1n} \\ \vdots & \ddots & \vdots & \ddots & \vdots \\ x_{i1} & \cdots & x_{ij} & \cdots & x_{in} \\ \vdots & \ddots & \vdots & \ddots & \vdots \\ x_{m1} & \cdots & x_{mj} & \cdots & x_{mn} \end{bmatrix}$$

$$i = 1, 2, \cdots, m; \ j = 1, 2, \cdots, n$$

使用极值法进行无量纲化处理。其中，平均眼跳距离为正向指标，指标数值越大，代表信息定位能力越高；平均注视时间、总注视时间、注视点个数和平均瞳孔直径为负向指标，指标数值越大，代表信息定位能力越弱。对于正向指标，将评价矩阵 $\boldsymbol{E}$ 中各数值 x_{ij} 减去最小值 $\min(x_{ij})$，再除以最大值和最小值的差值，即 $\max(x_{ij}) - \min(x_{ij})$。负向指标的具体计算步骤为：最大值 $\max(x_{ij})$ 减去各项数值，再除以最大值和最小值的差值。为了使得到的数据有意义，需要消除其中的零，但不破坏原始数据的内在规律。所以对无量纲化处理后的数据在最大限度保留原始数据的基础上进行整体平移，即所有数值加上 0.0001。

$$x'_{ij} = \begin{cases} \dfrac{x_{ij} - \min(x_{ij})}{\max(x_{ij}) - \min(x_{ij})} + 0.0001, \ 正向指标 \\ \dfrac{\max(x_{ij}) - x_{ij}}{\max(x_{ij}) - \min(x_{ij})} + 0.0001, \ 负向指标 \end{cases} \tag{10-1}$$

接着对无量纲化矩阵进行标准化处理，对每个指标数值除以该指标所有数值之和，即通过如下公式计算得到无量纲化评价矩阵（表 10-3）。

$$x_{ij}^p = \frac{x'_{ij}}{\sum_{i=1}^{m} x'_{ij}} \tag{10-2}$$

表 10-3 　　　　　文学性文本检索眼动指标无量纲化评价矩阵

被试	平均注视时间	总注视时间	注视点个数	平均眼跳距离	平均瞳孔直径
被试 1	0.005	0.007	0.008	0.038	0.047
被试 2	0.000	0.059	0.069	0.085	0.003
被试 3	0.057	0.061	0.061	0.060	0.054

续表

被试	平均注视时间	总注视时间	注视点个数	平均眼跳距离	平均瞳孔直径
被试 4	0.050	0.085	0.093	0.018	0.000
被试 5	0.041	0.069	0.074	0.068	0.127
被试 6	0.066	0.023	0.009	0.048	0.074
被试 7	0.072	0.058	0.054	0.038	0.080
被试 8	0.078	0.049	0.040	0.041	0.047
被试 9	0.006	0.000	0.000	0.063	0.026
被试 10	0.087	0.112	0.125	0.226	0.060
被试 11	0.195	0.104	0.102	0.038	0.065
被试 12	0.031	0.085	0.094	0.000	0.062
被试 13	0.050	0.085	0.093	0.018	0.000
被试 14	0.041	0.069	0.074	0.068	0.127
被试 15	0.066	0.023	0.009	0.048	0.074
被试 16	0.072	0.058	0.054	0.038	0.080
被试 17	0.078	0.049	0.040	0.041	0.047
被试 18	0.006	0.000	0.000	0.063	0.026

根据无量纲化评价矩阵，通过如下公式计算得到各个评价指标的熵值（表10-4）。具体计算步骤为：表 10-3 中的各项数值乘上该数值的对数（$x_{ij}^{p}\ln x_{ij}^{p}$）；将每个眼动指标计算得到的 18 条数值求和，即 $\sum_{i=1}^{m} x_{ij}^{p}\ln x_{ij}^{p}$，再除以样本数量的对数（$\ln = 18$），最终得到的数值取负值。

$$H_j = \frac{-1}{\ln m} \sum_{i=1}^{m} x_{ij}^{p}\ln x_{ij}^{p} \quad j=1, 2, \cdots, n, \quad H_j \in [0, 1] \qquad (10\text{-}3)$$

表 10-4　　　　　　　　　　文学性文本检索眼动指标熵值

指标	平均注视时间	总注视时间	注视点个数	平均眼跳距离	平均瞳孔直径
熵值	0.895	0.919	0.899	0.909	0.910

根据各指标熵值，其相应的差异性系数(e_j)为 1 减去表 10-4 中的熵值（H_j）。各评价指标的权重(ω_j)为各眼动指标差异性系数(e_j)除以五项眼动指标差异性系数之和（$\sum_{j=1}^{n} e_j$）。最后，根据权重值对眼动指标进行排序（表 10-5）。

$$e_j = 1 - H_j \quad j = 1, 2, \cdots, n \quad\quad\quad (10\text{-}4)$$

$$\omega_j = \frac{e_j}{\sum_{j=1}^{n} e_j}, \quad j = 1, 2, \cdots, n, \quad \omega_j \in [0, 1], \quad \sum_{j=1}^{n} \omega_j = 1 \quad (10\text{-}5)$$

表 10-5   文学性文本检索眼动指标权重

评价指标	权重值（排序）
平均注视时间（AFD）	0.225（1）
总注视时间（TFD）	0.172（5）
注视点个数（FC）	0.217（2）
平均眼跳距离（ASA）	0.195（3）
平均瞳孔直径（APS）	0.192（4）

文学性文本检索测评结果的眼动指标权重排序见表 10-5。可以看出，对于文学性文本检索部分来说，平均注视时间（22.5%）、注视点个数（21.7%）和平均眼跳距离（19.5%）为权重排序前三位的眼动指标。这说明被试在进行网页链接检索时，注视点个数在每个注视点停留的时间及连续两个注视点之间的距离可以反映被试的检索和信息加工过程，进而可以通过这三个指标评价被试的数字阅读检索能力。因此，在后续的实验结果分析中会重点比较这三项指标。

2. 眼动指标对比分析

结合观察和实验录像，统计出 18 名被试数字阅读测评结果。其中，文学性文本网站链接检索题项中，在四个选项里，12 名被试选择了正确的选项，其余 6 名被试选择错误。定位正确和定位错误的眼动指标平均值如表 10-6所示。

表 10-6　　　　　　　　　　　　　文学性文本检索眼动数指标

眼动指标	答案	个案数	平均值	标准偏差
平均注视时间（AFD）	正确	12	226.03	27.74
	错误	6	243.44	17.14
总注视时间（TFD）	正确	12	15108.58	6206.25
	错误	6	14971.37	10158.50
注视点个数（FC）	正确	12	65.83	24.59
	错误	6	59.50	37.89
平均眼跳距离（ASA）	正确	12	3.38	0.45
	错误	6	4.37	1.94
平均瞳孔直径（APS）	正确	12	1553.05	321.14
	错误	6	1309.48	479.85

　　结果显示，回答正确的被试总注视时间和注视点个数均高于回答错误的（15108.58 > 14971.37；65.83 > 59.50），但是平均注视时间略低于后者（226.03<243.44）。这说明被试在检索网站链接时，加工信息的时间越久、范围越广，停留在每个注视点的时间越短，意味着检索的结果更好。结合访谈结果发现，有时候总注视时间并不一定能体现读者的信息定位能力。例如，在复述确定正确网页的过程时，有的小学生为了确保选择的网页正确，会非常仔细地阅读全部文本信息；有的因为没有定位到准确信息而进行反复阅读，耗费了大量时间。但是信息定位能力高的读者不会停留在单个信息点太久，而是在迅速获取信息之后，将目光跳到下一个信息点。平均注视时间可以反映学习者对兴趣领域的选择性关注和学习者的处理强度，当具有较高信息定位能力的读者迅速获取了某个注视点的信息，便会迅速跳到下一个注视点，那么平均注视时间就会相对较短。相反，认知负荷较大或进行深度处理的读者具有更长的平均注视时间。

　　与之前研究结果不同的是，回答正确的被试平均眼跳距离远小于回答错误的（3.38<4.37）。平均眼跳距离可以反映读者每个注视点之间的平均距离，数值越大代表视线跳跃距离越大，处理信息的速度越快。有研究人员认为，长时间的扫视更具探索性，因此阅读能力差和有阅读障碍的人可能表现出更

短的平均眼跳距离。但是这个结论没有考虑学习者的阅读习惯、阅读策略及实际的阅读过程，特别是没有考虑学习者的年龄。小学生阅读能力在全体读者中属于较低层次，认知能力较弱，眼跳距离大并不代表阅读能力强，有时候眼睛跳跃幅度过大反而会略过重要信息。基于认知负荷理论，两个距离过大的注视点之间信息有可能超过了小学生读者的认知负荷，导致他们来不及加工信息，从而不利于正确信息的定位。访谈的结果也表明，受到阅读材料的难度影响，以及小学生认知负荷的限制，被试需要缩小眼跳距离，以便全面地处理文本信息，最终定位正确的答案。

3. 热力图和眼动轨迹分析

图 G-10 分别为定位正确的（P-R）和定位错误的（P-W）热力图覆盖图，可以看出两者在注视点总体分布上没有明显差异，但是"P-W"深色区域较为分散，"P-R"深色区域在第二条正确网站链接附近。当读者无法定位到目标信息或对答案不确定时，倾向于阅读更多的信息，以获取全面的信息，因此注视点较为分散。

为了更好地显示不同被试的阅读过程，本研究选取了典型案例的眼动热力图和轨迹图进行对比分析。定位错误的选择被试 5 和被试 9，定位正确的选择被试 6 和被试 11。图 G-11 中的上面两幅为定位正确的被试 6 和被试 11，可以看出，虽然都定位到了正确信息即第二个链接，但是注视点分布差异很大。被试 6 在阅读问题时花费了较多时间，并且几乎将全部选项阅读后才确定答案，其中一部分注视点还落在了链接下方的简介部分。这一浏览过程在访谈中也得到了证实，被试 6 在第二个和第三个选项上有些犹豫。反观被试 11，快速确定问题后，迅速定位到第二个链接，且没有花费时间在黑色字体简介部分。这一过程说明被试对自己的选择很坚定，对自己的检索能力很自信。

再对比回答错误的被试 5 和被试 9。其中被试 5 的大部分注视点落在了问题和搜索框上，其次是四条网站链接。经过访谈，该被试没有网站检索的经验，认为这个题目对他来说有一定难度，最终他选择了自认为有可能的链接。被试 9 的热力图中的红色区域很多且范围很广，注视点个数和总注视时间两项眼动数据也反映出这一点。虽然被试 9 浏览了几乎全部文本信息，但是在最终的综合理解过程出现问题，选择了第三个错误的网站链接。

综合四张热力图来看，被试 6 和被试 9 的热力图类似，被试 11 和被试 5 的热力图类似，分别体现了两种不同的阅读习惯、阅读策略及信息处理深度，但信息定位结果截然相反。可见，在网站链接检索过程中，不只要求读者快速定位到准确的文本信息，还要求读者具有一定的综合理解能力，才能做出正确的选择。

与热力图相对应，选取了四名被试的扫视路径图（图 G-12），分析被试的扫视行为。如图所示，黄色线条及箭头表示被试的扫视路径和方向。不难看出，被试 6、被试 9 和被试 5 在网站链接和题目之间来回扫视多次，而被试 11 在看完题目之后，只回视了一次题目进行确认。观察左半部分扫视路径，被试 11 的信息定位同样快速且准确，在锁定第二条网站链接后，快速对链接下方的内容简介进行了确认，这一过程凸显了较高的信息定位能力。

在与被试 5 的访谈中，我们得知该小学生虽然有过数字阅读的经验，但是没有使用过电脑进行网站检索，所以热力图和扫视路径图均显示被试 5 的很多注视点落在了无关紧要的位置，如搜索框和"题目"标题栏。另外，和其他被试阅读习惯不同的是，被试 5 的阅读顺序是文本—题目—文本—题目。这种做题方法看似严谨细致，实际上效率很低，说明读者对自己的感知能力和信息定位能力没有足够把握，在最终的选择上也不够坚定。而大部分读者的阅读顺序是先看题目，带着问题去文本中找答案。

(三)信息性文本检索

1. 眼动指标权重计算

基于熵权法计算，信息性文本检索的眼动指标权重排序详情见表 10-7。对于信息性文本检索部分来说，平均眼跳距离（41.1%）和平均注视时间（19.0%）为权重排序前两位的眼动指标。

表 10-7　　　　　　　　　　检索眼动指标权重值

评价指标	权重值（排序）
平均注视时间（AFD）	0.190（2）
总注视时间（TFD）	0.138（3）
注视点个数（FC）	0.131（4）
平均眼跳距离（ASA）	0.411（1）
平均瞳孔直径（APS）	0.129（5）

2. 眼动指标对比分析

在信息性文本网站链接检索过程中，定位正确和定位错误的眼动指标平均值如表 10-8 所示。结果显示，回答正确的被试平均注视时间和平均瞳孔直径略高于回答错误的(244.32>225.78；1568.10>1530.22)，总注视时间略低于后者(34752.40<36323.34)，但是这三项指标的差异较小。定位正确的平均眼跳距离远小于定位错误的(2.98<4.23)，结果和文学性文本检索题项相同，再次验证了之前的结论。在数字阅读过程中，眼跳距离大并不一定代表读者的阅读能力更强，过大的眼跳距离不符合小学生的认知水平和阅读习惯，甚至超过了他们有限的认知负荷。独立样本 t 检验的结果显示，回答正确和回答错误的被试的平均眼跳距离具有显著差异性($t=3.47$，$p=0.006$)，眼跳距离小反而对应更好的信息定位结果。综合来看，定位正确的被试看得更仔细，注视点之间的跳跃较小，不会忽略重要信息。此外，他们在每个注视点停留更久，信息加工程度更深，因此拥有较高的平均注视时间。但是他们的总注视时间和注视点个数反而略小，体现了较高的阅读效率和信息定位能力。

表 10-8　　　　　　　　　　信息性文本检索眼动数据

眼动指标	答案	个案数	平均值	标准偏差
平均注视时间(AFD)	正确	14	244.32	25.11
	错误	4	225.78	46.05
总注视时间(TFD)	正确	14	34752.40	20123.47
	错误	4	36323.34	12062.25
注视点个数(FC)	正确	14	150.14	56.56
	错误	4	146.50	50.34
平均眼跳距离(ASA)	正确	14	2.98	0.25
	错误	4	4.23	0.80
平均瞳孔直径(APS)	正确	14	1568.10	146.92
	错误	4	1530.22	40.42

另外，对比被试 7 和被试 11 的眼跳动数据，虽然他们都定位到了正确的网站链接，但是他们的总注视时间和注视点个数差距很大。通过对比文学性

文本的眼动数据，发现两名被试在本题上的总注视时间和注视点个数差距更大，超过了两倍（60074.16 和 31204）。回放实验录像，总结被试 11 的阅读习惯，发现他在阅读的过程中更加专注和认真，他的平均瞳孔直径较大也能反映这一点。他可以在短时间内定位到正确信息，说明被试 11 的阅读效率更高，相对被试 7 拥有较强的信息定位能力。

3. 热力图和扫视路径图对比分析

如图 G-13 所示，"P-R"为 9 名回答正确的被试热力图覆盖图，"P-W"为 4 名回答错误的被试热力图覆盖图。二者虽然平均注视点个数相差不多（147.78<154.67），但是注视点分布差异较大。可以看出"P-R"的前三条网站链接区域分布了较为密集的注视点，呈现红色。而"P-W"在网站链接区域的注视点分布较为分散，没有重点区域。这说明回答正确的被试可以抓住重点信息，体现出较高的信息定位能力。

下面选取的典型案例分别为定位正确的被试 7 和被试 11、定位错误的被试 4 和被试 10。对比 4 名被试的热力图（G-14），虽然被试 7 和被试 11 都定位到正确的网站链接，但他们的注视点分布有一些差异。被试 7 用时较长，第三条网站链接附近的注视点最密集，说明被试 7 在定位到了正确信息后，进行了深度信息加工，最终确定答案。而被试 11 虽然总注视时间较短，但是注视点分布均匀，以较小的眼跳幅度仔细阅读全部四条网站链接，且在阅读题目上耗时很少。综合来看被试 11 可以在短时间内处理几乎全部的文本信息，避免了信息疏漏，并定位到正确的选项，相对而言体现了更强的信息定位能力。

被试 4 和被试 10 都选择了第二条错误的网站链接，但是他们的注视点分布有很大差异。被试 4 在阅读题目上遇到了一些困难，浪费了大量时间。落在搜索框上的注视点甚至要比网站链接上的多，并且只阅读到第二条网站链接就停止往下浏览。被试 10 的注视点分布最为广泛，涉及几乎全部文本信息，特别是阅读了前三条网站链接下方的黑色字体，即网页简介。两名被试在信息性文本检索环节均没有体现出较高的信息定位及综合理解能力。

图 G-15 为四名典型被试的扫视路径图，相对热力图更能凸显读者的阅读过程。被试 7 在第一条网站链接、第三条网站链接和题目之间多次回视，不断确认网站链接是否满足题目要求，说明被试 7 没有明确理解题目的要求，而是通过对比信息确定答案。虽然在扫视路径上花费的时间几乎可以忽略不计，但是不断地扫视反映了被试对答案的不确定性，并且增加了认知负荷，降低了信息定位的效率。反观被试 11,在第一次阅读题目之后,依次阅读四条网站链接后,只回视了一次题目就确定了正确的答案。这体现出被试 11 不仅拥有较强的综合理解能力,还有较高的信息定位能力。被试 4 的有效扫视路径很少,且没有定位到重要信息。被试 10 的扫视路径和被试 7 很类似,说明其在信息加工和理解方面遇到了困难。被试 10 在访谈中说,最初想选择第三条链接,但是链接中的"概述"及黑色字体部分让其认为这个链接主要是讲太阳系而不是火星。被试 10 虽然认为第二个链接也不是很好,但还是将其作为了最终的选择。

二、文本定位

(一)非连续性文本定位

1. 非连续性文本总体分析

1)眼动指标对比分析

表 10-9 为文学性文本和信息性文本在非连续性文本定位上的对比。虽然 ePIRLS 2016 对这两个题项的难度评级均为最低级的 400(低级国际基准),但是被试在阅读两种文本时的眼动指标有明显不同。文学性文本的平均注视时间、总注视时间、注视点个数和平均瞳孔直径均小于信息性文本(255.09 < 258.92,$p < 0.001$;16374.07 < 35020.11,$p < 0.001$;63.28 < 134.56,$p < 0.01$;1503.25 < 1989.73,$p < 0.001$),其中总注视时间和注视点个数差距超过 1 倍。这说明被试在阅读两种文本并回答问题时的信息处理深度和加工强度都有所不同。在阅读信息性文本时感到更加困难,认知负荷更高。在阅读文学性文本时,平均眼跳距离均值大于信息性文本(4.37 > 3.69,$p > 0.05$)。总的来说,眼动指标反映被试在阅读信息性文本时表现的信息定位能力稍弱。但是根据被试在访谈中的反映,两个题目在难度上差不多,只是信息性文本需要多一些时间进行确认,而文学性文本的答案更加直观。

表 10-9　　　非连续性文学文本和信息文本眼动指标对比

眼动指标	文本类型	均值	标准偏差	t
平均注视时间(AFD)	文学	255.09	45.77	-0.282^{***}
	信息	258.92	35.14	

续表

眼动指标	文本类型	均值	标准偏差	t
总注视时间(TFD)	文学	16374.07	7676.00	-4.364***
	信息	35020.11	16423.51	
注视点个数(FC)	文学	63.28	27.51	-4.474**
	信息	134.56	61.75	
平均眼跳距离(ASA)	文学	4.37	1.17	2.156
	信息	3.69	0.63	
平均瞳孔直径(APS)	文学	1503.25	382.34	-2.925***
	信息	1989.73	593.11	

2)热力图对比分析

图 G-16 为 18 名被试非连续性文本定位覆盖热力图，体现全体被试注视点分布情况。图 G-16(a)为文学性文本，可以看出，有一部分注视点落在了题目区域，时间轴上半部分和对应的内容吸引了少量注视，中间段几乎没有注视点，大部分注视点集中在了答案所在区域。这说明 18 名被试在本部分阅读表现总体表现良好，少部分被试被时间轴上半段的"1847"分散了注意力。分析访谈记录，发现少部分被试没有看清题目要求的"1874"，误认为是"1847"，造成了这一结果。大部分被试可以看清题目，并直接通过时间轴快速定位到答案所在位置。

图 G-16(b)为信息性文本热力图总览，从左半边文本信息部分可以看出，大部分文字信息有注视点分布，无关信息分散了部分注意力。颜色最深的为答案所在的区域，即"太阳"和"火星"之间和对应的图片区域。虽然左下角的文本框也可以推导出答案，但不是最理想的信息定位方式。访谈结果显示，只有少部分被试完全没有定位到图片区域。

2. 文学性文本总体分析

1)眼动指标熵权计算

对于文学性文本，非连续性文本定位的眼动指标权重排序详情见表 10-10。权重较高的为平均瞳孔直径(33.8%)、平均注视时间(26.8%)和平均眼跳距离(19.3%)。

表 10-10 **检索眼动指标权重值**

评价指标	权重值（排序）
平均注视时间（AFD）	0.268（2）
总注视时间（TFD）	0.094（5）
注视点个数（FC）	0.107（4）
平均眼跳距离（ASA）	0.193（3）
平均瞳孔直径（APS）	0.338（1）

2）眼动指标对比分析

在文学性文本中的非连续性文本定位题项中，需要读者定位到"1874"对应的信息，通过时间轴可以快速定位。15 名被试定位到正确答案，其余 3 名被试定位错误。表 10-11 为定位正确和定位错误的眼动数据平均值和标准偏差，通过对比平均值，可以发现不同定位结果之间的眼动差异。定位正确的平均注视时间和注视点个数均高于定位错误的（262.49 > 218.06，70.33 > 28.00）。这说明更长时间的阅读、更广泛的注视点分布，以及更深度的信息加工有利于被试定位到正确信息，并且表现出更低的认知负荷。由于实验没有时间限制，被试为了定位到正确答案，使用了较长的时间，浏览范围更广泛，且在每个注视点上停留的平均时间更久。

表 10-11 **非连续性文学文本定位眼动指标**

眼动指标	答案	个案数	平均值	标准偏差
平均注视时间（AFD）	正确	15	262.49	45.03
	错误	3	218.06	33.77
总注视时间（TFD）	正确	15	18279.60	6101.99
	错误	3	6846.46	8763.17
注视点个数（FC）	正确	15	70.33	21.07
	错误	3	28.00	32.91
平均眼跳距离（ASA）	正确	15	4.06	0.85
	错误	3	5.93	1.45

续表

眼动指标	答案	个案数	平均值	标准偏差
平均瞳孔直径(APS)	正确	15	1466.17	407.26
	错误	3	1688.65	140.33

非连续性文本需要阅读的信息不多，所以注视点个数不是很多，但是信息点之间比较分散，故平均眼跳距离较大。虽然眼跳距离可以反映读者的阅读速度，但这个数值并不是越大越好。在非连续性文学文本信息定位中，15名平均眼跳距离较小的被试定位到了正确信息(4.06<5.93)。访谈结果显示那些迅速定位到正确信息的被试的浏览过程，在仔细阅读完题目之后，他们发现文本信息按照时间轴依次排列，便迅速通过时间轴定位到准确年份，在此过程中扫视的幅度可能较大，因此总体的平均眼跳距离相对较大。但这一过程只是瞬时的，且注视点较少，在定位到年份后，便开始仔细阅读并回答问题。

平均瞳孔直径被认为可以反映被试阅读时的负荷状态，瞳孔直径越大，表明被试处理文本信息时遇到的困难越大。3名定位错误的被试的平均瞳孔直径大于15名定位正确的(1466.17<1688.65)，说明定位错误的被试在本题遇到了一定的困难，认知负荷较大。虽然本题的难度等级较低475(中级国际基准)，但是如果读者没有看清题目，或者看不懂时间轴，在信息定位过程中就会遇到一定麻烦。

3)扫视路径图对比分析

基于扫视路径图选取被试6和被试9进行典型被试对比分析(图 G-17)。两名被试均定位到正确信息，但是被试6总注视时间和注视点个数不到被试9的一半(15192.94<37185.66，49<131)。被试6快速阅读题目之后，直接沿着时间轴定位到了"1874"对应的信息，没有在无关信息上浪费太多时间。而被试9在文本信息和题目之间扫视多次，在阅读完前三条信息后才意识到时间轴的作用，接着定位到了"1874"对应的信息。虽然被试6的平均注视时间高于被试9(310.06>283.86)，但是被试6的信息定位能力更高且被试6的平均瞳孔直径较小(1308.27<1949.97)，体现较低投入强度和认知负荷。

3. 信息性文本总体分析

1)眼动指标熵权计算

对于信息性文本，非连续性文本定位的眼动指标权重值和排序详情见

表 10-12。权重较高的为平均注视时间(27.1%)和平均眼跳距离(19.3%)。

表 10-12　　　　　　　　　非连续性信息文本定位眼动指标权重值

评价指标	权重值(排序)
平均注视时间(AFD)	0.271(1)
总注视时间(TFD)	0.177(4)
注视点个数(FC)	0.176(5)
平均眼跳距离(ASA)	0.193(2)
平均瞳孔直径(APS)	0.184(3)

2)眼动指标对比分析

本部分共有 15 名被试找到了太阳和火星之间的三个行星，表 10-13 为两组眼动数据均值和标准偏差对比。平均注视时间和总注视时间的对比结果与文学性文本相同，定位正确的均值大于定位错误的(261.73>244.87，37458.93>22826.00)，说明这两个非连续性文本材料都需要读者进行深度加工才能定位到准确信息。不同的是，在信息性文本中表现更好的被试，其平均眼跳距离大于表现不好的三位(3.73>3.51)。原因在于，信息性文本材料的答案部分由多个星球图片及其名称组成，在定位这段信息时，被试注视点需要在不同的"星球"之间跳跃，而不是连续的文字，所以平均眼跳距离较大。而平均眼跳距离较小是浏览了那些不重要的文字，包括标题和两个文本框。

表 10-13　　　　　　　　　非连续性信息文本眼动指标

眼动指标	答案	个案数	平均值	标准偏差
平均注视时间(AFD)	正确	15	261.73	34.76
	错误	3	244.87	41.05
总注视时间(TFD)	正确	15	37458.93	16133.00
	错误	3	22826.00	14253.05
注视点个数(FC)	正确	15	143.73	62.19
	错误	3	88.67	39.26

续表

眼动指标	答案	个案数	平均值	标准偏差
平均眼跳距离（ASA）	正确	15	3.73	0.61
	错误	3	3.51	0.83
平均瞳孔直径（APS）	正确	15	1846.61	474.40
	错误	3	2705.35	702.05

　　我们选取被试2、被试3、被试6和被试10做典型对比（表10-14）。权重较高的三个指标，即平均注视时间、总注视时间和平均眼跳距离在定位正确的被试和定位错误的被试之间没有明显差异。对比被试2与被试3、被试6与被试10，虽然定位结果相反，但是眼动指标比较接近。因此，将结合热力图、折线图和访谈记录进行对比分析。

表10-14　　　　　　　　**非连续性信息文本定位典型被试眼动指标**

眼动指标	定位正确		定位错误	
	被试2	被试6	被试3	被试10
平均注视时间（AFD）	215.75	283.86	221.17	292.27
总注视时间（TFD）	12432.86	43147.26	14597.84	39284.38
注视点个数（FC）	57	152	66	134
平均眼跳距离（ASA）	4.52	2.87	3.99	2.55
平均瞳孔直径（APS）	2200.67	1545.23	3110.68	1894.69

3）热力图和扫视路径图对比分析

　　比较定位正确的（P-R）和定位错误的（P-W）热力图覆盖图，如图G-18所示。二者的区别在于，"P-R"颜色最深的区域在"太阳"到"火星"之间，即最容易找到答案的区域。"P-W"虽然涉及图片区域，但是没有定位到准确位置且文本框上的颜色较深，说明文本吸引了大量注意力，干扰了信息定位。

　　图G-19为四名典型被试的热力图，其中P-2和P-6为定位正确的，但是注视点分布有很大差异。被试2的注视点几乎全部分布在答案区域，即"太阳"和"火星"中间的区域。所以被试 2 的平均注视时间和总注视时间很少，表现出较高的信息定位能力。由于该区域信息较为分散，所以被试 2 的平均眼跳距离高达 4.52。三项眼动指标表现出被试 2 高效的数字阅读过程和较强的信息定位能力。被试 6 虽然最终定位到了正确信息，但是从热力图可以看出其在两个文本框中浪费了不少时间。访谈结果显示该被试虽然在图片区域找到了答案，但是为了提升准确度，又对所有文字信息进行了阅读。所以从眼动数据来看，被试 6 的平均注视时间和总注视时间很长，但平均眼跳距离很小。

P-3 和 P-10 为定位错误被试的热力图。被试 3 和定位正确的被试 2 在热力图和眼动指标上均很接近，但是结果相反。原因在于被试 3 的注视点落在了左下角的文本框上，虽然可以推导出正确答案，但是难度较高。被试 10 和被试 6 在热力图和眼动指标上也很类似，但结果同样相反。二者的注视点分布很广泛，涉及两个文本框和部分图片。但是被试 10 没有注意到图片中的正确答案区域，甚至在文本框中的注视点也没有落在重要信息位置。虽然进行了大量时间的深度信息加工，但是始终没有定位到准确信息，没有表现出较高的信息定位能力。

对比扫视路径路(图 G-20)，我们依然可以发现上述结论。被试 2 的扫视路径很少，且集中在题目和答案区域及二者之间，而被试 6 还增加了对文本框的扫视。被试 3 完全没有注意到图片部分，大部分注视点落在了左下角的文本框中。虽然该被试定位的部分可以推导出正确答案，但是结果并不理想。被试 3 在访谈中再次回答本题，依然没有意识到可以从图片中定位信息，缺乏一定的图片和文字信息整合能力。

被试 10 虽然有意识地观察图片，但是定位到了错误的位置，并且有很多注视点落在了两个文本框内。被试 10 在访谈中说当时没有观察到太阳的位置，并且由于"太阳"字体颜色较接近文本底色，所以被忽视掉。综合来看，在信息定位过程中，被试 10 缺乏足够的知觉广度和信息敏感度，综合信息定位能力较差。

(二) 连续性文本定位

1. 连续性文本总体分析

1) 眼动指标对比分析

连续性文本定位的两道题目中，文学性文本的难度等级为 625(先进国际基准），高于信息性文本的 475（中级国际基准）。表 10-15 为被试阅读两种文本时的眼动指标对比，可以看出文学性文本的难度确实要高于信息性文本。被试阅读文学性文本的总注视时间和注视点个数均高于信息性文本（37814.06>17335.39，$p<0.001$；152.89>70.72，$p<0.001$）。文学性文本需要找出两个答案，再加上难度较高，所以注视点个数和总注视时间高出信息性文本超过一倍。较低的平均眼跳距离（3.13<3.97，$p<0.05$）说明被试在阅读文学性文本时更加仔细，信息加工强度更深。另外，文学性文本的平均注视时间和平均瞳孔直径小于信息性文本（246.78>239.68，$p>0.05$；1772.38<1850.61，$p>0.05$）。最终，对于连续性文本定位，信息性文本的总体正确率为 88.9%，高于文学性文本的 50%。

表 10-15　　　　　　　连续性文学文本和信息文本眼动指标对比

眼动指标	文本类型	均值	标准偏差	t 值
平均注视时间（AFD）	文学	246.78	23.21	0.497
	信息	239.68	56.07	
总注视时间（TFD）	文学	37814.06	16069.54	4.852 ***
	信息	17335.39	7904.94	
注视点个数（FC）	文学	152.89	66.44	4.826 ***
	信息	70.72	28.36	
平均眼跳距离（ASA）	文学	3.13	0.66	−3.172 **
	信息	3.97	0.92	
平均瞳孔直径（APS）	文学	1772.38	472.22	−0.503
	信息	1850.61	460.82	

2）热力图对比分析

图 G-21 分别为 18 名被试阅读文学性文本和信息性文本时的总体热图。从总体阅读行为来讲，18 名被试的注视点主要集中在两段文字上，以答案所在区域向四周辐射，符合正常的阅读习惯。因为文学性文本的题目难度等级较高，所以文字区域颜色较深。而信息性文本题目难度等级较低，重点在于对题目的理解，所以题目区域的注视点比例更高。总体来说，18 名被试在连续性文本定位题项中表现出较高的信息定位能力。

2. 文学性文本总体分析

1）眼动指标熵权计算

连续性文本定位的眼动指标权重排序详情见表 10-16。平均瞳孔直径（29.3%）、平均注视时间（23.3%）和总注视时间（19.7%）的权重相对较高，可作为文学性文本中文本定位题项的重要评价指标。也就是说，被试瞳孔直径的变化、阅读时间和在每个注视点上停留的平均时间可以反映被试的信息定位过程，一定程度上反映被试的信息定位能力的大小。

表 10-16　　　　　　　　**连续文学性文本眼动指标权重值**

评价指标	权重值（排序）
平均注视时间（AFD）	0.233（2）
总注视时间（TFD）	0.197（3）
注视点个数（FC）	0.082（5）
平均眼跳距离（ASA）	0.195（4）
平均瞳孔直径（APS）	0.293（1）

2）眼动指标对比分析

本题的难度系数为 625（国际先进基准），所以只有一半人找到全部两个答案，另外一半人只找到其中一个答案。第二段中的答案需要读者稍加理解和推理，所以不是定位到该信息就能正确回答问题。表 10-17 为回答出两个答案和回答出一个答案的眼动数据。结果显示，定位到两个答案的平均注视时间和总注视时间均小于只定位到一个答案的（237.34<256.23，35068.46<40559.66）。这说明定位到两个答案的反而用时更少，且获取每个注视点上的信息更快，表现出较低的认知负荷和较高的信息定位能力。与之相反的是，定位到两个答案的平均瞳孔直径大于定位到一个答案的（1927.70>1617.07），表现出更高的信息加工深度和认知负荷。但是考虑到这个指标可以反映读者对文本的兴趣程度，兴趣越高，阅读时更加投入，因此更有可能定位到正确信息。另外两个眼动指标，即注视点个数和平均眼跳距离的权重较低，且可以看出二者的平均值较为接近，所以在此不做分析。

表10-17　　　　　　　　　连续性文学文本定位眼动指标

眼动指标	答案/个	个案数	平均值	标准偏差
平均注视时间（AFD）	2	9	237.34	26.08
	1	9	256.23	16.24
总注视时间（TFD）	2	9	35068.46	15724.22
	1	9	40559.66	16867.91
注视点个数（FC）	2	9	149.00	73.97
	1	9	156.78	62.24
平均眼跳距离（ASA）	2	9	3.23	0.90
	1	9	3.02	0.29
平均瞳孔直径（APS）	2	9	1927.70	367.25
	1	9	1617.07	533.57

　　实验录像和访谈记录显示大部分被试定位到两个答案，但部分被试对第二个答案不是很确定，所以没有回答出来。即使全部回答出来的被试中，也有两人不是很有把握。所以本题的检测结果显示，18名被试在连续文学性文本定位中表现出良好的信息定位能力，但是综合理解和推理能力有待提高。

　　针对连续性文学文本挑选4名被试进行典型对比分析，被试4和被试11定位到两个答案，被试2和被试8只定位到一个答案，表10-18为各项眼动指标对比。对于平均注视时间，除了被试2较高，其余三名被试相差不大。再看总注视时间和平均瞳孔直径，被试4和被试2接近，被试11和被试8接近。说明对于这四名被试而言，信息加工时间和深度及认知负荷强度不是决定能否定位到全部信息的关键因素。和前文的分析结果一样，读者定位到关键信息并不一定能够回答出问题，个人对于信息的整合和综合理解能力是回答本题的关键。因此，被试在本部分的测评中表现出良好的信息定位能力。

表 10-18　　　　　　　连续性文学文本定位典型案例眼动指标对比

眼动指标	定位 2 个		定位 1 个	
	被试 4	被试 11	被试 2	被试 8
平均注视时间(AFD)	238.45	237.62	254.47	239.53
总注视时间(TFD)	21698.95	44197.32	19085.25	43594.46
注视点个数(FC)	91	186	75	182
平均眼跳距离(ASA)	2.69	3.62	3.33	3.17
平均瞳孔直径(APS)	2288.53	1811.98	2170.87	1863.6

3）热力图和扫视路径图对比分析

信息定位的关键在于对文本信息的加工和理解，难以通过热力图观察被试的阅读情况。观察两组被试的热力图（图 G-22），注视点分布差异不大，只是"P-W"有少量注视点落在了标题区域，吸引了被试少量注意力。

图 G-23 为四名被试的注视点热力图。可以看出被试 4 阅读题目的速度非常快，其注视点分别落在了两块重要信息区域。被试 11 的注视点分布类似于被试 4，区别在于第一段信息的注视点比例较少，大部分注视点分布在第二段信息上。因为第二段信息提取难度较高，需要进行深度加工，这也是部分被试只找到一个答案的原因。

被试 2 只找到了第一段中的答案，从热力图中可以看出其注视点最密集的区域为第一段信息。我们在访谈中询问被试 2 是否知道该题需要提供两个答案及为什么没有仔细阅读第二段内容。前者得到了肯定的答复，但是他没有读懂第二段内容的逻辑，所以没有找到第二个答案。再看被试 8 的热图，较多时间用在了阅读题目上，在网站标签附近也有一些注视点，可见被试 8 在阅读时的注意力不是特别集中，总用时也较多。至于文本部分，对第一段的加工深度更深，虽然第二段有很多注视点，但是没有定位到有价值的信息。四名被试的扫视路径无明显差异，因此不再赘述。

3. 信息性文本总体分析

1）眼动指标熵权计算

对于信息性文本，连续性文本定位和非连续性文本定位的眼动指标权重排序相同，详情见表 10-19。平均注视时间（30.2%）、平均眼跳距离（29.3%）

和总注视时间(19.8%)这三个眼动指标可作为信息性文本定位能力的重点评价指标。

表 10-19　　　　　　　　**连续信息性文本定位眼动指标权重值**

评价指标	权重值(排序)
平均注视时间(AFD)	0.302(1)
总注视时间(TFD)	0.198(3)
注视点个数(FC)	0.123(4)
平均眼跳距离(ASA)	0.293(2)
平均瞳孔直径(APS)	0.084(5)

2)眼动指标对比分析

表 10-20 为 2 名没有定位到准确信息的被试与其余 16 名定位到准确信息的被试眼动指标平均值对比。没有定位到答案的被试的平均注视时间、总注视时间和平均眼跳距离均高于其余被试(295.22 > 231.89,20658.28 > 16897.65,4.09>3.94)。没有定位到答案的被试虽然阅读时间更久,有更深度的信息加工,但是没有定位到正确信息。另外,对于连续性文本,过大的眼跳距离不利于信息的定位和获取。

表 10-20　　　　　　　　**连续信息性文本定位眼动指标**

眼动指标	答案	个案数	平均值	标准偏差
平均注视时间(AFD)	正确	16	231.89	54.59
	错误	2	295.22	9.58
总注视时间(TFD)	正确	16	16897.65	8305.43
	错误	2	20658.28	253.19
注视点个数(FC)	正确	16	70.94	30.18
	错误	2	70.00	1.41
平均眼跳距离(ASA)	正确	16	3.94	0.97
	错误	2	4.09	0.14

续表

眼动指标	答案	个案数	平均值	标准偏差
平均瞳孔直径(APS)	正确	16	1814.67	477.77
	错误	2	2088.40	70.36

在定位正确的 16 名被试中选择被试 6 和被试 7 与定位错误的被试 9 进行对比分析(表 10-21)。首先看两名定位正确的,被试 6 的平均注视时间、总注视时间和平均眼跳距离均远大于被试 7(239.14>153.13,28935.94>13781.7,3.76>3.06)。这说明被试 7 的信息加工速度更快,阅读效率更高,表现出较高的信息定位能力。再看定位错误的被试 9,虽然总注视时间少于被试 6(20837.31<28935.94),但是平均注视时间大于被试 6(301.99>239.14)。这说明被试 9 将有限的时间分布在了较少的注视点上,对单个注视点上的信息具有更深度的加工,表现出更高的认知负荷,这一点从较大的平均瞳孔直径指标上也可以看出。但是被试 9 最终没有定位到正确信息,说明信息定位能力较弱。另外,被试 9 的平均眼跳距离大于被试 6 和被试 7,说明被试 9 在浏览信息时的跳跃性较大,即注视点之间的平均距离较大,容易忽略重要信息,不利于连续性文本的信息获取和加工。总的来说,被试 9 的阅读习惯需要改变,信息定位能力有待提高。

表 10-21   连续性信息文本定位典型被试眼动指标对比

眼动指标	定位正确		定位错误
	被试 6	被试 7	被试 9
平均注视时间(AFD)	239.14	153.13	301.99
总注视时间(TFD)	28935.94	13781.7	20837.31
注视点个数(FC)	121	90	69
平均眼跳距离(ASA)	3.76	3.06	4.19
平均瞳孔直径(APS)	1433.84	1414.37	2138.15

3)热力图和扫视路径图对比分析

图 G-24 为三名典型被试的热力图。回答正确的被试 6 和被试 7,两人呈现两种不同的阅读习惯。被试 6 将全部文本信息都阅读了至少一遍，并在答案区域进行了深度加工，注视点最为密集。我们在访谈中询问了被试 6 的阅读习惯，得知该被试在平时做语文阅读理解题时，一般先阅读一遍题目，再阅读全文，接着再看一遍题目，最后回到文中找答案。因此被试 6 眼动指标中的总注视时间很长，可以反映这一阅读过程。这种严谨的做题习惯得益于学校的语文阅读理解训练，在日常的数字阅读中不会出现。被试 7 用了被试 6 不到一半的时间同样定位到正确答案，从热力图可以看出他的注视点只分布在文本信息的左半边区域，集中在答案区域附近，且在文本最后部分几乎没有注视点分布。被试在访谈中提到，他阅读到第二段结尾找到了答案，便没有继续读下去。这说明被试 7 的阅读效率更高，短时间内定位到正确信息，反映较高的信息定位能力。再看被试 9 的热力图，可以发现他在题目理解上出现了问题，注视点密集地分布在题目区域。热力图显示被试 9 只阅读了第一段文字，实验录像证实他的回答不是正确答案。被试 9 对自己的判断很自信，但是在综合理解上出现了问题，没有表现出较高的信息定位能力。

进一步分析三名被试的阅读路径，如图 G-25 所示。首先看被试 7，除了一次对网站标签的扫视，在第二段文字和题目之间扫视了四次便确定了最终的答案，且对第三段文字没有任何扫视。被试 6 不仅在文本信息和题目之间来回扫视多次，在三段文字上浏览次数也更多，在第二段结尾的答案区域最为密集。再看被试 9 的扫视路径图，与热力图不同的是，可以看出被试 9 扫视过第二段和第三段文字，但是停留时间较短，没有进行深度加工，忽略了重要信息，因此被试 9 的平均眼跳距离较大。被试 9 在访谈中回答为什么没有仔细阅读后面两段文字，原因是他将第一段内容理解成了答案，后面便快速浏览了一下。分析结果和前文相同，虽然被试 9 的阅读习惯和被试 7 类似，但是没有定位到准确信息。

三、导航

(一)多页面导航

1. 多页面导航总体分析

多页面导航难度较高，需要被试记住题目再去不同页面定位信息，最终18 名被试总体正确率只有 55.6%，多名被试在访谈中反映该题较难。这是一种数字阅读特有的文本呈现方式，无法在日常的语文阅读理解中得到训练，因此多页面导航结果在一定程度上可以反映读者的数字阅读能力。

图 G-26 为 18 名被试热力图，反映全体被试注视点分布情况。题目只呈现在第一个页面，所以注视点分布较高，一定程度上反映题目的难度较高。第二个和第三个页面中的图片吸引了少量的注意力，虽然图片内容和文字内容关系不大，但是没有对整体阅读造成影响。最后一个页面有部分注视点落在了网站标签区域，说明此时部分被试没有定位到准确信息，想要继续进行页面导航。总体来看，被试在多页面导航中表现不佳，需要提升这方面的信息定位能力。

2. 眼动指标权重计算

文学性文本多页面导航题项需要阅读三个页面，其中第一个页面阅读两次，最终将四个页面眼动数据取平均值。将取得的眼动指标平均值利用熵权法计算出权重，五项眼动指标权重排序详情见表 10-22。平均眼跳距离（41.0%）、平均瞳孔直径（21.3%）、平均注视时间（17.6%）和注视点个数（11.1%）可作为重点分析的眼动指标。

表 10-22　　　　　　　　　　　多页面导航眼动指标权重值

评价指标	权重值（排序）
平均注视时间（AFD）	0.176（3）
总注视时间（TFD）	0.089（5）
注视点个数（FC）	0.111（4）
平均眼跳距离（ASA）	0.410（1）
平均瞳孔直径（APS）	0.213（2）

3. 眼动指标对比分析

多页面导航题目要求被试整合来自多个网页的信息以提供两个答案，难度等级为 625（先进国际基准），有 10 名被试定位到两个答案，其余 8 名被试定位到 1 个或没有定位到答案，两组被试的眼动数据平均值见表 10-23。对比平均值发现，定位正确的平均眼跳距离和注视点个数大于定位错误的（4.20＞3.46，89.53＞85.13），但是平均注视时间相反（210.01＜224.69）。这说明定位正确的被试阅读效率较高，以较大幅度的扫视浏览更多的信息点，并在每个注视点快速加工信息，最终获取到两个正确答案。对于平均瞳孔直径，定位正确的平均值较大（1953.87>1772.00），但是差距较小，说明两组被试之间的负荷强度和投入程度接近。这个指标还可以反映阅读材料的难易程度、读者对阅读材料的兴趣程度及被试的专注度。鉴于所有被试阅读的文本信息相同，所以专注度越高的被试更可能定位到正确的信息，因此呈现更大的平均瞳孔直径。本题考查多页面导航能力，被试的阅读行为在热力图和扫视路径图上的表现无明显差异，因此不再进行比较。

表 10-23 多页面导航眼动指标

眼动指标	答案	个案数	平均值	标准偏差
平均注视时间（AFD）	正确	10	210.01	32.21
	错误	8	224.69	40.88
总注视时间（TFD）	正确	10	20378.29	8584.97
	错误	8	18913.68	10869.12
注视点个数（FC）	正确	10	89.53	33.19
	错误	8	85.13	41.59
平均眼跳距离（ASA）	正确	10	4.20	1.09
	错误	8	3.46	0.11
平均瞳孔直径（APS）	正确	10	1953.87	349.61
	错误	8	1772.00	620.05

选择定位正确的被试6、被试11和定位错误的被试1、被试8进行案例对比分析。观察表10-24中定位错误和定位正确两组被试的眼动数据，定位正确的平均眼跳距离均高于定位错误的，其余各项眼动指标无明显差异。这说明被试6和被试11在多页面导航过程中表现出更快的浏览速度和更强的信息定位能力。对比被试6和被试11，两名被试的平均眼跳距离很大，平均注视时间很接近，但是被试11的注视点个数和平均瞳孔直径要高于被试6（108.00>79.25，2034.81>1656.56）。这说明被试11的信息加工强度和认知负荷要高于被试6，被试6表现出更强的信息定位能力。被试1的注视点个数和平均注视时间在4名被试中最高，且平均眼跳距离最短，说明被试1的阅读过程很

仔细，速度较慢，表现出较高的认知负荷。

表 10-24　　　　　　　　**多页面导航典型案例眼动指标**

眼动指标	定位正确		定位错误	
	被试 6	被试 11	被试 1	被试 8
平均注视时间（AFD）	238.46	235.74	261.38	212.57
总注视时间（TFD）	19688.07	25474.39	43192.54	24245.27
注视点个数（FC）	79.25	108.00	165.25	102.25
平均眼跳距离（ASA）	4.02	4.55	3.38	3.61
平均瞳孔直径（APS）	1656.56	2034.81	1963.71	1938.38

4. 热力图和扫视路径图对比分析

选取 4 名被试中表现最好的被试 6 和表现最差的被试 1 进行热力图对比，如图 G-27 和图 G-28 所示。两名被试在第一个页面的注视点分布差异较大，被试 1 较多的注视点集中在题目区域。被试 1 访谈中提到对题目的理解不够明确，所以即使后面对多个页面的文本进行了深度加工，但是无法定位到符合题目要求的信息。另外，相对于被试 6，被试 1 有更多的注视点分布在图片和网站标签区域，说明被试 1 的注意力不够集中，多页面导航不够熟练。

（二）网站标签导航

1. 网站标签导航总体分析

在阅读文学性文本和信息性文本进行页面切换时，需要被试通过网络标签来导航。其中，在文学性文本导航中，被试需要进行三次网站标签导航，分别为"适应""学习""实践"；信息性文本需要被试找到网站标签"到达火星"。图 G-29 分别为一次信息性文本和三次文学性文本网站标签导航热力图，表现 18 名被试注视点总体分布。本次实验先阅读信息性文本，后阅读文学性文本，所以第一次网站标签导航题目出现在信息性文本中。从第一张热力图可以看出，颜色最深的为题目区域，且注视点覆盖了全部的文字区域和网站标签区域，说明被试第一次看到定位网站标签的题目时，在题目理解上遇到了较大的困难。

第二道网站标签导航题目的热力图显示，颜色最深的即注视点最密集的区域为文字部分，而非网站标签所在区域。说明被试在网站标签导航题项中表现不理想，没有表现出较高的信息定位能力。在第三次和第四次网站标签导航时，几乎全部注视点落在了问题和网站标签区域，说明被试基本已经掌握了这一技能。网站标签导航在数字阅读中很常见，且这项技能很容易被掌握，问题在于小学生这方面的经验不足，需要进行推广和普及网站标签导航技能。数字阅读材料设计中，网站标签的呈现方式和位置也很重要，适当的指引性工具可以帮助读者快速定位。

2. 眼动指标熵权计算

因为网站标签导航不受文本内容影响，所以综合分析四个网站标签导航题目。基于熵权法计算，网站标签导航的眼动指标权重排序见表10-25。由于定位网站标签需要眼睛来回扫视，因此平均眼跳距离在一定程度上可以反映被试的定位过程，可以作为评价网站标签定位能力的重要评价标准。另外，平均瞳孔直径的权重同样很高，这项眼动指标可以反映被试的兴趣程度或负荷程度，也可以反映被试信息定位能力的高低。

表 10-25　　　　　　　　　　网站标签导航眼动指标权重

评价指标	权重值（排序）
平均注视时间（AFD）	0.134（4）
总注视时间（TFD）	0.137（3）
注视点个数（FC）	0.112（5）
平均眼跳距离（ASA）	0.307（2）
平均瞳孔直径（APS）	0.310（1）

3. 眼动指标分析

通过观察实验过程和实验数据，被试在信息性文本网站标签导航和文学性文本第一次网站标签导航时用时较多，后面两次基本可以迅速定位。如表10-26所示，共有40人次准确定位到网站标签，其余8人次没有定位到（或在试验人员的提示下定位到）。定位正确的被试总注视时间和平均眼跳距离远小于定位错误的被试（8481.51<19817.97，4.33<5.00），但平均注视时间大于

定位错误的(228.29>224.05)。这说明没有定位到网站标签的被试使用了较多的时间寻找网站标签,且注视点之间的跨度较大。没有定位到网站标签的被试平均瞳孔直径较小(1517.89<1673.44),说明被试在定位网站标签时的投入程度和信息加工强度不足。

表 10-26 网站标签导航眼动指标

眼动指标	答案	个案数	平均值	标准偏差
平均注视时间(AFD)	正确	62	228.29	41.06
	错误	10	224.05	28.97
总注视时间(TFD)	正确	62	8481.51	8883.20
	错误	10	19817.97	16169.31
注视点个数(FC)	正确	62	36.42	35.55
	错误	10	86.00	72.59
平均眼跳距离(ASA)	正确	62	4.33	1.27
	错误	10	5.00	2.52
平均瞳孔直径(APS)	正确	62	1673.44	458.57
	错误	10	1517.89	358.85

从文学性文本网站标签导航结果中选取三名被试进行对比分析(表 10-27),其中被试 11 三次网站标签导航均定位到;被试 8 第一次没有定位到,后两次定位到;被试 10 三次均未定位到。首先看被试 11,虽然第一次定位网站标签"适应"时的总注视时间、平均注视时间和注视点个数较高,但在之后两次定位中这三个数值大幅度降低,说明定位速度提高很多。而平均眼跳距离和平均瞳孔直径逐渐增大,说明被试 11 在后两次网站标签定位中更加熟练。再次验证平均瞳孔直径的意义,这个眼动指标越大不一定代表认知负荷越高,在本研究中更大的平均瞳孔直径指标表现为更强烈的兴趣和更高的投入。当被试遇到前面做过的题目时,变得兴奋和自信,兴趣更高,因此平均瞳孔直径更大。

表 10-27　　　　　　　　　网站标签导航典型案例眼动指标对比

被试	网站标签	答案	平均注视时间	总注视时间	注视点个数	平均眼跳距离	平均瞳孔直径
被试11	适应	✓	226.47	19476.42	86	3.23	1680.83
	学习	✓	183.03	2013.36	11	5.60	1787.32
	实践	✓	160.22	1441.98	9	8.73	1812.56
	平均值		189.90	7643.80	35.33	5.85	1760.13
被试8	适应	✕	219.08	45130.48	206	2.94	1908.70
	学习	✓	221.90	4659.90	21	2.65	1673.62
	实践	✓	200.29	3404.93	17	3.28	1940.59
	平均值		213.76	17731.77	81.33	2.96	1840.97
被试10	适应	✕	190.36	1903.60	10	9.42	1273.90
	学习	✕	184.12	2393.56	13	3.89	1367.54
	实践	✕	218.57	1529.99	7	8.03	1332.71
	平均值		197.68	1942.38	10	7.11	1324.54

　　被试 8 在定位第一个网站标签"适应"上用时过长，最后在实验人员的提示下定位到，所以被标记为未定位到网站标签。被试 8 的总注视时间和注视点个数同样依次降低，但是平均注视时间、平均眼跳距离和平均瞳孔直径呈现波动状态，我们将结合热力图、扫视路径图和访谈记录综合分析。

　　被试 10 的总注视时间、注视点个数和平均瞳孔直径数值很小，且平均眼跳距离没有明显规律，说明被试 10 在网站标签导航中不够投入，实验录像和访谈记录也能证实这一点。原因在于被试 10 没有浏览网页的经验，不明白网站标签的含义，也就不明白题目的意思，因此在扫视几次之后跳到了下一页面。

　　4. 热力图和眼动轨迹分析

　　被试 11 和被试 8 的热力图和扫视路径图类似，所以只列出被试 8 的热力图和扫视路径图，如图 G-30 和图 G-31 所示。从第一张热力图可以看出被试 8 为何在定位网站标签"适应"时用时那么久，因为该被试不明白网站标签的意义，所以不知道去哪里寻找，便从文字部分搜寻。浪费大量时间后，在试验人员的提示下定位到位于文本上方网站标签。第一张扫视路径图和访谈记录同样可以反映出这一阅读过程。接下来的网站标签"学习"和"实践"，被试11和被试8便可以迅速定位到。访谈中，我们得知被试11和被试8没有网站标签导航的经验，以为题目的意思是去文中找词语"适应"，因此落在文字部分的注视点和扫视路径最密集。

被试10定位三个网站标签的热力图几乎没有注视点落在网站标签区域。可见，没有网站标签导航经验的不在少数。被试11可以凭借较高的信息定位能力寻找到网站标签，而被试10因为没有明白题目意思而放弃定位。因此，在小学生数字阅读推广中，需要加强基础信息技能的培养。

(三)超链接导航

1. 超链接导航总体分析

超链接导航题目只有一个页面，提供了一个超链接，被试点击超链接后，会弹出一个文本框，答案将在文本框中呈现。图G-32为18名被试的热力图，用于分析全体被试在超链接导航中的表现。第一张图为未点击超链接时呈现的页面，注视点以超链接位置向四周扩散，覆盖整个文本区域。第二张图为点击超链接后弹出的文本框，注视点分布在文本框区域。虽然本题难度等级很低，但是18名被试的总体正确率只有67.7%，说明被试在超链接导航中表现一般，没有表现出较高的信息定位能力。原因主要在于对超链接的识别不熟悉，因此需要加强对小学生数字阅读基础技能的培养。

2. 眼动指标权重计算

将点击超链接前后的眼动数据取平均值，计算得到眼动指标权重值及排序如表10-28所示。平均眼跳距离(29.1%)、平均注视时间(23.1%)和平均瞳孔直径(18.8%)权重较高，可作为重点分析指标。

表10-28　　　　　　　　　　**超链接导航眼动指标权重值**

评价指标	权重值(排序)
平均注视时间(AFD)	0.231(2)
总注视时间(TFD)	0.157(4)
注视点个数(FC)	0.151(5)
平均眼跳距离(ASA)	0.291(1)
平均瞳孔直径(APS)	0.188(3)

3. 眼动指标对比分析

本题的关键在于被试是否知道超链接可以点击，从点击超链接后弹出的文本框可以迅速找到答案。本题的难度等级为最低400（低级国际基准），但是实验结果并不理想，有12名被试尝试点击超链接，表10-29为定位正确和定位错误的眼动数据平均值和标准偏差。与前面实验不同的是，定位正确的被试的平均眼跳距离较小（4.07＜4.47），平均注视时间和总注视时间更长（252.61＞223.22，16126.10＞10047.71），平均瞳孔直径差异较小。这说明定位到超链接的被试用时更多，以较小的扫视幅度，深度加工注视点上的信息。

表 10-29 超链接导航眼动指标

眼动指标	答案	个案数	平均值	标准偏差
平均注视时间（AFD）	正确	12	252.61	59.64
	错误	6	223.22	43.96
总注视时间（TFD）	正确	12	16126.10	8041.79
	错误	6	10047.71	3945.41
注视点个数（FC）	正确	12	64.17	22.88
	错误	6	50.00	30.97
平均眼跳距离（ASA）	正确	12	4.07	0.82
	错误	6	4.47	0.79
平均瞳孔直径（APS）	正确	12	1724.25	445.85
	错误	6	1788.38	339.15

选取被试1和被试2作为定位正确的典型被试，被试4和被试10作为定位错误的典型被试（表10-30）。对比发现，各眼动指标均无明显规律，说明扫视幅度、负荷强度或投入程度、信息加工深度和总阅读时间不是决定能否定位超链接的因素。不同于之前的题目，对文本信息的加工并不会定位到正确答案，关键在于对超链接的认知且明白超链接的作用。访谈结果显示大部分被试在数字阅读过程中没有遇到过超链接，因此没有这方面的经验。

表 10-30　　　　　　超链接导航典型案例眼动指标对比

眼动指标	定位正确		定位错误	
	被试 1	被试 2	被试 4	被试 10
平均注视时间（AFD）	330.045	184.185	270.590	173.800
总注视时间（TFD）	29150.550	7146.270	6945.990	14985.075
注视点个数（FC）	102.000	37.500	25.500	89.500
平均眼跳距离（ASA）	2.765	5.040	3.860	5.460
平均瞳孔直径（APS）	1827.910	2278.650	2098.220	1459.665

4. 热力图和扫视路径图对比分析

选择定位正确的被试 1 和被试 2 的热力图和扫视路径图进一步分析，如图 G-33 所示。被试 1 的所有文字区域和图片区域都有注视点分布，甚至网站标签也有被扫视。这说明被试 1 试图在文本中直接找到答案，并对图片进行观察，因此被试 1 的平均注视时间、总注视时间和注视点个数数值很大，平均眼跳距离较小。再看被试 2 的热力图和扫视路径图，虽然在文字和图片之间有一些扫视轨迹，但大部分注视点集中在超链接"轨道"附近。这说明被试 2 快速定位到了超链接，也解释了为什么被试 2 的平均注视时间、总注视时间和注视点个数数值很小，但是平均眼跳距离很大。访谈结果显示被试 2 比被试 1 有更多的数字阅读经验，对超链接较为敏感，因此可以快速定位，体现出较高的超链接导航能力。

第六节　结论与建议

一、研究结论

本研究的结论主要包括以下几个方面。

1. 检索

小学生在数字阅读中检索能力测评中，文学性文本检索和信息性文本检索时的眼动特征存在差异；检索能力高和检索能力低的小学生眼动特征和阅读策略也存在差异。文学性文本的总注视时间和注视点个数均小于信息性文本。

文学性文本检索正确的被试表现为较长的总注视时间和较多的注视点个数，但每个注视点的平均时间较少且平均眼跳距离较小。检索能力较强的小学生表现出较少的扫视次数，注视点集中于关键信息区域。

信息性文本检索正确的被试表现为较少的总注视时间和注视点个数，较多的平均注视时间，以及较小的平均眼跳距离。面对难度较高的题目，检索能力较强的小学生显得更加专注，对关键信息的加工强度更深，减少不必要的扫视。热力图和扫试图显示被试的注意力分散在很多无关区域，说明被试没有明确的信息定位策略。

部分小学生虽然有数字阅读经验，但是没有使用过计算机进行网站检索的经验。检索经验很大程度上影响了检索测评结果，部分小学生面对没有使用过的搜索引擎无从下手。

2. 文本定位

小学生在数字阅读中非连续性文本定位及连续性文本定位能力测评中，文学性文本定位和信息性文本定位时的眼动特征存在差异；定位能力高和定位能力低的小学生眼动特征和阅读策略存在差异。

对于非连续性文本定位，文学性文本的平均注视时间、总注视时间、注视点个数和平均瞳孔直径均小于信息性文本。文学性文本定位正确的小学生平均注视时间和注视点个数较多，平均眼跳距离和平均瞳孔直径较小。信息性文本定位正确的小学生平均注视时间、总注视时间和平均眼跳距离较大。

受文本内容和页面布局的影响，平均眼跳距离并不一定能反映数字阅读素养。非连续性文本的信息布局较分散，为了避免重复的回视，把握题目要求很重要。同时对每个注视点的信息进行深度加工，避免跳读，也可以减少扫视的次数。非连续性文本之间的距离较大，所以学习者的平均眼跳距离相对较大。但是过大的平均眼跳距离不利于准确定位信息，跳跃式的阅读现象时有发生，一些无效的、大幅度的扫视无法定位到关键信息，反而浪费了时间和精力。信息定位能力高的被试可以有效借助时间轴等工具，快速定位目标信息，并有意识地结合文字和图片，善于从多媒体材料中提取关键信息。

对于连续性文本定位，被试阅读文学性文本的总注视时间和注视点个数均高于信息性文本，平均眼跳距离相反。文学性文本定位表现较好的被试平均注视时间和总注视时间较长，平均眼跳距离与平均瞳孔直径较小。

信息性文本定位表现较好被试平均注视时间与总注视时间较短，平均眼跳距离较大。

在阅读难度较高的文学性文本时，平均瞳孔直径越大体现越高的认知负荷和投入度，越可能定位到正确信息。部分小学生不是没有定位到正确信息，而是对文本的语义和内容理解的准确率不高，造成了数字阅读效果不够理想。小学生之间的数字阅读效率差异较大，表现为平均注视时间和总注视时间差值较大。对回答正确的小学生进行对比，信息定位能力较强的小学生以较少的平均注视时间和总注视时间快速定位到正确信息，体现较高的阅读效率。另外，无论是回答正确还是回答错误，小学生的阅读和答题习惯各不相同。大部分被试会先阅读题目，再去文中寻找答案。个别小学生会选择先阅读全文再看题目，接着再去文中定位答案，浪费了大量时间。同时小学生也表现出不同的加工处理信息的习惯，那些总注视时间较少的读者一般在初次定位到关键信息时便停止阅读，并得出答案。而有些读者选择继续阅读全文，再回到关键信息区域总结答案。

3. 导航

小学生在数字阅读中进行导航(多页面导航、网站标签导航、超链接导航)时的眼动特征存在差异，导航能力高和导航能力低的小学生的眼动特征和阅读策略存在差异。

网站标签导航难度较低，关键在于对题目的理解。只要明白"网站标签"的含义，便可以迅速定位。网站标签定位正确的被试总注视时间和平均眼跳距离远小于定位错误的，但平均注视时间和平均瞳孔直径相反。很多定位到网站标签的被试并不是直接将注视点定位到关键位置，而是在扫视了文字信息且没有寻找到关键词之后，才对阅读材料的其他区域进行扫视，进而定位到网站标签。实验表明被试整体在首次网站标签导航测评中表现不佳，在后续的三次网站标签导航中表现良好。可见，网站标签导航本身并不难，关键在于是否具有网站标签导航的意识。部分小学生在以往的数字阅读中很少遇到网站标签，因此没有相关导航的经验。

与网站标签导航类似，超链接导航的关键在于对"超链接"感知。定位正确的小学生平均眼跳距离较小，平均注视时间更长，平均瞳孔直径差异较小。

多页面导航实质上是借助网站标签切换页面，并整合多个页面的信息，得到满足要求的答案。定位正确的被试眼动指标表现为较大的平均眼跳距离和平均瞳孔直径、较多的注视点个数及较短的平均注视时间。多页面导航需要读者更高的专注度，以较大幅度的扫视浏览更多的信息点，并在每个注视点快速加工信息。部分小学生在数字阅读时无法长时间集中精力，表现为频繁且无规律的扫视，以及较多注视点落在非文本信息区域。部分回答错误的案例中，被试表现出较小的平均瞳孔直径，体现出较低的阅读投入。

二、建议

基于研究结果，在此给出以下五点建议。

第一，家庭和学校对于小学生阅读技能、阅读习惯和阅读方法等方面的培养起到重要作用。访问网站的根本目的是获取信息，检索能力的高低将影响获取信息的速度和质量。掌握检索的策略和方法可以提升检索速度。提升小学生的检索能力，有助于其准确捕捉显性信息、发掘隐性信息、综合提炼分散信息。对关键信息进行深度加工，可以减少不必要的回视，同样能够提升检索效率。需要培养并增强小学生的信息检索意识，传授信息检索技能。适当引导小学生进行课外的信息检索实践，在海量的互联网信息中，快速有效地提取所需信息。

第二，学校和数字出版单位应重视小学生在数字阅读中非连续性文本和连续性文本阅读的能力。非连续性文本阅读形式在小学生阅读中占据着非常重要的地位，开展非连续性文本数字阅读活动是提高小学生综合数字阅读能力的有效途径。提升小学生非连续性文本定位能力，有利于锻炼其思维能力、分析问题能力，并有效实现小学生数字阅读素养的提高。要引导小学生依据非连续性文本的呈现形式，对文本中的文字、图片、清单等信息进行综合分析，删除无用信息，留下有用信息，用最快捷的方式，如找关键词、核心数据等来理解文本，获得需要的信息。连续性文本是最常见的数字阅读材料呈现方式，最能反映读者的数字阅读素养及信息定位能力。需要加强小学生数字阅读的专注度，培养小学生思考的意识，提升文本理解能力。对于不同的数字阅读材料，恰当和科学的阅读习惯与策略可以提升阅读效率和阅读表现。

第三，数字阅读中的导航能力同样需要引起重视。导航的作用就是引导用户浏览和查找信息，有效的导航是获得目标信息的前提条件。导航的效率越高，用户就越可能对网站保持兴趣，越有可能定位、获取并使用信息。小学生普遍缺乏数字阅读经验，尤其是缺乏网站标签和超链接等阅读辅助工具的使用经验。小学生受到学习环境的限制，数字阅读经验不足，限制了数字阅读中信息定位能力的提升。因此需要鼓励小学生进行数字阅读实践，加强数字技术使用相关技能培养。另外，在数字阅读材料设计方面，网站标签和超链接等导航工具的设计要符合小学生的认知水平，设计科学合理的阅读辅助工具，打造舒适的阅读环境，这是提升小学生数字阅读素养的关键因素之一。

第四，校内外图书馆要担负起提升小学生数字阅读中信息定位能力的责任。参与 ePIRLS 2016 测评的 14 个国家和地区中，中国香港虽然并未卫冕冠军，但成绩并无明显下滑，排全球第三位。中国香港在 PIRLS 调查中优异的表现有多方面的因素影响，包括学生层面的阅读态度、习惯和自我概念，教学层面的教学策略、阅读教材和阅读活动，学校层面的学校资源、校本策略和家校联系，以及社会层面的家庭环境、政府政策和社区资源等。各实施主体全方位的推动和配合是香港特别行政区的小学生阅读素养突出表现不可或缺的因素。其中，学校图书馆在提升学生阅读素养方面扮演着十分重要的角色。本书选取的研究对象大多为国内 9~11 岁的小学生，校内外图书馆可以学习香港特别行政区的成功的因素，发挥提升小学生数字阅读中信息定位能力的作用。

第五，良好的政策有利于培养小学生的数字阅读素养。PIRLS 每一次新的改变，其实质在于使评价更加完善，同时也可以达到更好的评价效果，以便更为真实地反映各个国家和地区小学生的真实阅读水平，进而促使各国和各地区根据学生的阅读素养表现进行相应改革。我国"十四五"规划指出，要加快数字化发展，将发展数字经济、加强数字社会与数字政府建设，提升全民数字技能等作为重要内容。李克强同志在 2021 年政府工作报告中强调，要"营造良好数字生态，建设数字中国"。随着信息技术与社会的不断发展，阅读素养概念的内涵与外延也会发生变化。全社会要不断适应数字阅读内容和形式的变化，为小学生数字阅读营造良好的政策环境。

数字阅读中的信息定位能力是一种较基础的数字阅读能力，属于低层次的"提取信息、直接推论"能力。ePIRLS 2016 的测试结果显示，国内的学生在这方面得分略高，而在高层次阅读技能"综合与阐释、反思与评价"方面表现较差，美国和加拿大的学生在"综合与阐释、反思与评价"方面表现好于国内学生。这两个层次呈正相关分布，即前者成绩好的学生，后者的表现也会稍好一些。新加坡在 ePIRLS 2016 中夺得桂冠，这与其出台的数字阅读技能培养政策有直接关联。对综合数字阅读素养较低的小学生群体，社会应正视对这一低层次能力的提升，制订合理的教育计划，为全面培养学生的综合数字阅读素养打好基础。

第十一章　青少年视角下智慧
图书馆建设研究

青少年的阅读方式和习惯随着技术的发展发生了很大的变化，他们的个性化服务需求日益增强。图书馆需要根据青少年在智慧环境下的文化需求，提供适合各个年龄层次所需的阅读资源，通过观察用户的信息浏览习惯，探究其阅读需求变化及潜在的阅读需求，基于此构建用户阅读兴趣模型，展示用户的信息兴趣偏好，精准推荐适合用户的个性化服务内容，促进优质化阅读。在智慧图书馆阅读环境下，青少年能充分感受到跨界式、网络状及泛在化的文化服务，使阅读更具质感。本章根据研究发现展开分析，提出基于霍尔三维结构的智慧图书馆建设框架，并从青少年视角研究公共图书馆的智慧化资源建设与服务模式。

第一节　智慧图书馆建设过程研究

智慧图书馆的相关理论和实践研究尚处于探索阶段，当前国内外研究更注重对智慧服务和技术应用的理论探讨。虽然对智慧图书馆的概念认知有了一定的深度，但是在标准规范和建设实践领域存在许多不足，缺少系统性的研究；智慧图书馆的建设还缺少较系统和科学的规划，容易导致资源浪费、可用性不强等问题。

一、智慧图书馆建设的问题

(一)信息安全隐患问题

在信息社会，无论用户的个人信息还是图书馆的资源都有可能被黑客恶意获取或篡改。导致信息安全隐患的因素包括用户信息保护意识不够、图书馆管理系统技术有漏洞、系统管理制度不够完善等，因此，智慧图书馆的建设过程必须考虑信息安全技术和机制。

(二)缺少智慧馆员问题

智慧馆员需要具备一定的综合素质,其中包括信息技术素养,这在智慧图书馆的建设中是不可或缺的。智慧馆员是发展的驱动力,缺少相应人才,智慧服务的功效将难以实现。如今,各大高校的图书馆馆员老龄化趋势严重,适应新技术的能力较弱,很难满足图书馆智慧化转型的需求。

(三)建设经费不足问题

智慧图书馆的建设所需要的硬件和所使用的物联网、大数据、人工智能等技术都会消耗大量资金,许多地方和高校想要建成智慧图书馆但面临资金困境;同时,部分小规模智慧图书馆的建设虽然已有一定成效,但是由于初期投入较多,想得到相应的经济效益是需要一定时间的,这也会导致智慧图书馆难以长期坚持下去,智慧服务的价值也将难以实现。

(四)缺少统一的建设标准和规范问题

不同地方和不同高校的实际情况不同,对智慧图书馆的功能及内涵理解也不尽相同,各方在建设过程中缺少统一的标准和科学统筹,在建设过程中容易出现盲目建设的问题,因此,统一的建设标准和规范十分重要。

(五)"信息孤岛"问题

翟羽佳从哲学的视角重新审视智慧图书馆,指出当前图书馆存在系统环境封闭、数据冗余、流程烦琐等问题,不利于持续发展。要想建成智慧图书馆并长久地发展下去,就必须消除这种隔阂,摒弃将技术作为主体凌驾于人的技术本位思想,为给用户提供更好的服务需要,把各种技术应用到图书馆的各个环节中,将图书馆和用户连接起来,构建一个用户反馈渠道畅通的知识生态系统。智慧图书馆的建设过程探索性强、技术复杂、投资大、周期长,容易导致决策失误和计划实施受阻,运用霍尔三维结构理论可以明确每个阶段的目标和内容及所需的知识技能,从而减少这些问题。张沁兰等在 2017 年就利用霍尔三维结构理论构建了高校智慧图书馆的三维结构模型,从全新的角度为高校智慧图书馆的建设提供了思路,但是仅针对高校智慧图书馆的建设进行研究,在构建过程中仅列出霍尔三维模型大致的框架,各个维度的内容未展开研究,无法为智慧图书馆的实际建设规划提供有效的指导。本研究尝试利用霍尔三维结构理论在系统开发方面的优势构建智慧图书馆的三维结构模型,并对智慧图书馆建设过程中的各个阶段和模型的各个维度进行详细阐述并展开研究，以期为智慧图书馆的建设规划提供科学指导。

二、霍尔三维结构理论

霍尔为优化系统工程实践提出了"霍尔三维结构"，它是一种通过逻辑有序地管理设计(开发)过程，结合各种知识，进而整体解决问题的方法，也为解决大型复杂系统的规划、组织和管理问题提供了一种统一的思想方法。它由三个维度组成，分别是时间维、逻辑维和知识维，其目的是定义工作目标以达到最优结果。

(1)时间维将系统工程活动的全过程分为从开始到结束按时间顺序排列的7个时间阶段，包括规划、拟订方案、研制、生产、安装、运行和更新。

(2)逻辑维是指时间维的每一个阶段内所要进行的工作内容和应该遵循的思维程序，包括明确问题、确定目标、系统综合、系统分析、优化、决策和实施等7个逻辑步骤。

(3)知识维包括需要运用的各专业领域中的知识和技能，如信息科学、管理、社会科学及系统科学等，综合运用各类知识可以保证设计过程的合理性。

该结构描述的系统工程研究框架，对其中任一阶段和每一个步骤，又可进一步展开，形成了分层次的树状体系。霍尔三维结构模型已被应用于相关产品和系统的设计开发，并取得了一定的成果。借鉴霍尔三维结构对智慧图书馆建设实行逻辑分析和构建，可以使开发过程有序进行，提高建设效率并使设计建设过程得到有效推广。

三、智慧图书馆三维结构模型构建

为在我国更高效地开展智慧图书馆工作，本书基于霍尔三维结构模型，将智慧图书馆建设过程和内容按照时间维、逻辑维和知识维的划分来构建三维模型，复杂的系统工程就可以转变为形象的三维立体模型，完整的智慧图书馆三维结构模型如图11-1所示。

(一)时间维

时间维是指智慧图书馆建设过程中每个步骤的先后顺序。根据智慧图书馆建设的时间，可以将建设过程大致分为4个阶段，如图11-2所示，每个阶段都有不同的工作内容和重点。

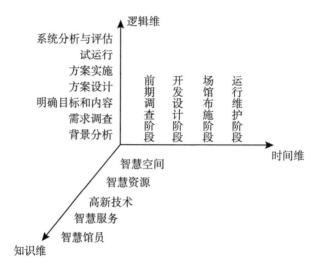

图 11-1　智慧图书馆的霍尔三维结构模型

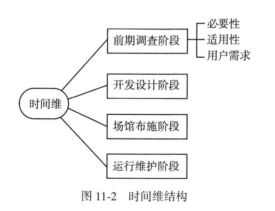

图 11-2　时间维结构

1. 前期调查阶段

这一阶段主要是对智慧图书馆建设的背景和基础、用户需求及必要性等因素进行前期的调研，从整体的角度思考客观实际情况和可能存在的问题，以期为后期的开发设计提供一些参考。前期因素：首先，图书馆转型的必要性。2021 年是"十四五"规划实施的第一年，公共图书馆、高校图书馆等需要为自身转型突破做出反映，同时人们对线上资源的需求更加多样化，促进了传统图书馆的转型。其次，要考虑图书馆本身基础设施的适用性，如智慧图书馆的场地面积、空间规划、设备资源、技术支持及人才资源等问题。最后，要考虑用户的具体需求。由于技术的限制，智慧图书馆的功能是有限的，因此要对用户的需求进行调研，以提高利用率。例如，南京大学图书馆考虑到为学生参考咨询提供便利，开通了微博和微信公众号等渠道，使学生能快速及时地获取各种信息和通知。

2. 开发设计阶段

根据前期的需求调研，确定智慧图书馆具体的功能模块，能够避免建设的盲目性。结合前期对用户需求的调查，本阶段对智慧图书馆建设要实现的功能已经具有一定的构想。这一阶段的目的旨在为用户提供便捷的服务。南京大学图书馆联合软件公司设计了 8 套自助系统，广泛分布在图书馆内，提供了打印、复印、扫描和交费等功能；文献检索方面则开发了跨库检索，可以同时获取中英文资源；还开发了个性化服务、移动服务等功能。山东大学图书馆在学生公寓区域设置自助图书馆，利用 RFID 技术及校园统一认证系统实现了 24 小时无人值守开放；整合文献资源，实现多地资源共享。

3. 场馆布施阶段

场馆布施阶段是设计方案的实施。在实施过程中要注意对全程进行实时的监督和控制，确保项目能够顺利完成。

4. 运行维护阶段

在智慧图书馆的长期使用过程中，需要对建设成效进行评估，以便及时维护智慧图书馆，使其更好地发挥智慧价值。在智慧图书馆正式投入使用后，要密切关注读者的使用和反馈情况，及时更新智慧服务平台。程章灿指出南京大学图书馆"十四五"规划的建设任务就是要在原有的基础上实现管理与服务的转型与变革，同时注重提高馆员的专业化和国际化水平。

(二)逻辑维

逻辑维设计主要包括各阶段的工作内容和应遵循的思维程序。根据系统工程的思想可以将智慧图书馆的建设过程划分为 7 个步骤，如图 11-3 所示。

1. 背景分析

对图书馆所处环境的背景、建设所需资源等信息进行科学的分析，考虑各种客观实际情况，从整体层面研究建设智慧图书馆的可行性，明确建设目标和内容，为之后的实施打好坚实的基础。人才的数量和质量、物理空间、技术、设备资源、建设成本、宣传成本和后期维护成本等要素都需要充分考虑在内，只有对这些背景因素进行客观的分析，才能保证建设过程顺利进行。

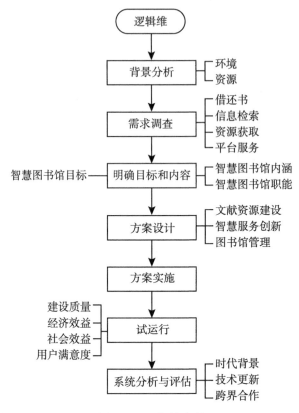

图 11-3 逻辑维流程

2. 需求调查

这一阶段主要是对用户需求进行详细调研，以期能够把握用户当前及未来可以预测的需求，进一步确定智慧图书馆的建设内容。用户对智慧图书馆的需求体现在借书、还书、信息检索、资源获取和平台服务（移动 App 需求）等方面，这些信息都可以成为后续规划的参考。

3. 明确目标和内容

在设计方案之前，要先弄清楚建设什么样的智慧图书馆、智慧图书馆具备哪些功能等问题，再通过实际调研得到具体的需求情况，然后对智慧图书馆建设的目标和内容进行论证，构建科学合理的建设方案框架。南京大学图书馆在具体建设智慧图书馆前指出图书馆智慧服务就是要利用信息技术解决传统图书馆使用过程中出现的各种问题，依靠物联网、云计算等技术构建各种智能服务平台和自助服务系统。

4. 方案设计

根据前期背景分析和需求调查所获得的信息制定科学合理的规划方案，充分考虑各方面的因素及实际情况并切合用户需求确定图书馆应具有的新功能，为之后更好地指导建设过程提供详细的设计细节。例如，南京大学图书馆的智慧服务系列"Find+""Book+"，涵盖知识搜索、个性化服务和移动服务等方面，这些设计在后续的实践过程中都取得了一定的效果，值得借鉴。

智慧图书馆的建设过程可以从文献资源建设、智慧服务创新与图书馆管理三个方面进行设计。文献资源是图书馆建设的基础，图书馆首先就是要丰富馆藏资源以满足用户多样化的需求，高校图书馆还可以对馆藏资源进行学科化管理，以提高学生检索的便利性；同时要推进馆藏资源的智慧化，构建更加智慧的系统对纸质和电子资源进行长久有效的存储和管理，还可以尝试划分不同主题的馆藏体系；图书馆还可以加强馆与馆之间的资源共享，以便为用户提供更好的阅读服务，例如可以通过 VR 技术构建虚拟的资源数据库，对现有资源进行整合，从而提高检索的查全率和查准率。其次在智慧服务创新方面，要充分利用现有的技术手段，使智慧图书馆更加智能方便，例如可以通过 RFID 技术使传统图书馆借书还书、图书上下架等过程更加便捷，减少图书馆工作人员的工作量；还可以利用大数据技术收集并分析智慧图书馆用户的资料，从而为每个用户提供更多有特色的服务；可以利用人脸识别技术对进出馆的人员进行更加高效的管理，从而营造更好的服务水平和环境。最后在图书馆管理方面，可以完善图书馆的规章制度，制定能够满足图书馆运行需要和信息化发展需要的制度体系，还可以从现有的智慧城市等已经建设好的成果中汲取经验，利用"互联网+"和物联网技术将智慧图书馆的各个要素进行互联互通，同时通过互联网对这些要素进行管理，大大降低人力和精力的消耗，有助于提高管理效率。

5. 方案实施

方案通过后就可以开始具体实施了。在实施过程中，要注重对时间、人、财、物的统筹安排，进行全面的监督和控制。同时，对该项目的建设质量和成果要有实时的监测，一旦出现问题要及时解决。这一阶段是建设智慧图书馆最重要的阶段，也是保证项目顺利进行的前提。

6. 试运行

智慧图书馆建成后，要经过一段时间的试运行，相关部门和专家可以对这段时间图书馆智慧服务的建设质量、经济效益、社会效益和用户满意度等做出评估，不完善的地方要进行整改。

7. 系统分析与评估

在长期运行的过程中，要持续性、阶段性地对智慧图书馆的建设成果进行检验。随着智慧图书馆所用技术的不断发展，应及时对智慧图书馆进行更新维护，使图书馆充分发挥智慧价值。随着社会主要矛盾的变化及突发事件的发生，人们对图书馆的智慧服务水平提出了更高的要求，智慧图书馆的建设也逐渐走向成熟。未来智慧图书馆的建设可以加强新技术的融合，形成有特色的智慧化图书馆系统；加强跨界合作，在开放共享合作发展的理念指导下，积极同社区、学校和企业开展合作，获得社会各界的支持；高校智慧图书馆的建设可以探索在智慧校园环境下图书馆的智慧发展，无缝对接高校智慧化的发展。

(三) 知识维

知识维中涉及建设智慧图书馆所需考虑的几大要素，借鉴现有的对智慧图书馆的研究，结合智慧图书馆未来的发展趋势，确定知识维中包括智慧空间、智慧馆藏、高新技术、智慧服务和智慧馆员等 5 个方面，各分类又可以进行详细的划分，如图 11-4 所示。

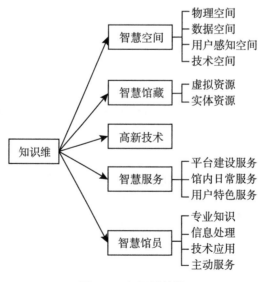

图 11-4　知识维结构

1. 智慧空间

智慧空间是智慧图书馆的一个重要元素。单轸等指出图书馆智慧空间以用户体验为核心，具有高感知度、高互联性和高智能化三大特点，智慧空间是由物理空间、数据空间、用户感知空间与技术空间构成的。科学的智慧空间规划是建设智慧图书馆的重要前提。物理空间要实现多功能化，以便能够满足用户多样化的需求，例如要规划好图书馆各空间的使用功能，做到"动静分离"，既有安静的阅读室，又有可供交流和视听结合的场所；数据空间要充分利用高新技术，不仅要具备智能处理用户数据的能力，还要具备能够保护用户隐私数据的能力，智慧图书馆不仅可以在数据传输的过程中进行加密处理，避免数据泄露，还可以利用云计算将图书资源和用户资源备份存储，一旦发生意外就能够尽快恢复；用户感知空间旨在提高用户的使用满意度，以提供人性化服务为目标，智慧图书馆可以利用 VR 技术构建虚拟的漫游导航系统，用户只要佩戴上 VR 眼镜，就可以切身感受到图书馆的场馆分布并进行资源浏览，获得较好的空间沉浸感和人机交互体验；技术空间则要求融合多种高新技术以实现图书馆的智能价值。技术在智慧图书馆的运用是复杂的，不仅要以用户体验为首要目标，还要加强图书馆各部分和操作过程的连通，建设一个科学高效的生态系统。

2. 智慧馆藏

智慧馆藏包含图书馆的各类图书、资料和数据等虚拟资源，也包括智能建筑、智能设施与智能设备等实体资源。智慧图书馆不仅要建设好自身的资源库，还要能够利用大数据、物联网等技术实现各个图书馆之间的资源共享的目标，以帮助用户获得更丰富的信息。区块链技术也是新兴的热点技术，该技术的运用可以推动图书馆的智慧化发展，区块链技术的数据结构和去中心化技术可以帮助保护馆藏资源不被篡改，还可以使信息传播变成"多中心"，从而推动信息分享过程更加透明高效，有力推动图书馆智慧化的建设。

3. 高新技术

智慧图书馆是信息时代发展的产物。建设智慧图书馆必须充分利用现有的各种新技术来支撑传统图书馆的转型。刘炜等抓住 5G 技术普及的机遇，指出 5G 可以从图书馆智慧服务、智慧管理和智慧业务三个方面提供应用，从而促进传统图书馆的智慧化发展。如今是 5G 技术蓬勃发展的时代，将其运用到智慧图书馆的建设是必然趋势。5G 可以为智慧图书馆提供无感借阅、云教学远程实时互动等功能，5G 的传输速度快，可以帮助读者在进入图书馆、借还图书等流程时减少等待时间，快速传输用户数据，并将图书馆中的各个智能系统互联互通，能让读者毫无障碍地在图书馆内活动，提高便捷性；5G 技术可以与 VR 技术相结合，将图书馆内的会议、课堂等以视频的形式进行实时直播，实现现实与虚拟的结合，让用户能够远程参与互动，从而提高图书馆的智慧服务水平。除 5G 技术外，大数据、云计算和人工智能等信息技术还可以为智慧图书馆的建设提供技术支撑，在一定程度上提高图书馆的服务水平。

4. 智慧服务

智慧服务是智慧图书馆建设的最终目标，智慧服务模式的构建要以用户需求为导向，融合各种技术手段，以实现社会价值。智慧服务包含资源服务、知识服务、连接服务和增值服务四个方面的内容，从这四个维度分析可以建设更高水平的智慧服务体系。魏群义探讨了智慧图书馆 App 的设计，论述了二维码门禁、业务提醒等功能在 App 中的应用；黄丽芳结合数据挖掘等技术构建了以微信公众号、微信小程序和 App 三种互联方式的智慧服务平台。智慧图书馆系统的建设可以利用大数据和云计算技术；大数据技术进行数据分析和数据挖掘，可以提供高效且有特色的服务；云计算则为图书馆资源的存储和分享提供坚实的基础，提高数据处理的效率。智慧图书馆馆内的服务可以通过人脸识别技术、物联网技术、人工智能技术与深度学习技术等实现，人脸识别可以提高图书馆门禁系统的安全性，物联网技术可以将馆藏资源、馆内人员和设备结合起来，形成一个互联的集成系统，从而保证用户可以快速高效地获取需要的信息和资源；人工智能技术设计的智能机器人可以在馆内按照设定路线和频率"行走"，及时获取用户的需求指令并为其提供解答，以便为用户提供准确、个性化的智慧服务；深度学习技术的应用可以帮助智慧图书馆感知读者的阅读偏好，为其提供精确的信息推荐服务，提高用户的满意度。

5. 智慧馆员

智慧图书馆的建设过程中，馆员的能力很大程度上决定了图书馆服务的整体水平。大量的数据资源和技术应用到图书馆建设，虽然很大程度上方便了用户的使用，但对图书馆馆员的综合素质提出了更高的要求，馆员应是具备专业知识、信息加工能力与信息技术应用能力等的复合型人才。基于此，智慧图书馆的建设必须注重对智慧馆员的培训，主要培养馆员的创新能力、学习敏锐度、知识储备能力和自愿提供服务的意识等。智慧馆员培养机制则应包括选拔机制、引入机制、援助机制、能力评估机制及个人发展计划五个方面。在建设智慧图书馆的过程中，可以通过人才引进和系统培养提高馆员的能力水平，在人才引进时需要对人员的能力和学历水平有一定的要求，多元化的人才引进和选拔方式有助于传统图书馆的智慧化建设。而对智慧馆员的技术培养可以通过设置培训课程、讲座等途径进行，让其充分理解智慧图书馆的职能并学会运用智能技术服务读者。除此之外，还可以尝试通过绩效考核机制对馆员进行评价，具体的考核内容可以从自我考核和测评、图书馆用户评价和组织评价三个方面进行，最终对三方面的结果综合参考，对绩效较高的馆员给予一定的奖励，对绩效较差的馆员给予相应的惩罚，借此充分激发馆员的积极性和创造性。

第二节　青少年视角下公共图书馆智慧化资源建设

"智慧图书馆"的概念，2003 年由芬兰学者 A. M. Ryhanen 和 T. T. Ojala 首次提出。智慧图书馆在原有移动图书馆服务基础上为用户提供基于位置感知，利用 RFID、计算机网络技术，不受空间限制查找所需文献和资料的服务。目前我国智慧图书馆的发展处于初级阶段，尚未对智慧图书馆的定义和定位形成统一认知。智慧图书馆有别于数字图书馆中数字化、虚拟化和信息化功能的实现，强调物联网、云计算技术及智慧化设备在建设中的应用，更加重视用户需求，通过场馆实体的建设，能够提供实现一体化感知、人机自动化交互的环境；构建共享、无缝整合的多主体联合的网络资源，实现泛在接入、人性化展示。

青少年的阅读方式和习惯随着技术的发展发生了很大的变化，图书馆需要根据青少年在智慧环境下的文化需求，提供适合各个年龄层次所需的阅读资源。

一、图书馆制定资源数字化的标准规范

各图书馆在明确资源整合的类型和范畴的基础上，对本馆中的馆藏资源从类别上有效分类，从形式上合理配置。图书馆需要联合制定数字化信息资源的服务标准，确立应采用的数字编码与内容标记标准，采用的数字内容格

式标准应从保存格式、浏览格式和预览格式三个方面考虑，之后明确数字资源加工的标准、程序的选择，规范基本操作。各馆之间应该互相协调，总体规划，使用统一服务平台和规范化的服务框架。数字资源的标准化、规范化规避了数字图书馆存在的"信息孤岛""信息烟囱"等问题，使多馆数字资源互联共建共享成为可能。

二、"纸质+数字"资源建设

"中国少儿数字图书馆"与"江苏省少儿数字图书馆"及国内其他一些少儿数字图书馆，它们的服务群体为学龄前、小学读者群；收藏的资源，从类型来看主要有绘本、连环画、3D立体书、期刊、动漫、视频、电子书及音频等载体；从知识内容来看，主要有科普百科知识、国学经典、童话故事、外国诗选、天文地理、生物医学、航空航天和安全教育等，极其丰富，虽极大地满足了少儿的阅读需求，但忽略了对中学读者群体阅读需求的关注。从数字资源建设与获取来看，中国少儿数字图书馆在线免费阅读资源只占小部分，大部分是要付费的；江苏省少儿图书馆馆藏数字资源基本属于外购数字资源，自建的特色数据资源所占比例很小。这些都无法真正实现资源访问的开放化，体现公共文化服务均等性。为构建纸质资源、数字化资源、网络资源及联盟资源等的融通渠道，在此提出"纸质+数字"资源共同建设的思路。

1."纸质"资源建设

加强图书馆藏书建设是提升公共图书馆服务水平的基础。一方面可以丰富青少年图书的纸质资源，使文献资源结构更加合理，拓宽了创新图书资源的来源渠道，提高了青少年对不同类型纸本资源的兴趣。对青少年喜爱的动漫(动画、漫画)资源积极开展馆藏建设，如按作品获奖情况做馆藏选择，按动漫类型分类排架，按阅读对象年龄分级推广，等等。另一方面可以利用物联网和 RFID 等相关的技术进行藏书管理。对每本藏书设置 RFID 标签，实时感知与监控，全面了解藏书的状态；通过藏书的智慧寻址，直观地获得其具体物理位置信息，使排架方式灵活多样，呈现个性化存放与阅览。

2."数字"资源建设

本书涉及的"数字"资源包括纸本资源的数字化、各种通过互联网获取的信息资源及开放资源、馆际联盟资源、云存储资源等。为了覆盖到各年龄段服务群体对阅读内容的需求，首先，整合利用各级公共图书馆既有的纸本与数字资源，节省各馆资源购置经费，最大限度地提高资源的利用率，发挥文化共享的作用；其次，在将图书馆藏资源数字化的同时，根据用户需求购买新的电子资源或通过馆社（图书馆与出版社）合作建立各馆特色数据资源库，加大信息资源的拥有量；再次，扩展网络资源，注重建立公共图书馆的少儿多媒体资源库，运用不同媒体类型来满足少儿的阅读需求，如视频库等；最后，加快云存储模式的数字资源建设，可以将数字资源托管给有云存储服务的服务商，配置必要终端设备接受云存储服务，也可在原有云存储架构基础上采用并行扩容的方式，实现存储虚拟化，支持数据存储海量化，实现资源的科学整合，缓解持续增长的数据存储压力。

另外，在图书馆积极引入各种数字资源的同时，应充分利用信息技术，搭建丰富多样的服务软硬件平台，软件平台如借还系统、微博推广系统、微信公众平台、文献共享平台和特色资源库等，硬件平台诸如图书榜单展示空间、创客空间、自习空间、头脑风暴空间和休闲冥想空间等，以此满足用户不同的空间需求与多元化的信息需求。

第三节　青少年视角下公共图书馆智慧化服务模式

随着物联网、云计算、大数据与人工智能技术的持续发展，人们对获取信息方式的要求也越来越高。图书馆作为信息知识的载体，从以图书整理为主、重经验轻服务的传统图书馆，到以用户为中心、提供数字化信息资源传递的数字图书馆，再到以提供自动化和智慧化全面感知体验的服务为主、全方位浸入式学习的智慧图书馆，在知识经济社会中发挥着举足轻重的作用。图书馆的服务体系正由以文献信息服务为标志的"数字化服务 1.0"转型为侧重于挖掘馆藏资源与科研数据的升级版"智慧化服务 2.0"。

青少年对图书馆提供个性化服务的需求日益增加，需要通过观察用户的信息浏览习惯，探究其阅读的需求变化及潜在的阅读需求，基于此构建用户阅读兴趣模型，展示用户的信息兴趣偏好，精准推荐适合用户的个性化服务内容，趋于优质化阅读。在智慧图书馆阅读环境下，青少年能充分感受到跨界式、网络状及泛在化的文化服务，使阅读更具质感。

一、"智慧图书馆"服务研究现状

2017 年 3 月召开的"智慧图书馆从理论到实践"的学术研讨会上，《图书情报工作》杂志社的初景利社长指出智慧图书馆是数字图书馆、第三代图书馆及新型图书馆发展的核心内涵，是未来图书馆的最高形态与主导模式，也是图书馆的新定位、新形象与新能力。我国图书馆学界虽然对智慧图书馆的界定尚未统一，但对其的理解达成了共识，即在现有数字化图书馆发展的基础上，遵循"互联网+思想"的指导，利用 RFID、云计算、大数据和人工智能技术，满足用户日益增长的信息需求和高度个性化的感知体验的"以人为本"的智慧服务，具有泛在性、无边界性及感知性。

国内对"智慧图书馆"的服务研究，多以公共图书馆与高校图书馆的智慧平台建设与服务模式升级来探讨图书馆的转型与图书馆服务的创新。具体探讨内容如下：

(1)智慧图书馆的定义及特征，与数字图书馆的比较研究。

(2)基于新一代信息技术应用的智慧图书馆服务模式创新，如南京大学图书馆三代机器人的变更与发展，从公共服务机器人的查询、面部识别借还服务的一代机器人，到 RFID 的盘点机器人对图书信息准确处理和明确定位的二代机器人，再到智能 3D 智能导航上架及自动式图书馆智能盘点的三代机器人；西安电子科技大学图书馆利用"互联网+"技术在智慧互动数字资源建设基础上开展智慧互动服务；利用人脸识别技术为"去卡化"无障碍服务环境提供了技术支撑。

(3)智慧型学科服务空间的总体设计与平台建设，人工智能、大数据、云计算及 AR/VR 等新技术支持下的服务空间应用。例如，高校图书馆智慧型学科服务云计算中心平台是集信息交互、虚拟实践、教学资源开发与应用功能的技术基础平台；智慧型学科服务空间实现信息资源分析、文本资源分类及个性化的知识服务，为不同需求类别的用户群提供精准服务；等等。

(4)智慧化服务体系的构建，实现个性化的智慧服务、全程化的跟踪服务、专业化的知识服务及多样化的平台服务，提供多种丰富类型的软件与硬件平台，如 LibGuides 软件平台、一站式借还系统、创客空间和头脑风暴空间；重庆大学图书馆利用大数据对图书馆资源进行整合挖掘与利用，构建了基于文献元数据仓储的智慧图书馆服务门户。基于 spark 的图书馆智慧服务框架可以解决海量数据存储、多样化数据结构处理及多样化服务应用问题等。

已有研究对少儿图书馆的智慧化建设的关注有所欠缺，大多还停留在数字图书馆建设阶段，或从传统图书馆服务特性方面进行改进；对智慧图书馆建设中青少年用户为服务对象的研究鲜有提及，还是以大学图书馆用户及公共图书馆的成人用户为主。本书将青少年群体需求与新兴技术作为双重驱动，对智慧图书馆的建设从资源建设和服务模式两个方面进行探讨，以期深入智慧图书馆的应用研究，丰富智慧图书馆的理论研究。

二、青少年用户视角下智慧服务模式的构建

新技术的广泛应用使图书馆智慧服务模式体现出智能化、感知化、个性化和泛在化的特点，青少年用户同时也需要人性化、人文化与情感化的服务关怀，因此公共图书馆的智慧服务模式应具有人性化的特点。智慧图书馆是由物联网、人工智能技术、云计算和大数据分析等核心技术构建而成的，是集物理实体空间、数字虚拟空间和用户全面感知空间多维立体的图书馆。智慧图书馆可以为用户提供全面感知的智慧服务，能帮助用户在任何时间、任何地点快捷地找到所需的信息源，获得视、听、触等全面的感知体验，同时智慧图书馆是在虚实相结合的情景下进行服务的，可使用户达到全方位浸入式的学习感受。

(一)人性化服务

公共图书馆为青少年及儿童提供免费开放环境下的服务，在开放时间的安排上，应该与青少年的作息时间一致，根据青少年的节假日、日常工作日及周末的作息时间，确保青少年随时能享受优质的借阅、指导服务。办理借书证时，青少年用户拥有多渠道的办卡途径，享受无偿办卡免押金服务，可在线下图书馆办卡，可在图书馆网站上办理电子借阅卡，也可以通过线上 App 注册会员。在办理的过程中图书馆馆员可以根据不同的办卡渠道提供线下或线上的咨询、指导和代办等人性化服务。加强图书馆服务人员的队伍建设，保证公共图书馆青少年服务的有效性。一方面提升图书馆馆员的业务能力与专业素养，聘用专职的指导老师；另一方面招纳高素质的图书馆志愿者，特别是在图书书目推荐、阅读内容指导和阅读活动推广等方面提高服务水平。

(二) 智能化管理服务

1. 智能化图书管理

公共图书馆内应用的物联网、RFID 技术，是人工智能时代新一代智慧图书馆系统构建的必备要素。馆内所有的藏书中设置了 RFID 标签，通过物联网对包含 RFID 标签的藏书实施轮询监测，既可以全面实时掌握每本藏书的状态，又可以主动将馆内管理信息及时传递与更新。对于以往大劳动量的排架工作，基于 RFID 技术的文献定位应用软件，可以通过藏书中的传感节点对所有藏书进行智慧寻址，显示藏书所在书架的具体位置，这样能有效改善专业索书号和排架方式的弊端，使排架方式更具灵活多样化。三维技术的应用将现实的工作带入虚拟化状态，呈现位置地图并指引用户实现自助借还操作。根据个性化的图书存放与阅读域管理的智慧书架，在智能设备上实现图书的自动借还书系统，管理员对图书信息的智能盘点工作站等是智能图书管理的常见应用。由此构建新型的数字信息空间生态的系统，使智慧图书馆具有自适应和自组织的智慧特点，提高公共图书馆的服务效率。青少年用户在图书馆享有智能化的自助、自动借还书服务，根据不同的终端来对资源进行最全面的应用，如可以根据智能化屏幕上显示的信息，在图书排架上方便查看所需文献。

2. 智能化检索服务

智能化检索的实现要对馆藏文献进行全面性层次化的整合与分析，为智慧图书馆有效的分类检索功能奠定基础；另外，通过信息识别完成物联网内信息共享定位跟踪，对抓取的数据进行管理与分析，为实现个性化信息的智能化分析提供依据。人工智能技术的应用，既可以实现单个词语的检索，又可以进行多个词语的组合检索，突破了检索方式上的单一与烦琐，使获取信息更加方便快捷准确。对于青少年读者而言，智能化检索的益处体现得尤为显著。智慧图书馆在图书分类方面十分体贴便捷，在文献的语义分析和词法分析基础上，人工智能会生成一种中间语言，当青少年用户输入不是十分精准的检索词时，图书馆人工智能系统就会通过中间语言缓冲，顺利地为读者匹配到关联资源。全方位的个性化感知系统的应用，灵活的大数据分析工具的应用，将青少年用户的阅读信息和馆藏流通信息充分汇总，从而获取读者的阅读规律和喜好，通过视频的方式将目标信息呈现，为读者提供直观动态的检索结果，满足读者个性化的需求。

(三)智慧化书目推荐

青少年用户由于年龄和知识结构的限制，往往在正确选择图书方面有所欠缺。因此公共图书馆开展书目推荐服务，可以正确地指导青少年对阅读内容的选择，使其亲近优秀高品质图书，提高青少年读者的阅读质量。

1. 分级书目推荐

对于年龄在12周岁以下的读者，主要提供分级书目推荐服务。根据少儿的心智发展水平，公共图书馆可以针对性地向各年龄段具有不同认知能力的少儿提供阅读计划和阅读书目。在提供分级阅读指导的时候，还需要考虑用户的阅读欣赏习惯，所推荐图书的篇幅、难度和主题等因素，为少儿提供更专业、系统的指导服务。

在分级阅读指导下，建立同一年龄层次的图书按照图书主题、书名首字母排序、作者、出版社和馆藏链接等分类的分级书目数据资源(信息门户)，设计小程序，让青少年用户可以自主地根据主题、作者及出版社等检索渠道来挑选图书。利用主题检索既可以查看到主题下的所有书单，也可以对主题进行组合运算，获取符合多个主题的图书。

2. 个性化书目推荐

对于中学生用户，实现以个性化书目推荐为主、分级书目推荐为辅的书目推荐服务。根据青少年用户个性化的需求，可以采用O2O线上线下相融合的模式提供书目推荐服务，由公共图书馆提供个性化定制书单服务。通过线下面对面交流的方式，网络电子邮件的方式，青少年用户向图书馆馆员提交阅读需求，专业馆员结合馆藏资源为青少年用户量身定制推荐书目。通过图书馆网站上的互动专区，青少年在线填写需求表单，详细描述感兴趣的图书类型、文献体裁及年龄段等信息，图书馆即可为用户定制个性化的阅读书目。利用图书馆的微信公众号，通过自动应答、语音视频应答实时向专业图书馆馆员咨询喜爱的阅读书目，也可建立微信群让青少年参与讨论、发表意见，发挥微信平台与用户多方互动的功能，依据讨论、留言及评论等信息及时了解与掌握青少年的需求特点，定期通过公众平台推送具体信息，避免等同化阅读，使书目推荐更具针对性，充分体现了书目推荐的个性化。

(四)精准化服务

智慧图书馆为读者用户提供精准化服务是以读者标签数据采集、用户个体行为数据采集与知识资源语义化标签化的处理等为基础实现的。

1. 读者标签数据采集

在注册智慧图书馆统一服务平台账号时，青少年用户填写个人基础类信息，如身份信息、社会信息和自身兴趣爱好信息等。这些基础类信息可以为智慧图书馆勾画出用户的个人画像及社会关系网络，为之后分析阅读行为、阅读习惯及阅读兴趣等提供基础数据。除了个人基础信息的采集之外，智慧图书馆还要为青少年用户设置兴趣标签信息，通过平台的数据来推算读者的兴趣范围。智慧图书馆根据读者的兴趣标签信息，找出具有相同兴趣的同一标签群体，掌握同标签群体访问量最高、收藏率最高的资源，还需寻找不同标签群体青少年用户的内在关联，为同一标签读者及不同标签读者进行资源推荐。

2. 用户个体行为数据采集

利用物联网、人工智能与大数据等技术，借助智能设备如智能手机、触摸屏幕和 VR 设备等，对青少年用户位置信息、行为数据等一系列信息进行收集，如用户实时地理位置信息、图书馆账号登录下线信息、图书借阅归还信息、阅读时间段信息及阅读偏好信息等静态和动态信息，并对上述信息系统性地识别与深入过滤，实行不同程度的加权，以此为基础获得精准性更高的信息，为读者提供更加优质的智能服务。

智慧图书馆通过对用户搜索引擎查询记录、网页浏览记录、用户网页收藏记录、图书阅读频率、图书阅读速度记录、数字版阅读下载记录及图书阅读评价等用户个体行为数据的采集，建立用户个体行为数据库；在个体全量数据的基础上建立数据模型，进行精准的行为预测，提供针对用户的精准化知识服务。智慧图书馆需要对用户个体行为数据进行持续性的自动化采集、存储，直观地记录所有瞬间，实现分析处理、整合价值过滤，由此构建的用户行为模型能体现出用户规律性的行为状态，精准预测用户的下一行为，获取用户隐性知识需求。

3. 知识资源语义化标签化的处理

用户的行为是一个非周期无限长的记忆过程，用户的下一行为受到历史行为及当前行为的双重影响。智慧图书馆集中青少年读者标签数据、持续用户个体行为数据，以这些全量数据为基础，一方面，通过对这些知识资源进行语义化分析、标签化的处理，改变知识的组织方式，实现更高效的知识发现；另一方面，个体用户行为数据、用户社会网络关系和社交评价等可以实现协同过滤、智能推理，不仅能够简化搜索过程，而且进一步提高搜索的精准度，使搜索结果的呈现更加有序合理化，最终为青少年用户降低搜索的难度，节省大量的搜寻时间与精力。

（五）感知体验推广服务

1. VR \ AR 感知体验服务

虚拟现实（VR）技术和增强现实（AR）技术需要通过计算机仿真系统生成虚拟场景的信息，并利用显示设备将虚拟信息呈现在用户面前，通过特定设备与虚拟信息进行实时互动。这种视觉、听觉和触觉等感官完全沉浸或部分沉浸于虚拟环境的感知体验，有助于用户学习、生活等方面的能力提升。

青少年对这种沉浸式的感知体验与操作更为适应。在虚拟现实创建的虚拟环境 3D 阅览室中查找图书，虚拟图书馆将馆内所有藏书的三维位置以立体的、动态的形式展示这些图书相关的 3D 信息存放到数据库中，结合信息资源定位系统就可以为用户提供可视化信息检索服务。因此，用户可以不受时空限制进行模拟查书，获取图书后通过在线系统还可以核实此书是否为自己想要的书。借助虚拟现实和增强现实技术可以实现图书馆提供的各项服务及硬件设施的导引，青少年用户如果对图书馆的地理布局不熟悉，相关服务流程不清楚，可以通过图书馆整体仿真环境，借助手机 App 使用 3D 导航地图轻松获取位置信息，找到需要到达的地方；如遇图书馆中的各种问题时，可以获得常见问题的及时推送。运用大数据分析还可以获得用户感兴趣的各种服务信息，如座位预约、存包服务与书目推荐服务等。虚拟现实技术还能帮助公共图书馆建立虚拟咨询空间，读者和馆员随时都能进入，可根据教育培训、交流互动等服务在不同的需要场景下转换，读者在逼真互动的场景中获得丰富的体验，在激发自主学习的同时学会自我控制，使这种单一的教育与培训变得生动有趣。

2. 情感体验推广服务

当个体自发融入某种环境或亲身经历特定事件后，自身的知识框架获取了外界信息，通过思考产生了情感共鸣，这一过程，个体不仅能实现自身知识框架的发展与重塑，而且情感认知与表达的范围得到了极大的拓展体验。针对青少年用户的体验推广活动较成人更需情境融入。

对于学龄前儿童及小学低年级儿童，主要以绘本读物阅读为主。将绘本内容制作成生动形象的图片、音乐、动画等多媒体形式依次加以引导，使儿童能直观地产生情感认知，充分激发和培养少儿的想象力。图书馆馆员开展幼儿的阅读推广活动，按照"以图为主、随机认读"的阅读方法，先展示图片内容，随后再播放与绘本内容相关的音乐、视频等多媒体内容，最后配以故事剧、游戏等形式让儿童直接参与，帮助儿童通过直观视觉体验及融入情境的感知，提高儿童对阅读的兴趣。

对于小学中高年级的学生，阅读推广服务可以通过互动交流与场景设计相结合的形式开展。具备一定阅读能力的小学生乐于从阅读的内容中表达自我的认知与情感，在图书馆馆员的帮助下充分挖掘和体验阅读文本中所蕴含的情感思想，可以选择问答、朗诵、写作、小品表演及视频制作等交流的方式对阅读情感进行体验表达，无论采取哪一种方式，关键是让少儿能积极主动地参与，鼓励表达出色的少儿，对情感认知、表达方式有欠缺的少儿及时纠正或进行个性化的情感表达设计。

对于中学生，一方面，举办与阅读主题相关的艺术展览活动及相关知识讲座。以动漫资源为例，可以对馆舍区域从功能服务上进行分区，划分为阅读区、互动展示区及检索区，青少年用户可以在互动展示功能区享受主题活动带来的直观体验，邀请著名动漫作家现场创作交流，开展动漫体验活动，融入游戏元素，提高阅读参与度；也可以按照年龄进行分区，划分为少儿区、青少年区及成人区，营造不同动漫藏书与布置风格的阅读氛围，为青少年提供青春时尚、轻快活泼的阅读环境。另一方面，青少年一般乐于表达自我认知观点，愿意对内容做事实性陈述的，通过智慧图书馆的社区知识交流平台，填写个人信息、阅读信息和兴趣爱好，实现用户内容贡献（UGC）。在社区交流平台上分享信息和观点，讨论阅读感受，咨询阅读问题，使青少年用户不仅是信息被动的接受者，而且可以在社交关系中成为内容的贡献者。智慧图书馆也可以将青少年用户的虚拟社区的社会关系交往信息纳入社群化服务管理，形成用户之间、用户与平台之间的信息交互与共享，建立用户群体行为数据的联系，构建用户群体的知识网络关联图，实现信息资源的协同过滤。

附录 A 青少年数字阅读问卷

问卷说明：

在此调查表中，您将找到有关以下主题的问题：您对阅读的看法和您阅读的相关习惯，请仔细阅读每个问题，并尽可能准确地回答。文中所提及数字化阅读是指用手机、平板电脑、电子书（kindle 等）、MP4、MP5 这些电子阅读器进行阅读或用电脑在网上查找并浏览自己感兴趣的内容。

请注意，本问卷有不同的回答格式。在此调查表中，没有正确或错误的答案。您的答案应该是最适合自己的答案，请按照自己实际情况填写即可。如果您听不懂或不确定如何回答问题，可以寻求老师的帮助。小朋友，非常感谢您的支持。

本研究问卷为南京大学与南京邮电大学研究人员进行儿童/青少年数字阅读研究而进行，问卷中所有信息仅作研究之用，信息收集完全匿名，请大家放心填写。

青少年数字阅读问卷（青少年版）　编号_____

第一部分　基本情况

1. 您的性别是(　　)。

　A. 男　　　　　　B. 女

2. 您是几年级的学生(　　)。

　A. 一年级　　　B. 二年级　　　C. 三年级　　　D. 四年级

　E. 五年级　　　F. 六年级　　　G. 初一　　　　H. 初二

　M. 初三

3. 您妈妈的最高学历是(　　)。

    A. 小学及以下　　B. 初中　　　　　C. 高中/中专　　D. 大专

    E. 本科　　　　　F. 硕士以上

4. 您爸爸的最高学历是(　　)。

    A. 小学及以下　　B. 初中　　　　　C. 高中/中专　　D. 大专

    E. 本科　　　　　F. 硕士以上

第二部分　阅读基本情况

5. 您认为阅读对生活与学习的重要程度(　　)。

    A. 非常重要　　　B. 重要　　　　　C. 一般　　　　D. 不重要

    E. 非常不重要

6. 您家里有(　　)本书。

    A. 10 本及以下　　B. 11~25 本　　　C. 26~50 本　　D. 50~100 本

    E. 101~200 本　　F. 200 本以上

7. 您每周阅读的频率是(　　)。

    A. 每天一次以上　B. 每天一次　　　C. 三天一次　　　D. 每周一次

    E. 每周一次以上

8. 您如何看待下面的陈述，请在对应空格处打"√"

编号	问　　题	非常同意	同意	一般	不同意	非常不同意
a	我是一个很好的读者。					
b	我能理解困难的文本。					
c	我阅读东西很顺畅。					
d	我总是觉得自己读东西有点困难。					
e	我读东西时，需要读很多次才能完全理解。					
f	我觉得很难回答阅读材料中的问题。					

9. 您觉得您的阅读习惯受哪些人影响(例如我每天阅读,什么时候阅读,阅读什么主要是父母陪我一起读书,还是其他小朋友也在阅读,还是老师的要求)(　　)。

　　A. 父母　　　　　B. 老师　　　　　C. 亲戚　　　　　D. 同学

　　E. 其他社会组织(如图书馆的推广等)

10. 您会因为什么原因选择读一本书(　　)。

　　A. 父母谈论　　　B. 老师推荐　　　C. 亲戚推荐　　　D. 同学推荐

　　E. 其他社会组织推荐(如图书馆的推广等)

第三部分　数字阅读基本情况

11. 您什么时候开始使用数字设备(如手机、电脑、平板电脑、电子阅读器)?

　　A. 3 岁以前　　　B. 4~6 岁　　　　C. 7~9 岁　　　　D. 10~12 岁

　　E. 13 岁以后　　　F. 从未使用过

12. 您使用电子设备(手机、电脑、平板电脑等)主要是用来(　　)(可以多选)。

　　A. 玩游戏　　　　B. 听故事　　　　C. 聊天　　　　　D. 看动画片

　　E. 读书　　　　　F. 完成家庭作业(包括学校作业、家长订阅的网课学习等学习类用途)

13. 您更喜欢纸质书还是电子书(在手机、电脑、平板电脑、电子阅读器上阅读的有配音或动画的书)(　　)。

　　A. 纸质图书　　　B. 电子书

14. 您在电子设备上使用的应用程序(游戏/动画视频/学习软件如作业帮等)是(　　)(可以多选)。

　　A. 自己下载的　　　　　　　B. 自己要求父母下载的

　　C. 父母下载的　　　　　　　D. 老师要求下载的

15. 您使用过(　　)进行阅读(包括听书、网上读故事书、读网上的小说、新闻等)(可以多选)。

　　A. 电脑(台式、笔记本电脑)　　B. 手机

　　C. 电子阅读器(kindle 等)　　　D. 平板电脑

E.　MP4/MP5

16.　您使用电子阅读工具(手机、电脑、平板电脑、电子阅读器如 kindle 等)阅读的频率是(　　)。

A.　每天一次以上　B.　每天一次　　　　C.　三天一次　　　　D.　每周一次

E.　两周一次　　　F.　两周以上一次

17.　您在周一到周五上学时间,在学校使用数字设备或上网阅读的时间(　　)。

A.　没有　　　　　B.　小于 30 分钟　C.　30~60 分钟　　D.　1~2 小时

E.　2 小时以上

18.　您在周一到周五放学后,在校外使用数字设备或上网阅读的时间(　　)。

A.　没有　　　　　B.　小于 30 分钟　C.　30~60 分钟　　D.　1~2 小时

E.　2 小时以上

19.　您在周末,在校外使用数字设备或上网阅读的时间(　　)

A.　没有　　　　　B.　小于 30 分钟　C.　30~60 分钟　　D.　1~2 小时

E.　2~4 小时　　　F.　4 小时以上

20.　您每次用电子阅读器或网上阅读的时间有多长(　　)。

A.　小于 15 分钟　B.　15~30 分钟　　C.　30~60 分钟　　D.　1 小时以上

21.　您会在哪儿进行数字化阅读(　　)(可以多选)。

A.　家里　　　　　　　　　　　　　B.　学校

C.　书店　　　　　　　　　　　　　D.　图书馆/少儿图书馆

E.　其他

22.　你一般什么时间段进行数字化阅读?(　　)(可多选)

A.　上课时　　　　B.　课间休息　　　C.　用餐时　　　　D.　放学后

E.　睡觉前　　　　F.　周末　　　　　G.　假期

23.　您什么时候可以使用电子设备读书或学习(　　)。

A.　父母规定的　　B.　自己自由支配的　　　　　　　C.　其他

24.　您每次可以使用多久电子设备是由(　　)。

A.　父母规定的　　B.　自由支配的　　C.　其他

25.　您多久会因为自己想看(非强制性的)而去看下面的东西?(请考虑纸

质材料和电子设备/网上阅读)

编号	问题	一周几次	一月几次	一月一次	一年几次	几乎从没读过
a	期刊					
b	漫画书					
c	小说(叙事、故事类)					
d	非小说类的书(科学、信息、纪实类)					
e	报纸					

26. 以下哪项陈述最能描述你是如何阅读图书(关于任何主题的书)的?(　　)

    A. 我很少或从不读书

    B. 我更经常读纸质书

    C. 我更经常在数字设备(如平板电脑、智能手机、电脑、电子阅读器等)上看书

    D. 我读纸质书和读数字设备上的书基本一样

27. 下面的事情主要是谁教你的?

编号	问题	我自学的	老师	家长	朋友	我从来没学这些
a	使用电脑					
b	打字					
c	利用网络找到自己需要的信息					

28. 思考一下您在数字媒体和数字设备方面的经验,同意或同意以下陈述?(请考虑不同类型的数字设备,如台式电脑、便携式笔记本电脑、笔记本电脑、智能手机、平板电脑、无法上网的手机、游戏机、联网电视等)请在每行中选择一个合适的选项打"√"。

编号	问题	非常同意	同意	一般	不同意	非常不同意
a	当我使用数字设备时我会忘掉时间（觉得时间很快过去）。					
b	网络是非常好的资源——从网上我可以获得我感兴趣的东西（如新闻、故事、字典等）。					
c	网上的社交网络对我很有用（可以在网上问问题、与朋友交流）。					
d	发现新的数字设备或应用程序（如微信、游戏程序）让我很兴奋。					
e	如果设备不能上网，我会感到很沮丧。					
f	我喜欢使用数字设备。					
A	我觉得使用不太熟悉的数字设备很舒服。					
B	如果我的朋友和亲戚想买新的数字设备或应用程序，我可以给他们建议。					
C	我觉得在家里使用数码设备很舒服。					
D	当我遇到数字设备的问题时，我想我可以解决它们。					
E	如果我的朋友和亲戚对数码设备有问题，我可以帮助他们。					
A）	学习有关数字设备的新知识时，我会与朋友谈论它们。					

续表

编号	问题	非常同意	同意	一般	不同意	非常不同意
B)	我喜欢与网上的其他人交换数字设备问题的解决方案。					
C)	我喜欢结识朋友，和他们一起玩电脑和视频游戏。					
D)	我喜欢与朋友分享有关数字设备的信息。					
E)	通过与亲朋好友讨论，我学到了很多有关数字媒体的知识。					
a)	如果需要新软件，我会自行安装。					
b)	我独立阅读了有关数字设备的信息。					
c)	如果想用我会使用数字设备。					
d)	如果我对数字设备有疑问，我会自行解决。					
e)	如果需要一个新的应用程序，我会自己选择。					

29. 您在学校可以使用下面哪些设备？（　　　）

编号	问题	有，我可以使用	有，但是我不能使用	没有
a	台式计算机			
b	笔记本电脑			
c	平板电脑			

编号	问题	有，我可以使用	有，但是我不能使用	没有
d	联网的学校计算机			
e	通过无线联网的学校计算机			
f	电子书阅读器(kindle 等)			

30. 您在家里可以使用下面哪些设备？(　　　)

编号	问题	有，我可以使用	有，但是我不能使用	没有
a	台式计算机			
b	笔记本电脑			
c	平板电脑			
d	智能手机			
e	电子书阅读器(kindle 等)			
f	智能电视			

31. 根据第 13 题的答案，简单说明你更喜欢纸质版图书的原因(更喜欢电子书的忽略本题，直接做 32 题)。

32. 根据第 13 题的选择，你更喜欢电子图书的原因是什么？(更喜欢纸质图书的，本题忽略)

附录 B 青少年多媒体阅读材料浏览
偏好与行为实验材料

实验材料(一)

1. 练习实验材料

圆周运动是一个质点在以某点为圆心半径为 r 的圆周上运动,即其轨迹是圆周的运动。圆周运动分为匀速圆周运动和变速圆周运动。在圆周运动的过程中,速度大小不变,其方向时刻发生变化。圆周运动是一种最常见的曲线运动。例如,车轮、皮带轮等都作圆周运动。

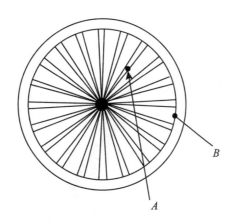

2. 正式实验材料

(1)抽象材料

统计力学是一个以最大乱度理论为基础,借由配分函数将有大量组成成分系统中微观物理状态与宏观物理量统计规律联结起来的科学。统计力学根据物质的微观组成和相互作用,研究由大量粒子组成的宏观物体的性质和行为的统计规律,是理论物理的一个重要分支。

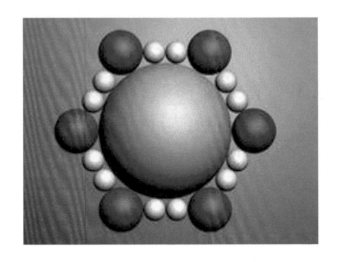

（2）具体材料

尼罗河位于非洲东部和北部，发源于非洲东北部的布隆迪高原，自南向北流动注入地中海，全长 6671 千米，是世界上最长的河流。尼罗河上游的白尼罗河为干流，只有白尼罗河上游靠近赤道附近，尼罗河另外的重要支流青尼罗河和阿特巴拉河则流经埃塞俄比亚高原。

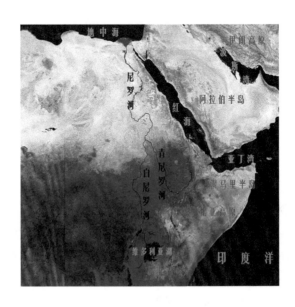

实验材料(二)

不同图文排列的图片

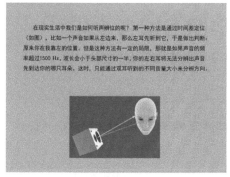

上文下图

左图右文

上图下文

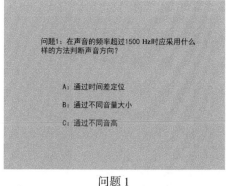

左文右图

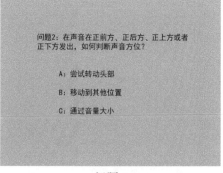

问题 1

问题 2

附录 C　少儿数字图书馆青少年浏览行为实验材料

无目的浏览无动画网页的材料，材料包含 9 个少儿图书馆网站的页面。

附录 D 青少年数字阅读行为
中广告的影响实验材料

实验材料

测试题 1

测试题 2

测试题 3

测试题 4

测试题 5

访谈提纲

问题1：请说出位于水星和太阳之间的三颗行星的名字。（水星、金星、地球）

针对这个问题，访谈需要询问被试：在寻找答案的时候，是浏览图片还是浏览文字得到答案的？两种寻找答案的途径，你更倾向哪种？

问题2：大约100年前，科学家为什么认为火星上可能存在生命？（到文章中寻找）针对这个问题，访谈中需要询问被试：

在寻找答案的时候，是根据问题的关键字泛读文章，还是全文精读寻找答案？在不考虑花费时间多少的情况下，被试更喜欢哪种寻找答案的途径？

问题3：为什么火星看起来是红色的？（到文章中寻找）针对这个问题，访谈中需要询问被试：

在寻找答案的时候，是否多次浏览了本页中的不相关广告，该广告对你寻找答案的干扰性有多大？

问题4：为什么火星上比地球上寒冷？（A. 它离太阳更远；B. 它比地球还小；C. 它有很多岩石；D. 它有很多运河）针对这个问题，需要询问被试：

在去文章中寻找答案之前，是不是因为本题为选择题，所以事先猜测一个答案选项，然后到文章中寻找关键字验证自己猜测的选项，还是没有主观猜测，直接带着问题去文章中寻找合适的答案？

问题5：关于火星探测任务，你如何理解"失败多于成功"这句话？（A. 到目前为止，科学家已经尝试了40次人物；B. 技术需要进步；C. 火星探测任务有难度；D. 人类将继续探索火星）针对这个问题，需要询问被试：

1. 本页的广告与本题是相关的，你是否多次浏览，该广告对你寻找答案的干扰性有多大？

2. 在做客观题和主观题的时候，你的阅读策略是否会有区别？比如是先通读全文再看题目进行回答，还是先看题目，再浏览文章定位答案？

附录 E 访谈提纲

一、访谈目的

评价未成年人数字信息定位能力。

二、访谈方式

面对面访谈。

三、访谈对象

参与眼动实验的青少年。

四、访谈提纲

(一)开场语

小朋友你好,恭喜你顺利完成了阅读!下面我想问你几个问题,说出你的真实想法会得到小奖励哦。

(二)基本信息

1. 年龄、年级。

2. 数字阅读经验或自我能力判断。

3. 信息检索经验或自我能力判断。

4. 网站标签和超链接导航经验或自我能力判断。

(三)文学性文本

1 检索:四条搜索结果中,你是如何选择的?你是否阅读了每条链接内容后确定了答案?你对自己的选择很确定吗?

2. 非连续性文本定位:你意识到这是时间轴吗?请问你是如何快速定位到时间轴上的"1874"?

3. 网站标签导航：说一下你定位网站标签的过程。

4. 连续性文本定位：你是否阅读全文后才回答问题？你阅读了几遍文章？

5. 网站标签导航：再次定位网站标签是否比之前熟练了很多？

6. 多页面导航：你是否知道这题需要回到之前的页面寻找答案？从多个页面定位信息对你来说有难度吗？

(四) 信息性文本

1. 检索：说一下你是如何选择网站链接的，你对自己选择的链接有把握吗？

2. 非连续性文本定位：你有意识到图片中可以找到答案吗？

3. 连续性文本定位：请说一下这题你是如何找到答案的。

4. 网站标签导航：经过之前的练习，定位网站标签对你来说是否变得容易？

5. 你是否注意到带有下画线的蓝色字体"轨道"？你尝试点击它了吗？

附录 F　数字阅读中信息定位能力实验材料

文学性文本

1. 开场白

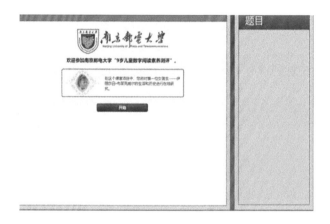

2. 检索

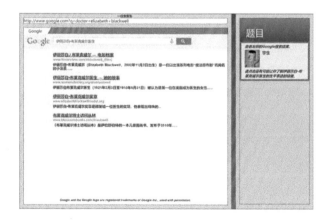

3. 非连续性文本导航

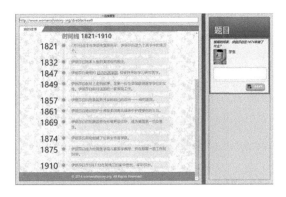

4. 连续性文本导航

5. 网站标签导航

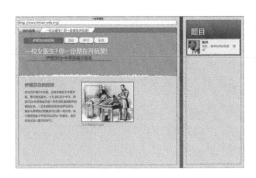

6. 多页面导航

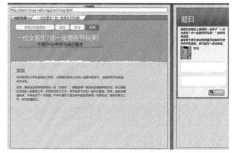

信息性文本

1. 开场白

2. 检索

3. 非连续性文本导航

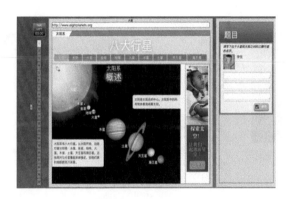

4. 连续性文本导航

5. 网站标签导航

6. 超链接导航

附录G　热力图与扫视路径图

(a)上文下图　　　　　　　　(b)上图下文

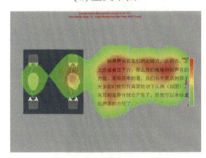

(c)左图右文　　　　　　　　(d)左文右图

图 G-1　四种界面结构热力图

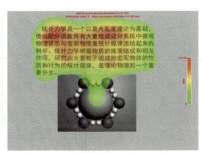

(a)文本热力图(抽象)　　　　(b)文本和图片热力图(抽象)

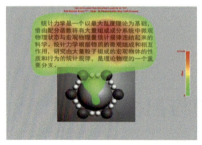 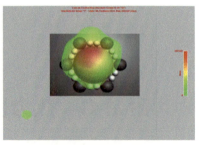

（c）文本和图片与音频热力图（抽象）　　（d）图片和音频热力图（抽象）

图 G-2　抽象材料四种呈现方式热力图

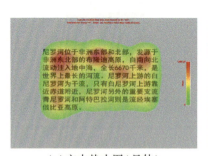

（a）文本热力图（具体）　　　　（b）文本和图片热力图（具体）

 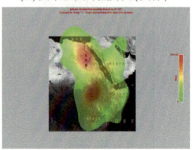

（c）文本和图片与音频热力图（具体）　　（d）图片和音频热力图（具体）

图 G-3　具体材料四种呈现方式热力图

（a）热力图　　　　　　　　　（b）轨迹图

图 G-4　有动画网页眼动热力图和轨迹图

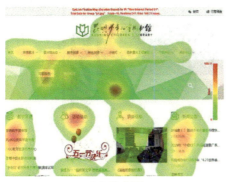
（a）热力图

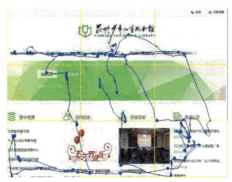
（b）轨迹图

图 G-5　无动画网页眼动热力图和轨迹图

（a）测试页面 1

（b）测试页面 3

（c）测试页面 5

图 G-6　测试页面热力图总览

　　　　(a)热力图　　　　　　　　　　　　　　　(b)扫视路径

图 G-7　被试 1 的测试页面热力图与扫视路径

　　　　(a)热力图　　　　　　　　　　　　　　　(b)扫视路径

图 G-8　被试 7 的测试页面 5 热力图与扫视路径

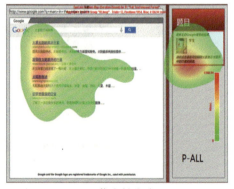

　　　　(a)文学性文本　　　　　　　　　　　　　(b)信息性文本

图 G-9　检索热力图总览

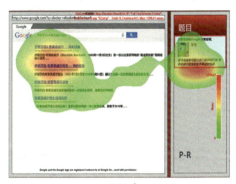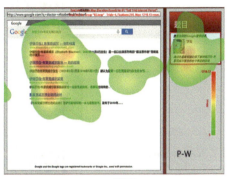

　　（a）正确　　　　　　　　　　　　　　　　（b）错误

图 G-10　文学性文本检索正误热力图

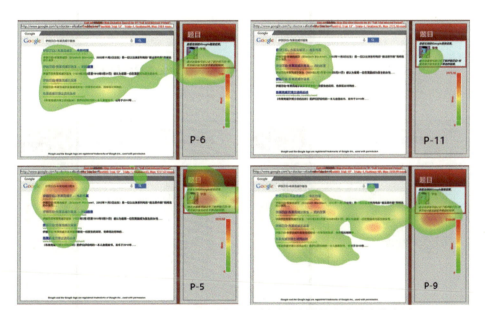

图 G-11　被试 6、被试 11、被试 5、被试 9 文学性文本检索热力图

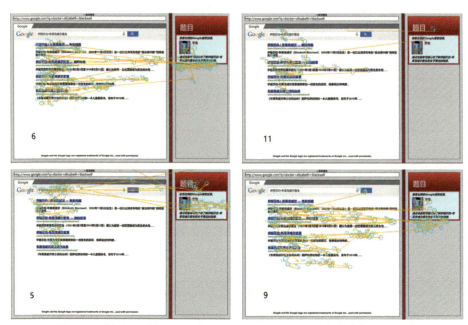

图 G-12　被试 6、被试 11、被试 5、被试 9 文学性文本检索扫视路径图

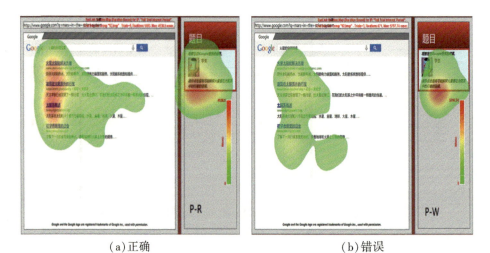

（a）正确　　　　　　　　　　　　　　　（b）错误

图 G-13　信息性文本检索正误热力图

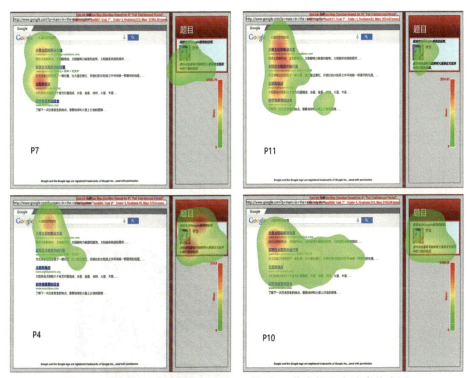

图 G-14　被试 7、被试 11、被试 4、被试 10 信息性文本检索热力图

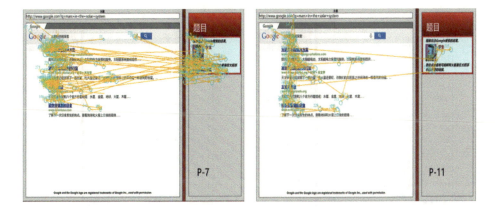

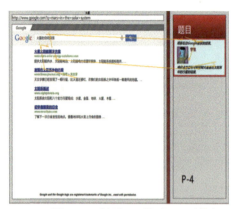
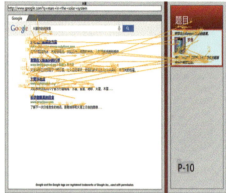

图 G-15　被试 7、被试 11、被试 4、被试 10 信息性文本检索扫视路径图

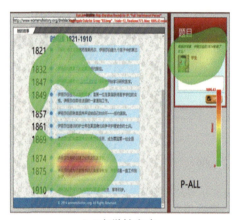
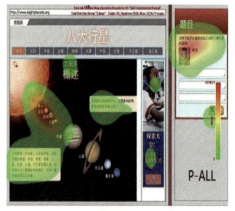

（a）文学性文本　　　　　　　　　　（b）信息性文本

图 G-16　非连续性文本定位热力图总览

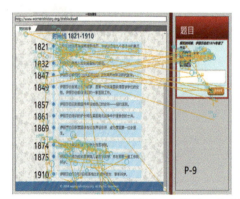

图 G-17　被试 9 和被试 6 非连续性文学文本定位扫视路径图

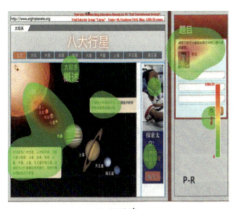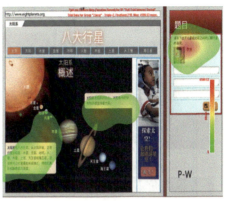

（a）正确　　　　　　　　　　　　　（b）错误

图 G-18　非连续性信息文本定位正误热力图

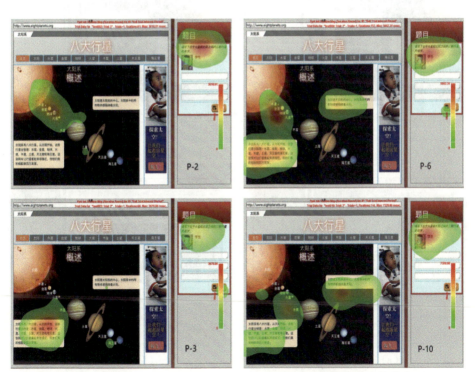

图 G-19　被试 2、被试 6、被试 3、被试 10 非连续性信息文本定位热力图

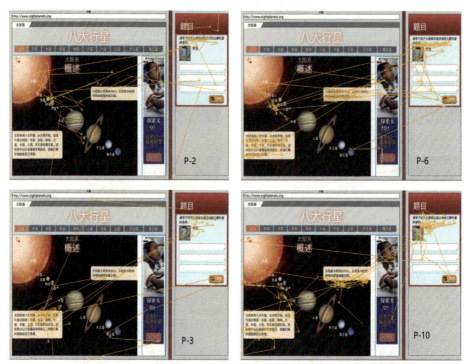

图 G-20　被试 2、被试 6、被试 3、被试 10 非连续性信息文本定位扫视路径图

（a）文学性文本　　　　　　　　　　　　（b）信息性文本

图 G-21　连续性文本定位热力图总览

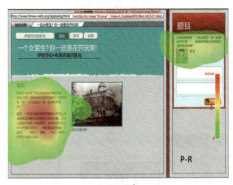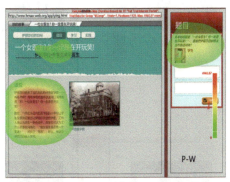

(a)正确　　　　　　　　　　　　　　　　　(b)错误

图 G-22　连续性文学文本定位正误热力图

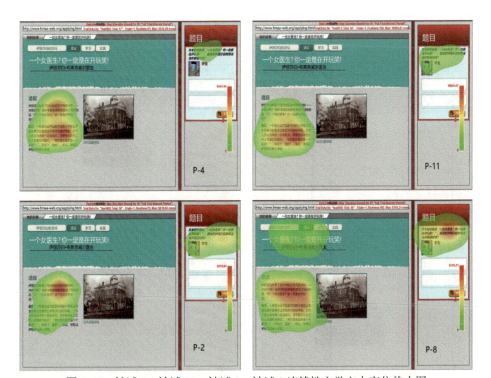

图 G-23　被试 4、被试 11、被试 2、被试 8 连续性文学文本定位热力图

图 G-24　被试 6、被试 7、被试 9 连续性信息文本定位热力图

图 G-25　被试 6、被试 7、被试 9 连续性信息文本定位扫视路径图

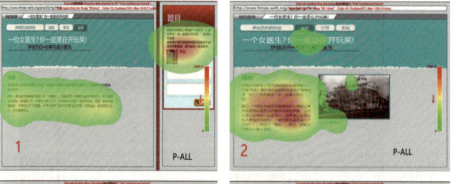

图 G-26　多页面导航热力图总览

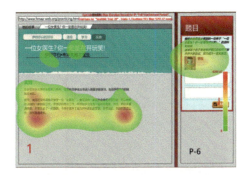
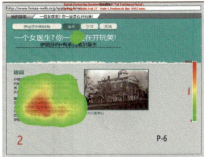
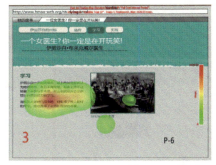
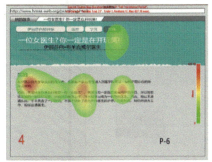

图 G-27   被试 6 多页面导航热力图

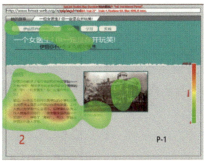

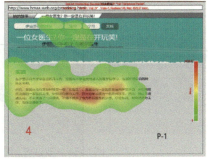

图 G-28   被试 1 多页面导航热力图

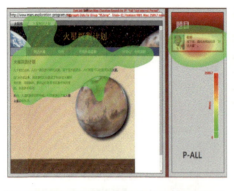
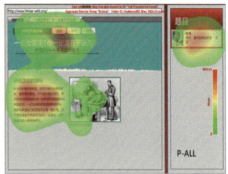

图 G-29　网站标签导航热力图总览

图 G-30　被试 8 网站标签导航热力图

图 G-31　被试 8 网站标签导航扫视路径图

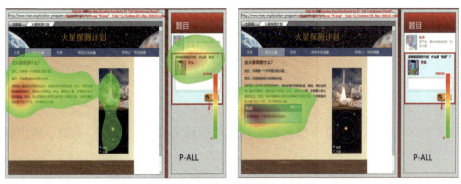

图 G-32　超链接导航热力图总览

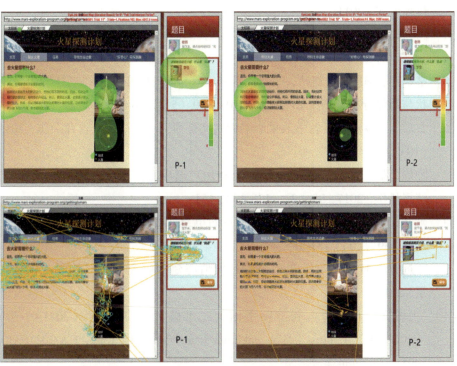

图 G-33　被试 1 和被试 2 超链接导航热力图和扫视路径图

参 考 文 献

[1] 鲍丽倩. 网页浏览中屏幕视觉热区的区域分布研究 [D]. 武汉：华中师范大学, 2015.

[2] 卜淼. 公共图书馆留守儿童阅读服务现状、问题与策略 [J]. 图书馆工作与研究, 2023 (6): 106-112.

[3] 曹健鹏. 基于 LCIM 的建筑业项目经理培养模式研究 [D]. 武汉：武汉科技大学, 2011.

[4] 昌隽如. 儿童数字阅读平台建构策略探究 [J]. 中国出版, 2019 (23): 30-32.

[5] 常李艳, 华薇娜, 刘婧, 等. 社交网站（SNS）中在线社会支持的研究现状与趋势分析 [J]. 现代情报, 2019, 39 (5): 166-176.

[6] 常玮, 马玲. 网络教学效果影响因素实证研究 [J]. 远程教育杂志, 2011 (10): 87.

[7] 陈娟, 邓胜利. 移动数字阅读 APP 用户退出意愿的影响因素研究 [J]. 情报科学, 2017, 35 (3): 128-133, 151.

[8] 陈隽, 周维. 基于深度阅读体验的电纸书产品设计 [J]. 包装工程, 2018, 39 (20): 181-185.

[9] 陈远方. 智慧图书馆知识服务延伸情境建构研究 [D]. 长春：吉林大学, 2018.

[10] 程焕文, 钟远薪. 智慧图书馆的三维解析 [EB/OL]. (2021-03-30) [2021-04-26]. http://kns.cnki.net/kcms/detail/44.1306.G2.20210330.0931.002.html.

[11] 程秀峰, 毕崇武, 王雪杰. 多维度视角下的高校馆移动阅读服务质量评价体系 [J]. 图书馆论坛, 2017, 37 (8): 91-97.

[12] 程章灿. "四大资源"建设实践与展望：对南京大学图书馆"十四五"

规划制定的思考［J］.大学图书馆学报，2021（1）：18-20.

［13］池骋，吴琦.美国青少年阅读立法研究及对我国的启示：以 NCLB 法案为例［J］.科技与出版，2016（11）：22-27.

［14］崔萌.宏观阅读学视角下阅读疗法的多维度阐释［J］.大学图书馆学报，2021，39（2）：75-80.

［15］崔文浩，张利国，屈菲.大学生数字化阅读倾向及影响因素研究［J］.情报探索，2017（2）：48-52.

［16］戴莹.泛在信息社会下图书馆智慧化服务体系研究［J］.图书馆学刊，2018，40（9）：52-55，70.

［17］邓朝华，鲁耀斌，张金隆.基于 TAM 和网络外部性的移动服务使用行为研究［J］.管理学报，2007，4（2）：216-221.

［18］邓利萍.如何培养中学生课外阅读的习惯：美国的一项相关调查及启示［J］.河南图书馆学刊，2006（6）：65-67.

［19］丁小明.浅谈公共图书馆的儿童阅读推广工作［J］.科技情报分析与研究，2010（9）：35.

［20］董二林.社会化媒体对国民数字化阅读行为的影响［J］.中国出版，2015（8）：15-18.

［21］董奇.论元认知［J］.北京师范大学学报，1989（1）：72.

［22］董同强，马秀峰."人工智能+图书馆"视域下智慧型学科服务空间的构建［J］.图书馆学研究，2019（2）：83-88，46.

［23］董文鸳.浙江省大学生手机移动阅读行为现状的调研与分析［J］.图书馆杂志，2014（2）：51-55.

［24］段美珍，冯占英，李雯，等."十四五"时期图书馆发展趋势与路径研究［J］.中华医学图书情报杂志，2021（1）：5-11.

［25］段知雨.基于 SICAS 模型的公共图书馆少儿分级数字阅读服务策略研究［J］.图书馆研究与工作，2022（4）：53-59.

［26］樊敏生，武法提，王瑜.数字阅读：电子书对小学生语文阅读能力的影响［J］.电化教育研究，2016，37（12）：106-110，128.

［27］方针.用户信息技术接受的影响因素模型与实证研究［D］.上海：复旦大学，2005.

［28］费晗璐.社会支持视角下浙江省农村儿童数字阅读素养问题研究［D］.

杭州：浙江传媒学院，2023.

[29] 傅葆明. 短视频对大学生阅读素养影响研究 [D]. 郑州：河南大学，2022.

[30] 傅宏. 元认知模型在心理治疗中的应用研究 [J]. 南京师范大学学报（社会科学版），2001，11（6）：69.

[31] 傅娟. 基于 OverDrive 平台的儿童数字阅读推广实践：以上海图书馆为例 [J]. 上海高校图书情报工作研究，2018，28（109）：46-49.

[32] 高军，邓辉. 关于青少年课外阅读动机和阅读素养关系的调研分析 [J]. 图书馆工作与研究，2013（11）：116-119.

[33] 高义栋，李曼曼，雍炎炎，等. 基于 UDK 引擎的图书馆虚拟漫游系统的设计与实现 [J]. 现代教育技术，2013，23（10）：121-126.

[34] 桂怡芳. 基于信息系统成功模型的用户持续使用研究综述 [J]. 电子元器件与信息技术，2019，3（11）：33-34，37.

[35] 海雁. 基于全民阅读理念的青少年数字阅读推广策略 [J]. 河南图书馆学刊，2022，42（6）：2-3.

[36] 韩畅. 公共图书馆儿童阅读推广策略研究：以天津图书馆（天津市少年儿童图书馆）为例 [J]. 图书馆工作与研究，2022（S1）：159-162.

[37] 韩骐键. 中职学生数字阅读素养评价指标建构及应用 [D]. 广州：广州大学，2022.

[38] 何国莲. 数字化环境中城市与农村儿童阅读状况调查研究 [J]. 农业图书情报学刊，2016，28（7）：127-134.

[39] 贺平. 一对一数字化学习对小学四年级学生阅读理解水平的影响研究 [J]. 电化教育研究，2013，34（7）：114-120.

[40] 侯冠华，屠祎博. 何时获取帮助更有效：基于眼动追踪的多媒体教学效果研究 [J]. 开放教育研究，2023，29（3）：86-95，46.

[41] 胡卫星. 动画情境下多媒体学习的实验研究 [D]. 大连：辽宁师范大学，2012.

[42] 胡妍庆. 用户参与行为导向的数字阅读体验设计研究 [D]. 无锡：江南大学，2022.

[43] 胡益芳. 基于网站调查的浙江省图书馆数字阅读推广服务研究：以浙江省（地）市级以上公共图书馆为例 [J]. 河南图书馆学刊，2018，38

（220）：4-6.

［44］华薇娜．美国儿童阅读扫描［J］．山东图书馆季刊，2008（2）：29-31.

［45］黄崇．小学生数字阅读中信息定位能力研究［D］．南京：南京邮电大学，2023.

［46］黄春光．影响儿童阅读能力的主要环境因素［J］．图书馆学刊，2009（6）：45.

［47］黄婕．儿童交互电子书的设计原则与感官体验［J］．大众文艺，2019（23）：84-85.

［48］黄曼丽．公共图书馆少儿动漫资源建设与服务研究：以东莞市图书馆为例［J］．河北科技图苑，2018，31（2）：46-49.

［49］康霞，李艳芳．全球素养背景下大学生阅读素养探索［N］．山西经济日报，2018-05-15.

［50］康新宇．公共图书馆少儿动漫阅读推广浅析［J］．出版发行研究，2017（10）：91-93.

［51］李彩宁，毕新华，陈立军．智慧图书馆服务模式及平台构建研究［J］．图书馆，2018（12）：1-7.

［52］李红．全媒体时代公共图书馆开展青少年阅读推广创新研究［J］．图书馆工作与研究，2019（S1）：82-85.

［53］李佩蓉，解解，崔旭，等．人工智能在高校智慧图书馆中的应用与发展：基于人脸识别技术的应用及其算法实现［J］．图书馆研究与工作，2018（7）：27-30.

［54］李蕊，祝孔涛．基于 TAM 的影响移动学习因素探析［J］．电脑知识与技术，2011，7（35）：9276.

［55］李武，胡泊，季丹．电子书阅读客户端的用户使用意愿研究：基于 UTAUT 和 TAM 理论视角［J］．图书馆论坛，2018，38（4）：103-110.

［56］李毅，郑鹏宇，黄怡铭．基础教育增值评价：内涵、价值与实证研究：以新时代中小学生阅读素养为例［J］．中国电化教育，2022（10）：47-55，71.

［57］李玉海，金喆，李佳会，等．我国智慧图书馆建设面临的五大问题［J］．中国图书馆学报，2020（2）：17-26.

［58］梁凯丽，田伟．教师支持对中学生阅读素养的影响：阅读投入、阅读兴

趣的中介作用 [J]. 中国特殊教育, 2021 (2): 90-96.

[59] 梁雯雯. 公共图书馆少儿数字阅读推广模式研究: 以江苏少儿数字图书馆为例 [J]. 新世纪图书馆, 2015 (8): 62-65.

[60] 林英. 国民阅读力的提升与阅读学研究的深化: 以朱永新的《造就中国人: 阅读与国民教育》为中心 [J]. 出版发行研究, 2021 (2): 75-79.

[61] 刘斌志. 论阅读疗法在灾后青少年心理重建中的优势及策略 [J]. 国家图书馆学刊, 2014, 23 (3): 69-74.

[62] 刘斌, 李刚, 郭依蕊, 等. 北京市大学生数字阅读现状调查 [J]. 东南传播, 2013 (4): 94-98.

[63] 刘婧. 儿童网络阅读行为的影响因素研究 [D]. 南京: 南京大学, 2013.

[64] 刘婧. 国内近 10 年眼动研究探析 [J]. 南京邮电大学学报 (社会科学版), 2019, 21 (2): 70-80.

[65] 刘婧, 华薇娜. 国外少儿信息行为研究的调研与分析 [J]. 山东图书馆学刊, 2012 (2): 28-30, 35.

[66] 刘婧, 华薇娜. 境外跨世纪儿童阅读研究调研与分析 [J]. 新世纪图书馆, 2012 (8): 25-28, 24.

[67] 刘婧, 华薇娜. 国内外网络阅读研究概述: 基于 WoS 数据库与 CAJD 数据库的文献主题分析 [J]. 新世纪图书馆, 2013 (6): 45-49.

[68] 刘婧, 刘艳华. 儿童网络阅读行为影响因素的实证研究 [J]. 西南民族大学学报 (人文社会科学版), 2015, 36 (2): 232-238.

[69] 刘婧, 周海花, 顾围, 等. 城市儿童与农村儿童数字化阅读现状的调研分析 [J]. 晋图学刊, 2017 (4): 65-74.

[70] 刘婧, 常李艳, 潘雪莲. 公共图书馆智慧化资源建设与服务模式研究: 基于青少年用户视角 [J]. 图书馆, 2019 (11): 46-51.

[71] 刘婧, 江沁雨, 常李艳. 近 20 年来国内外数字阅读研究热点与进展分析 [J]. 图书馆, 2020 (2): 80-87, 92.

[72] 刘婧, 常李艳, 华薇娜, 等. 社会支持视角下偏远地区儿童数字阅读意愿影响因素研究 [J]. 图书馆建设, 2021 (5): 48-57.

[73] 刘婧, 黄崇, 于勤. 社会支持视角下农村儿童阅读现状及推广策略研究 [J]. 人口与社会, 2021, 37 (3): 97-106.

[74] 刘婧, 罗岚, 常李艳. 基于霍尔三维结构的智慧图书馆建设研究 [J].

图书馆学研究, 2021 (18): 17-25, 38.

[75] 刘坤锋, 王文韬, 陈雨. 沉浸体验视角下数字阅读与纸质阅读的比较分析研究 [J]. 图书馆, 2016 (10): 58-62.

[76] 刘坤锋, 赵元斌, 王文韬, 等. 双路径视角下数字阅读行为影响规律研究 [J]. 情报科学, 2018, 36 (10): 143-149.

[77] 刘炜, 陈晨, 张磊. 5G 与智慧图书馆建设 [J]. 中国图书馆学报, 2019 (5): 42-50.

[78] 刘晓景, 曾婧. 儿童电子书阅读的实证研究 [J]. 图书馆界, 2014 (4): 37-40.

[79] 刘晓娟. 图书馆数字资源整合 [J]. 图书馆理论与实践, 2007 (1): 63-65.

[80] 吕永波, 胡天军, 雷黎, 等. 系统工程 [M]. 北京: 北方交通大学出版社, 2003: 36-40.

[81] 罗博, 卓雯斐, 张晋朝. 沉浸体验视角下数字阅读策略及效果研究 [J]. 现代情报, 2023, 43 (3): 33-41.

[82] 罗德红, 龚婧. PISA、NAEP 和 PIRLS 阅读素养概念评述 [J]. 上海教育研究, 2016 (1): 34-37.

[83] 罗寰. 论人工智能时代新一代智慧图书馆系统构建 [J]. 中国中医药图书情报杂志, 2019, 43 (1): 1-3.

[84] 罗静. 浅议数字图书馆对青少年阅读的影响 [J]. 科技风, 2009 (6): 193, 195.

[85] 罗丽, 杨新涯, 周剑. 智慧图书馆的发展现状与趋势: "智慧图书馆从理论到实践"学术研讨会会议综述 [J]. 图书情报工作, 2017, 61 (13): 140-144.

[86] 马笑霞. 阅读教学心理学 [M]. 石家庄: 河北教育出版社, 1997: 5.

[87] 茆意宏, 侯雪, 胡振宁. 移动互联网用户阅读寻求行为研究 [J]. 图书情报工作, 2014, 58 (17): 15-22.

[88] 莫晓春. 关于"青少年"年龄界定问题的思考 [J]. 广西青年干部学院学报, 2009, 19 (2): 38-40.

[89] 欧晓平. 网络阅读的特点、模式与网络作文的意义 [J]. 引进与咨询, 2006 (12): 61, 64.

［90］ 彭柯，胡蓉，朱庆华．数字阅读平台的用户体验影响因素实证研究［J］．
数字图书馆论坛，2015（11）：2-10.

［91］ 彭嗣禹，肖南平．中学生数字阅读动机及推广策略研究［J］．图书馆建
设，2022（6）：53-63.

［92］ 钱鸥，李翔翔．综合性大学在校生移动阅读行为特征研究：基于用户体
验的视角［J］．图书情报工作，2013，57（22）：92-98，22.

［93］ 任晴雪．用户价值视角下网络文学阅读平台价值评估研究［D］．石家
庄：河北经贸大学，2022.

［94］ 阮中和．基于霍尔三维模式的中小水电站 PROT 项目的特许经营期风险
研究［J］．昆明理工大学学报（社会科学版），2013，13（1）：64-71.

［95］ 单轸，邵波．图书馆智慧空间：内涵、要素、价值［J］．图书馆学研究，
2018（11）：2-8.

［96］ 史朝霞．公共图书馆中学生阅读推广服务策略探究［J］．河南图书馆学
刊，2021，41（3）：30-32.

［97］ 史海媚，张佳佳，薛亮．基于眼动分析技术应用的多媒体色彩设计对学
生学习的影响研究［J］．化学教学，2022（12）：30-36.

［98］ 舒晴．数字阅读将成为未来阅读主流趋势［N］．中国改革报，2009-
11-18.

［99］ 宋凤宁，宋歌，张钦．阅读理解与元认知［J］．宁波大学学报（教育科
学版），1999，21（1）：17-18.

［100］ 宋乃庆，肖林，程浩．小学生阅读素养的背景因素探析：基于国际阅读
素养进步研究视角［J］．中国教育学刊，2017（2）：61-66，104.

［101］ 宋维维，夏绍模，李赞．基于 SPARK 大数据处理平台的图书馆智慧服
务探索与实践［J］．情报科学，2018，36（6）：45-49，56.

［102］ 苏霍姆林斯基．给教师的建议［M］．杜殿坤，译．北京：教育科学出版
社，1982.

［103］ 孙颉，原保忠．日本少儿阅读的发展及启示［J］．图书馆，2011（4）：
93-94.

［104］ 孙艳玲，何源，李阳旭．SPSS 统计分析［M］．北京：人民邮电出版社，
2010：229-249，262.

［105］ 唐璞妮．我国农村儿童阅读素养影响因素研究：基于川鄂 1014 名农村

儿童的调研 [J]. 图书馆工作与研究, 2023 (6): 96-105.

[106] 陶海峰, 宋礼秀. 用户体验视角下数字阅读平台交互性研究: 以樊登读书 App 为例 [J]. 新媒体研究, 2020, 6 (17): 1-3.

[107] 通拉嘎. 俄罗斯儿童与青少年阅读政策解读及对我国的启示 [J]. 泉州师范学院学报, 2022, 40 (6): 99-103.

[108] 汪玲, 方平, 郭德俊. 元认知的性质、结构与评定方法 [J]. 心理学动态, 1999, 7 (1): 8.

[109] 汪玲, 郭德俊. 元认知的本质与要素 [J]. 心理学报, 2000, 32 (4): 462, 459.

[110] 王艾. "智能 +" 视域下智慧图书馆构建研究: 关键要素、现实问题与实现路径 [J]. 内蒙古科技与经济, 2020 (21): 137-138, 140.

[111] 王爱平, 舒华. 阅读材料的呈现方式对儿童阅读活动的影响 [J]. 心理科学, 2008 (2): 438-440, 446.

[112] 王恩华. 90 年代俄罗斯青少年阅读教育简况 (上) [J]. 中小学图书情报世界, 2001 (1): 44-46.

[113] 王淏蘭, 陈红君, 伍新春, 等. 阅读模式对汉语儿童阅读理解的影响: 有中介的调节模型 [J]. 心理发展与教育, 2023, 39 (3): 369-378.

[114] 王红霞. 数字阅读评价: 内容标准及理论分析 [J]. 图书馆, 2020 (1): 94-100.

[115] 王建中, 曾娜, 郑旭东. 理查德·梅耶多媒体学习的理论基础 [J]. 现代远程教育研究, 2013 (2): 15-24.

[116] 王健, 张立荣. 新媒介时代大学生数字化阅读素养的内涵与培养 [J]. 现代远距离教育, 2011 (6): 73-77.

[117] 王娟, 马雪梅, 杨丹丹. 信息载体影响小学生文本阅读的实证研究: 以数字阅读与纸质阅读的比较为例 [J]. 西部素质教育, 2017, 3 (8): 14-16.

[118] 王锰, 郑建明, 陈雅. 美国国民数字阅读行为影响特征分析及启示 [J]. 图书馆杂志, 2016 (4): 9-17.

[119] 王明辉. 智慧图书馆发展困境及对策分析 [J]. 大学图书情报学刊, 2020 (2): 35-39.

[120] 王明望, 李砚青. 新媒体环境下影响青少年阅读的因素及对策 [J]. 新

闻前哨, 2023 (6): 54-55.

[121] 王珊珊, 常志. 眼动训练对 MCI 老人认知功能的影响 [J]. 中国当代医药, 2016, 23 (13): 195-197.

[122] 王祥国. 纳托尔的 "阅读定义" 对高中英语阅读教学的启示 [J]. 语数外学习 (高中版·上旬), 2019 (10): 64.

[123] 王欣欣. 阅读的本质与图书馆服务 [J]. 图书馆论坛, 2006 (4): 69-71.

[124] 王幼于. 适合中学生阅读的物理课外读物 [J]. 物理通报, 1956 (4): 252-253.

[125] 王余光. 图书馆与儿童阅读推广 [J]. 图书馆理论与实践, 2010 (8): 56.

[126] 吴敏慧. 数字化时代阅读方式的变化及发展建议 [J]. 图书馆学刊, 2013, 35 (3): 77-80.

[127] 吴爽爽, 李俊温, 高峰, 等. 从青少年体育锻炼现状谈对策 [J]. 青少年体育, 2019 (3): 118-119.

[128] 吴伟, 聂卫红. 试论少儿图书馆开展儿童阅读治疗 [J]. 图书馆论坛, 2011 (5): 66.

[129] 吴文. 数字阅读素养及其国内外研究现状 [J]. 西昌学院学报 (社会科学版), 2020, 32 (3): 67-72.

[130] 肖佳平. 试论当前青少年阅读群的类型 [J]. 图书馆学刊, 1988 (4): 40-42.

[131] 谢徐萍. 元认知的内涵与阅读中的元认知活动 [J]. 南通师范学院学报 (哲学社会科学版), 2001, 17 (3): 124.

[132] 谢羽欣, 胡曦, 刘家旻, 等. "墨象读书" 新型互联网阅读平台开发 [J]. 电子元器件与信息技术, 2022, 6 (7): 225-230.

[133] 徐浩, 欧阳芬. 数字环境下的阅读: 特征、挑战与培养路径 [J]. 教育学术月刊, 2021 (1): 105-111.

[134] 徐升国. 以数字化阅读为契机, 缩小城乡阅读鸿沟 [J]. 出版参考, 2019 (5): 1.

[135] 徐卫卫. 基于视线规律的教育网页结构设计研究 [D]. 宁波: 宁波大学, 2012.

［136］徐小丽. 少年儿童图书馆数字化阅读推广服务策略探析［J］. 图书馆工作与研究，2012（4）：109-111.

［137］徐晓晨. 基于"认知发展理论"的少儿图书馆数字阅读推广服务：以辽阳市少年儿童图书馆为例［J］. 图书馆界，2018，167（6）：9-13.

［138］徐孝娟，赵宇翔，朱庆华. 从传统纸媒到数字媒介的用户阅读转移行为研究：基于 MEC 理论的探索［J］. 中国图书馆学报，2016，42（3）：116-127.

［139］许娜. 网页视觉搜索与无目的浏览的眼动对比研究［D］. 曲阜：曲阜师范大学，2014.

［140］薛涵，朱娜娜. 基于虚拟现实技术的图书馆服务创新研究［J］. 图书馆建设，2015（6）：66-68.

［141］闫国利，熊建萍，臧传丽，等. 阅读研究中的主要眼动指标评述［J］. 心理科学进展，2013，21（4）：589-605.

［142］颜昌茂. 大数据环境下智慧图书馆信息安全问题研究［J］. 湖南警察学院学报，2020（5）：71-76.

［143］杨邓红，王鑫强. 论阅读疗法在中学生非正式群体教育中的作用及实施［J］. 继续教育研究，2009（4）：157-159.

［144］杨鸲，王树伟. 关于儿童纸质出版物和平板电脑类数字出版物阅读状况的调查与分析［J］. 科技与出版，2012（9）：113-116.

［145］杨卫东. 少儿图书馆在儿童阅读推广中的使命与担当［J］. 新世纪图书馆，2010（4）：13.

［146］杨晓玮. 高校智慧图书馆建设中的相关问题研究［J］. 科技经济导刊，2020（6）：135-136.

［147］杨治良，孙连荣，唐菁华，等. 记忆心理学［M］. 上海：华东师范大学出版社，2009.

［148］殷奕琨. 关于农村中学生课外阅读影响因素的调查与分析［J］. 贵州教育，2021（9）：16-18.

［149］尹雪聪，郭婧华，林强. 基于"互联网+"的图书馆智慧互动服务模式研究：以西安电子科技大学图书馆为例［J］. 大学图书情报学刊，2018，36（2）：77-80.

［150］余闻婧. 如何培养学生的数字化阅读素养？［J］. 课程·教材·教法，

2019, 39（1）：79-85.

[151] 袁顺波. 科研人员采纳自存储的影响因素研究 [J]. 图书情报知识，2014（2）：72-83.

[152] 袁曦临，王骏，刘禄. 纸质阅读与数字阅读理解效果实验研究 [J]. 中国图书馆学报，2015，41（5）：35-46.

[153] 曾子明，金鹏. 智慧图书馆个性化推荐服务体系及模式研究 [J]. 图书馆杂志，2015，34（12）：16-22.

[154] 翟羽佳. 智慧图书馆的哲学审视 [J]. 图书馆建设，2020（3）：91-98.

[155] 詹世友，张梅，孙玉桃. 全民阅读时代中学生阅读素养的培育：基于中学生课外阅读现状调查的思考 [J]. 教育学术月刊，2019（11）：77-83.

[156] 张春媛. 现代图书馆资源数字化建设探讨 [J]. 大江周刊·城市生活，2010（12）：5-6.

[157] 张广英. 网页浏览中不同注意条件下的信息获取及眼动特点 [D]. 杭州：浙江大学，2013.

[158] 张贵红，朱悦. 我国科技平台建设的历程、现状及主要问题分析 [J]. 中国科技论坛，2015（1）：17-21.

[159] 张桂花，李远蓉，王强. 信息可视化技术对化学三重表征转换学习效果影响的眼动实验研究 [J]. 化学教学，2022（11）：26-31.

[160] 张洁. 电子书阅读界面在移动互联网时代的设计路线 [J]. 数字技术与应用，2018，36（3）：147-149.

[161] 张沁兰，易雪媛. 基于霍尔三维结构的高校智慧图书馆构建 [J]. 中华医学图书情报杂志，2017（8）：50-53.

[162] 张赛男，王瑜，刘恩涛，等. 基于眼动追踪技术的数字阅读系统设计与应用 [J]. 图书馆学刊，2020，42（4）：73-81.

[163] 张天明. "但得众生皆得饱，不辞羸病卧残阳"：评语文教育、文章及阅读学"三栖学者"曾祥芹教授教学思想 [J]. 山东图书馆学刊，2020（2）：117-122.

[164] 张文韬. 网络数字阅读行为对"阅读脑"的影响分析 [J]. 中国报业，2023，557（4）：148-149.

[165] 赵美，王立欣，史宪铭. 基于霍尔三维结构的高校科技成果推广转化系统模型 [J]. 价值工程，2012（19）：237-238.

［166］赵霞，孙宏艳，张旭东，等. 少年儿童数字阅读现状调查［J］. 青少年学刊，2016（2）：63-64.

［167］郑国民，杨炳辉. "美国阅读挑战"及其启示［J］. 学科教育，1999（10）：46.

［168］中国驻葡萄牙使馆文化处教育组. 葡萄牙：从娃娃抓起的"国家阅读计划"［J］. 世界教育信息，2007（1）：8-9.

［169］周红利，李军，张红英. 5G时代青少年数字阅读心理分析与数字出版对策［J］. 传播与版权，2023（6）：51-53.

［170］周惠敏. 大学生数字阅读素养现状及提策略研究［J］. 大学图书情报学刊，2019，37（1）：55-61.

［171］周家和. 数字阅读与纸质阅读市场发展重在相"融"［N］. 青海日报，2020-05-18（09）.

［172］周钰，王娟，陈憬，等. 信息载体影响文本阅读的实证研究：基于数字阅读与纸质阅读的比较［J］. 中国远程教育，2015（10）：21-26，79-80.

［173］朱福才. 视觉文化对少年儿童阅读影响及对策［J］. 图书馆研究与工作，2009（9）：22.

［174］朱骅杰. 美国公共图书馆少儿推荐书目分析及启示［J］. 图书馆工作与研究，2017（12）：124-128.

［175］朱燕玲. 美国公共图书馆青少年阅读推广的特点及启示［J］. 图书馆，2023（4）：49-54，61.

［176］朱原谅. 基于元认知的网络阅读研究［J］. 图书情报工作，2010，52（2）：60.

［177］卓果吉. 中德两国青少年阅读推广活动的对比与启示［J］. 吕梁学院学报，2020，10（6）：28-31.

［178］邹申，孔菊芳，王玉山. 近20年国际阅读眼动研究综述［J］. 河北大学学报（哲学社会科学版），2015（6）：109-112.

［179］AGARWAL R, ANGST C M, DESROCHES C M, et al. Technological viewpoints（frames）about electronic prescribing in physical practices［J］. Amer. Medical Informatics Assoc, 2010, 17（4）：425.

［180］AGUDO-PEREGRINA Á F, HERNÁNDEZ-GARCÍA Á, PASCUAL-MIGUEL F J. Behavioral intention, use behavior and the acceptance of electronic learning systems: differences between higher education and lifelong learning [J]. Computers in Human Behavior, 2014, 5 (34): 301-314.

[181] AHMAD H, et al. A interactive e-Book for Physics to Improve Students' Conceptual Mastery [J]. International Journal of Emerging Technologies in Learning, 2020, 15 (5): 40-49.

[182] AJZEN I. The theory of planned behavior [J]. Organizational Behavior and Human Decision Processes, 1991, 50 (2): 179-211.

[183] AL-EMRAN M, MEZHUYEV V, KAMALUDIN A. Towards a conceptual model for examining the impact of knowledge management factors on mobile learning acceptance [J]. Technology in Society, 2020, 5 (61): 101247.

[184] ALI A Z M, WAHID R, SAMSUDIN K, et al. Reading on the computer screen: does font type has effects on web text readability? [J]. International Education Studies, 2013, 6 (3): 26-35.

[185] ALMAIAH M A, JALIL M A, MAN M. Extending the TAM to examine the effects of quality features on mobile learning acceptance [J]. Journal of Computers in Education, 2016, 3 (4): 453-485.

[186] AL-MUSHASHA N F, NASSUORA A B. Factors determining e-learning service quality in Jordanian higher education environment [J]. Journal of Applied Sciences, 2012, 12 (14): 1474.

[187] ALZAHRANI A I, MAHMUD I, RAMAYAH T, et al. Modelling digital library success using the DeLone and McLean information system success model [J]. Journal of Librarianship and Information Science, 2017, 51 (2).

[188] AMIAMA-ESPAILLAT C, MAYOR-RUIZ C. Digital Reading and Reading Competence: The Influence in the Z Generation from the Dominican Republic [J]. Comunicar, 2017 (52): 105-113.

[189] ANGELICA R, VALENTINA V, LUCIA M, et al. Effects of reading medium on the processing, comprehension, and calibration of adolescent readers [J]. Computers & Education, 2022, 185: 104520.

[190] ZORKO A, VALENKO I, TOMIA M, et al. The impact of the text and

background color on the screen reading experience [J]. Tehniki glasnik, 2017, 11 (3): 78-82.

[191] ANTÓN C, CAMARERO C, JAVIER RODRÍGUEZ. Usefulness, Enjoyment, and Self-Image Congruence: The Adoption of e-Book Readers [J]. Psychology & Marketing, 2013, 30 (4): 372-384.

[192] ANTÓN C, CAMARERO C, RODRÍGUEZ J. Pleasure in the use of new technologies: the case of e-book readers [J]. Online Information Review, 2017, 41 (2): 219-234.

[193] APARICIO M, BACAO F, OLIVEIRA T. Grit in the path to e-learning success [J]. Computers in Human Behavior. 2017, 66 (1): 388-399.

[194] APGAR D. The use of group text messaging to enhance social support of social work students [J]. Social Work Education, 2020 (3): 1-18.

[195] ARNDT J, SCHÜLER A, SCHEITER K. Text-Picture integration: How delayed testing moderates recognition of pictorial information in multimedia learning. Applied Cognitive Psychology, 2015, 29 (5): 702-712.

[196] BADDELEY A D. Human memory [M]. Boston: Allyn & Bacon, 1999.

[197] BADDELEY. Is working memory still working? [J]. European Psychologist, 2002, 7 (2): 85-97.

[198] BADR H, ACITELLI L K, DUCK S, CARL W J, SARASON B, DUCK S. Weaving social support and relationships together. Personal relationships: Implications for clinical and community psychology [M]. West Sussex, UK: Wiley, 2001.

[199] BAKER L, BROWN A L. Metacognitive skills and reading [M] // P D Pearson. Handbook of Reading Research. New York: Longman, 1984: 353.

[200] BARBEE A P, CUNNINGHAM M R, WINSTEAD B A, et al. Effects of gender role expectations on the social support process [J]. Journal of Social Issues, 1993 (49): 175-190.

[201] BARRERA M J R. Distinctions between social support concepts, measures and models [J]. American Journal of Community Psychology, 1986, 14: 413-455.

[202] BARRERA M, SANDLER I N, RAMSAY T B. Preliminary development of a scale of social support: studies on college students [J]. American Journal Community Psychology, 1981 (9): 435-47.

[203] BAUHOFF V, HUFF M, SCHWAN S. Distance matters: Spatial contiguity effects as trade-off between gaze switches and memory load [J]. Applied Cognitive Psychology, 2012, 26 (6): 863-871.

[204] BEAL D J, COHEN R R, BURKE M J, et al. Cohesion and performance in groups: A meta-analytic clarification of construct relations [J]. Journal of Applied Psychology. 2003, 88 (6): 989-1004.

[205] BOUDREAU M C, SELIGMAN L. Quality of use of a complex technology: A learning-based model [J]. Journal of Organizational & End User Computing, 2005, 17 (4): 3.

[206] BRIZ-PONCE L, PEREIRA A, CARVALHO L, et al. Learning with mobile technologies-students' behavior [J]. Computers in Human Behavior, 2017, 72: 612-620.

[207] BRUECK J S. Assessment of the Technical Adequacy and Usability of an Ebook Quality Rating Tool (EQRT) in the Primary Grades. Paper presented at the annual meeting of the American Educational Research Association, San Francisco, CA, 2013.

[208] BURNETT C. Technology and literacy in early childhood educational settings: A review of the r-esearch [J]. Journal of Early Childhood Literacy, 2010, 10 (3): 247-270.

[209] BURNS G L, KONDRICK P A. Psychological behaviorism's reading therapy program: Parents as reading therapists for their children's reading disability [J]. Journal of Learning Disabilities, 1998, 31 (3): 278-285.

[210] BURTON A J, GRANGE C. From use to effective use: a representation theory perspective [J]. Information Systems Research, 2013, 24 (3): 632-658.

[211] BURTON A J, MICHAEL J G. Toward a deeper understanding of system usage in organizations: a multilevel perspective [J]. MIS Quarterly, 2007, 31 (4): 657-679.

[212] BUS A G, TAKACS Z K, KEGEL C A T. Affordances and limitations of electronic storybooks for young children's emergent literacy [J]. Developmental Review, 2015, 35: 79-97.

[213] CAMP B W, VANDOORN W J. Assessment of motivated reading therapy with elementary school children [J]. Behavior Therapy, 1971 (2): 214-222.

[214] CAMPBELL J P. Modeling the performance prediction problem in industrial and organizational psychology [M] // DUNNETTE M D, HOUGH L M. Handbook of Industrial and Organizational Psychology. Palo Alto, CA: Consulting Psychologists' Press, 1990: 687-732.

[215] CAPLAN R D, COBB S, FRENCH J, et al. Relationships of cessation of smoking with job stress, personality, and social support [J]. Journal of Applied Psychology, 1975, 60 (2): 211-219.

[216] CARMEN A, CAMARERO C, JAVIER R. Usefulness, enjoyment, and self-mage congruence: the adoption of ebook readers [J]. Psychology & Marketing, 2013, 30 (4): 372-384.

[217] CAROLE L, HOLLINGSWORTH, A B, et al. An updated and expanded assessment of PLS-SEM in information systems research [J]. Industrial Management & Data Systems, 2017, 117 (3): 442-458.

[218] CAROLINA G A. How do students read on the internet in the new technological era [D]. Spain: English Studies Department "Universitat Jaume", 2014.

[219] CARVER C S, SCHEIER M F. On the Self-Regulation of Behavior [M]. Cambridge : Cambridge University Press, 1998.

[220] CHANG C, CHEN C M, CHEN F Y. A Collaborative Reading Annotation System for Promoting Reading Performance. [C] // 2017 6th IIAI International Congress on Advanced Applied Informatics (IIAI-AAI). IEEE Computer Society, 2017.

[221] CHATZARA K, ATHANASIOS M, DEMOSTHENES S, et al. Developing personalized e-books: a multi-layered approach [J]. IFIP International Federation for Information Processing, 2006, 204: 425-432.

[222] CHAVOSHI A, HAMIDI H. Social, individual, technological and pedagogical factors influencing mobile learning acceptance in higher education: A case from Iran [J]. Telematics and Informatics, 2019, 38 (5): 133-165.

[223] CHEN S C, HSIAO M S, SHE H C. The effects of static versus dynamic 3D representations on 10th grade students' atomic orbital mental model construction: Evidence from eye movement behaviors [J]. Computers in Human Behavior, 2015 (53): 169-180.

[224] CHENG Y M. Towards an understanding of the factors affecting mobile learning acceptance: roles of technological characteristics and compatibility [J]. Asia Pacific Management Review. 2015, 20 (3): 109-119.

[225] CHEON J, et al. An investigation of mobile learning readiness in higher education based on the theory of planned behavior [J]. Computers & Education. 2012, 59 (3): 1054-1064.

[226] CHEUNG K C, MAK S K, SIT P S. Online Reading Activities and ICT Use as Mediating Variables in Explaining the Gender Difference in Digital Reading Literacy: Comparing Hong Kong and Korea [J]. Asia-pacific Education Researcher, 2013, 22 (4): 709-720.

[227] CHIANG H S, CHEN C C. Exploring switch intention of users' reading behaviour An e-book reader case study [J]. Electronic Library, 2014, 32 (4): 434-457.

[228] CHILDGRIZZLE A, MOORE P, NNI M, et al. Media and Information Literacy: Policy and Strategy Guidelines [M]. Paris France: The United Nations Educational, Scientific and Cultural Organization, 2013.

[229] CHO B Y. Competent adolescent readers' use of internet reading strategies: a think-aloud study [J]. Cognition & Instruction, 2014, 32 (3): 253-289.

[230] CHUANG H H, LIU H C. Effects of different multimedia presentations on viewers' information-processing activities measured by eye-tracking technology [J]. Journal of Science Education and Technology, 2012, 21 (2): 276-286.

[231] CHUNG H H, CHEN S C, KUO M H. A study of EFL college students' acceptance of mobile learning [J]. Procedia-Social and Behavioral Sciences, 2015, 176: 333-339.

[232] CLACK, PAIVIO. Dual coding theory and education [J]. Educational Psychology Review, 1991 (3): 149-210.

[233] CLINTON V. Reading from paper compared to screens: a systematic review and meta - analysis [J]. Journal of Research in Reading, 2019, 42 (2): 288-325.

[234] COBB S. Presidential Address-1976: Social support as a moderator of life stress [J]. Psychosomatic Medicine, 1976, 38 (5) : 300-314.

[235] COHEN J L, LAKEY B, TIELL K, et al. Recipient-provider agreement on enacted support, perceived support, and provider personality [J]. Psychological Assessment, 2005, 17 : 375-378.

[236] COHEN S, GOTTLIEB B H, UNDERWOOD L G, et al. Social relationships and health. social support measurement and intervention: a guide for health and social scientists [M]. New York: Oxford University Press, 2000: 3-25.

[237] COHEN S, MERMELSTEIN R, KAMARCK T, et al. Measuring the functional components of social support. [M] // Sarason I G, Sarason B R. Social support: theory, research and applications. The Hgue: Marinus Nijhoff, 1985: 73-94.

[238] COIRO J. Reading comprehension on the Internet: expanding our understanding of reading comprehension to encompass new literacies [J]. The Reading Teacher, 2003, 56 (5): 458-464.

[239] COLTHEART M, LEAHY J. Symposium on reading and developmental dyslexia [J]. Australian Journal of Psychology, 1996, 2.

[240] COMPEAU D R, CHRISTOPHER A H. Computer self-efficacy: development of a measure and initial test [J]. MIS Quarterly, 1995, 19 (2): 189-211.

[241] CONANT R C, ASHBY W R. Every good regulator of a system must be a model of that system [J]. International Journal of Systems Science, 1970

(1): 89-97.

[242] COVI L, KLING R. Organizational dimensions of effective digital library use: closed rational and open natural system models [J]. Journal of American Society Information Science, 1996, 47 (9): 676.

[243] CUNNINGHAM ANNA J, CARROLL JULIA M. Reading-related skills in earlier- and later-schooled children [J]. Scientific Studies of Reading, 2011 (15): 244-266.

[244] CUTRONA C E, COHEN B B, IGRAM S. Contextual determinants of perceived supportiveness of helping behaviors [J]. Journal of Social and Personal Relationships, 1990 (7): 553-562.

[245] CUTRONA C E, RUSSELL D W. The provisions of social relationships and adaptation to stress. [M] // Jones W H, Perlman D. Advances in Personal Relationships. A Research Annual. Greenwich (Conn): JAI Press, 1987: 37-67.

[246] CYR D, HEAD M, LARIOS H. Colour appeal in website design within and across cultures: A multi-method evaluation [J]. International Journal of Human- Computer Studies, 2010, 68 (1/2): 1-21.

[247] DALEY S G, et al. Behavioral engagement among adolescents with reading difficulties: the role of active involvement in a universally designed digital literacy platform [J]. Reading & Writing Quarterly, 2019.

[248] DAS R C, GAYAN M A, DEBBARMA S. Mobile reading habit in the digital era: a case study of under graduate students, Tripura, India [J]. Library Philosophy and Practice, 2019 (4): 2404.

[249] DAVID P, JENNY M K. The impact of collaborative online reading on summarizing skills [J]. Education and Information Technologies, 2016, 21 (3): 531-543.

[250] DAVIS F D, BAGOZZI R P, WARSHAW P R. Extrinsic and intrinsic motivation to use computers in the workplace [J]. Journal of Applied Social Psychology, 1992, 22: 1111-1132.

[251] DAVIS FD. Perceived usefulness, perceived ease of use and user acceptance of information technology [J]. MIS Quarterly, 1989, 13 (3): 319-340.

[252] DELONE W H, MCLEAN E R. Information systems success: the quest for the dependent variable [J]. Information Systems Research, 1992, 3 (1): 60-95.

[253] DUBOW E F, ULLMAN D G. Assessing social support in elementary school children: the survey of children's social support [J]. Journal of Clinic Child & Adolescent Psychology, 1989 (18): 52-64.

[254] DUSEK W A. An evaluation of clinical treatment of convergence insufficiency for children with reading difficulties [J]. BMC Ophthalmology, 2011 (8): 35-36.

[255] DUSEK WOLFGANG A. An evaluation of clinical treatment of convergence insufficiency for children with reading difficulties [J]. BMC Ophthalmology, 2011 (8): 35-36.

[256] DYSON M C. How physical text layout affects reading from screen [J]. Behaviour & Information Technology, 2004, 23 (6): 377-393.

[257] EITEL A. How repeated studying and testing affects multimedia learning: Evidence for adaptation to task demands [J]. Learning and Instruction, 2016 (41): 70-84.

[258] ERIKSSON E, ARVE S, LAURI S. Informational and emotional support received by relatives before and after the cancer patient's death [J]. European Journal of Oncology Nursing, 2006, 10 (1): 48-58.

[259] EYSENCK M W. Attention and arousal: cognition and performance [M]. Berlin: Springer-Verlag, 1982.

[260] FENG D, SU S, WANG L, et al. The protective role of self-esteem, perceived social support and job satisfaction against psychological distress among Chinese nurses [J]. Journal of Nursing Management, 2018, 26 (4): 366-372.

[261] FLAVELL J H. Cognitive Development Engleward clitfs [M]. NJ: Prentice-Hall, 1985: 42-82.

[262] FLAVELL J H. Cognitive Monitoring [M] // WP Dickson. Children's Oral Communication Skill. New York: Academic Press, 1981.

[263] FOX E, DINSMORE D L, ALEXANDER P A. Reading competence,

interest, and reading goals in three gifted young adolescent readers [J]. High Ability Studies, 2010, 28 (2): 165-178.

[264] FU W Q, ZHANG M, YAN L Y. Academic e-Book publishing in china: an investigation of current status and publishers' attitudes [J]. The Journal of Academic Librarianship, 2017, 44: 15-24.

[265] GAO Z, HUANG C, LIU T, et al. Impact of interactive dance games on urban children's physical activity correlates and behavior [J]. Journal of Exercise Science and Fitness, 2012, 10: 107-112.

[266] GASSER L. The integration of computing and routine work [J]. ACM Transactions on Office Information Systems, 1986, 4 (3): 205-225.

[267] GENTRY M M, CHINN K M, MOULTON R D. Effectiveness of multimedia reading materials when used with children who are deaf [J]. American Annals of the Deaf, 2004, 149 (5): 394-403.

[268] GLASER M, SCHWAN S. Explaining pictures: How verbal cues infiuence processing of pictorial learning material [J]. Journal of Educational Psychology, 2015, 107 (4): 1006-1018.

[269] GOODHUE D L, THOMPSON R L. Task-technology fit and individual performance [J]. MIS Quart, 1995, 19 (2): 213-236.

[270] GOODMAN K S. Reading a psycholinguistic guessing game [M] // Singer H, Ruddel R. Theoretical models and processes of reading. Newark, Del: International Reading Association, 1976.

[271] GORDON J. Tracks for learning: Metacognition and learning technologies [J]. Australian Journal of Educational Technology, 1996, 12 (1): 46-55.

[272] OAKLEY G, JAY J. "Making Time" for reading: factors that influence the success of multimedia reading in the home [J]. Reading Teacher, 2008, 62 (3): 246-255.

[273] HAAS M R, HANSEN M T. When using knowledge can hurt performance: The value of organizational capabilities in a management consulting company [J]. Strategic Management J. , 2005, 26 (1): 1-24.

[274] HALILI S H, SULAIMAN H. Factors influencing the rural students' acceptance of using ICT for educational purposes [J]. Kasetsart Journal of

Social ences, 2018, 1: 1-6.

[275] HAMIDI H, CHAVOSHI A. Analysis of the essential factors for the adoption of mobile learning in higher education: A case study of students of the University of Technology [J]. Telematics & Informatics, 2018, 35 (4): 1053-1070.

[276] HAO S, VANESSA P D, LI M. Influential factors for mobile learning acceptance among Chinese users [J]. Educational Technology Research & Development, 2017, 65 (1) : 101-123.

[277] HARRIS M, TERLEKTSI E. Reading and spelling abilities of deaf adolescents with cochlear implants and hearing aids [J]. Journal of Deaf Studies and Deaf Education, 2011, 16 (1): 24-34.

[278] HAWLEY T, KRISTEN J T, SCHIRA H M, et al. Developing digital and media literacies in children and adolescents [J]. Pediatrics, 2017, 140: 122-126.

[279] HE S, CHARLES A R, ADRIANA B. Bilingual children's visual attention while reading digital picture books and story retelling [J]. Journal of Experimental Child Psychology, 2022: 215.

[280] HEGARTY M, JUST M A. Constructing mental models of machines from text and diagrams [J]. Journal of Memory and Language, 1993, 32: 717-742.

[281] HEITIN L. What is digital literacy? [EB/OL]. (2016-11-09) [2020-7-10]. http://www. edweek. org/ ew/articles/2016/11/09/what-is-digital-literacy. html.

[282] HELLER K, SWINDLE R W, FELNER R D, et al. Social networks, perceived social support, and coping with stress [J]. preventive psychology: theory, research and practice, 1983: 87-103.

[283] HENNING V, HENNIG-THURAU T, FEIEREISEN S. Giving the expectancy-value model a heart [J]. Psychology & Marketing, 2012, 29 (10): 765-781.

[284] HENSELER J, RAY P A, HUBONA G. Using PLS path modeling in new technology research: Updated guidelines [J]. Industrial Management &

Data Systems, 2016, 116 (1): 2-20.

[285] HOFFERTH S L, MOON U J. Cell phone use and child and adolescent reading proficiency [J]. Psychology of Popular Media Culture, 2012, 1 (2): 108-122.

[286] HOJJATI N, MUNIANDY B. The effects of font type and spacing of text for online readability and performance [J]. Contemporary Educational Technology, 2014, 5 (2): 161-174.

[287] HOYER W D, MACINNIS D J. Consumer behavior [M]. US: Houghton Mifflin Company, 2001.

[288] HSIAO K L, CHEN C C. How do we inspire children to learn with e-readers? [J]. Library Hi Tech, 2015, 33 (4): 584-596.

[289] HSIAO K L, CHEN C C. What drives smartwatch purchase intention? Perspectives from hardware, software, design, and value [J]. Telematics & Informatics, 2018, 35 (1): 103-113.

[290] HUTCHISON BAC, WOOD WARD L, COLWELL. What are preadolescent readers doing online? an examination of upper elementary students' reading, writing, and communication in digital spaces [J]. Reading Research Quarterly, 2016, 51 (4): 435-454.

[291] INA V S, MULLIS M, MARTIN O. PIRLS 2021 assessment framework [M]. Boston: TIMSS & PIRLS International Study Centre, 2019.

[292] ISMAHAN A A, FATIH A. The effect of visual cues in e-books on pre-K children's visual attention, word recognition, and comprehension: An eye tracking study [J]. Journal of Research on Technology in Education, 2022, 54 (5): 464-476.

[293] JACOB R J K, KARN K S. Eye-tracking in human-computer interaction and usability research: Ready to deliver the promises [M] // Hyona J R, Radach H D. The mind's eyes: Cognitive and applied aspects of eye movements. Oxford, UK: Elsevier Science, 2003.

[294] JAMET E. An eye-tracking study of cueing effects in multimedia learning [J]. Computers in Human Behavior, 2014, 32: 47-53.

[295] JIN C H. Adoption of e-book among college students: The perspective of an

integrated TAM [M]. Amsterdam: Elsevier Science Publishers B. V. , 2014.

[296] JOHANNES N, CHRISTINE S. Digital reading proficiency in german 15-year olds: evidence from PISA 2012 [J]. Zeitschrift für Erziehungswissenschaft, 2017, 20 (4): 585-603.

[297] JOHNSON C I, MAYER R E. An eye movement analysis of the spatial contiguity effect in multimedia learning [J]. Journal of Experimental Psychology: Applied, 2012, 18 (2): 178-191.

[298] JULIÁN P G, IÑAKI P C, CHARTERINA J. Business simulation games with and without supervision: An analysis based on the TAM model [J]. Journal of Business Research, 2016, 69 (5): 1731-1736.

[299] JUNG J, CHAN-OLMSTED S, PARK B, et al. Factors affecting e-book reader awareness, interest, and intention to use [J]. New Media & Society, 2012, 14 (2): 204-224.

[300] JUST M A, CARPENTER P A. A theory of reading: from eye fixations to comprehension [J]. Psychological Review, 1980 (87): 329-354.

[301] JUST M A, CARPENTER P A. Eye fixations and cognitive processes [J]. Cognitive Psychology, 1976 (8): 441-480.

[302] KANER S. Psychometric properties of revised parental social support scale [J]. Egitim ve Bilim, 2010, 35 (157): 15-29.

[303] KATRINA M, RUTH F-B. Digital Texts, iPads, and Families: an examination of families' shared reading behaviours [J]. The International Journal of Learning: Annual Review. 2013 (7): 53-62.

[304] KAUL M, LAKEY B. Where is the support in perceived support? The role of generic relationship satisfaction and enacted support in perceived support's relation to low distress [J]. Journal of Social and Clinical Psychology, 2003, 22: 59-78.

[305] KAZANCI Z. University students' preferences of reading from a printed paper or a digital screen-A longitudinal study [J]. International Journal of Culture and History, 2015, 1 (1): 50-53.

[306] KINNUNEN R. VAURAS M. Comprehension Monitoring and the Level of

Comprehension in High-and low-achieving Primary School Children's Reading [J]. Learning and Instraction, 1995, 5 (2): 143-165.

[307] KIRBY J R, DEACON S H, BOWERS P N. Children's morphological awareness and reading ability [J]. Reading and Writing, 2012 (25): 389-410.

[308] KONG Y, SEO Y S, ZHAI L. Comparison of reading performance on screen and on paper: a meta-analysis [J]. Computers & Education, 2018, 123: 138-149.

[309] KORAT O, SHAMIR A. Electronic books versus adult readers: effects on children's emergent literacy as a function of social class [J]. Journal of Computer Assisted Learning, 2007, 23 (3): 248-259.

[310] KRAUSE N. Longitudinal study of social support and meaning in life [J]. Psychol Aging, 2007 (22): 456-469.

[311] KREJTZ K, DUCHOWSKI A T, KREJTZ I, et al. Gaze transitions when learning with multimedia [J]. Journal of Eye Movement Research, 2016, 9 (1): 1-17.

[312] TURNER K H, HICKS T, ZUCKER L. Connected reading: a framework for understanding how adolescents encounter, evaluate, and engage with texts in the digital age [J]. Reading Research Quarterly, 2020, 55 (2): 291-309.

[313] KRUGER J L, DOHERTY S. Measuring cognitive load in the presence of educational video: towards a multimodal methodology [J]. Australasian Journal of Educational Technology, 2016, 32 (6): 19-31.

[314] KUCIRKOVA N. A taxonomy and research framework for personalization in children's literacy apps [J]. Educational Media International, 2018, 55 (3): 255-272.

[315] KUCIRKOVA N. Reader, come home: the reading brain in a digital world [J]. Journal of Children and Media, 2019, 13 (2): 231-234.

[316] KUO Y C, YAO C B, WU C Y. A strategy for enhancing English learning achievement, based on the eye-tracking technology with self-regulated learning [J]. Sustainability, 2022, 14 (23): 16286.

[317] LADD M, CHANG M S, LEVESQUE K. Parents' reading-related knowledge and children's reading acquisition [J]. Annals of Dyslexia, 2011 (61): 201-222.

[318] LAI M L, TSAI M J, YANG F Y, et al. A review of using eye-tracking technology in exploring learning from 2000 to 2012 [J]. Educational Research Review, 2013 (10): 90-115.

[319] LAKEY B, DREW J B, PIERCE G R, et al. A social-cognitive perspective on social support. Sourcebook of theory and research on social support and personality [M]. New York: Plenum, 1997.

[320] LAKEY B, LUTZ C J, PIERCE G R, et al. Social support and preventive and therapeutic interventions [M]. Handbook of social support and the family. New York: Plenum, 1996.

[321] LANDI N, MENCL W E, FROST S J, et al. An fMRI study of multimodal semantic and phonological processing in reading disabled adolescents [J]. Annals of Dyslexia, 2010, 60 (1): 102-121.

[322] LARSON L C. Digital readers: the next chapter in e-book reading and response [J]. The Reading Teacher, 2010, 64 (1): 15-22.

[323] LAURICELLA A R, BARR R F, CALVERT S L. Parent-child interactions during traditional and computer storybook reading for children's comprehension: Implications for electronic storybook design [J]. International Journal of Child-Computer Interaction, 2014, 2: 17-25.

[324] LAWSON-BODY A, WILLOUGHBY L, LAWSON-BODY L, et al. Students' acceptance of e-books: an application of UTAUT [J]. Journal of Computer Information Systems, 2018: 1-12.

[325] LEE B C, YOON J O, LEE I. Learners' acceptance of e-learning in South Korea: Theories and results [J]. Computers & Education, 2009, 53 (4): 1320-1329.

[326] LEROUGE C, HEVNER A R, COLLINS R W. It's more than just use: an exploration of telemedicine use quality [J]. Decision Support Systems, 2007 (43): 1291.

[327] LESAUX N K, KIEFFER M J. Exploring sources of reading comprehension

difficulties among language minority learners and their classmates in early adolescence [J]. American Educational Research Journal, 2010, 47 (3): 596-632.

[328] LEU D J, KINZER C K, COIRO J L, et al. Toward a theory of new literacies emerging from the Internet and other information and communication technologies [M] //RUDDELL R B, UNRAU N J. Theoretical models and processes of reading. Newark: International Reading Association, 2004: 1570-1613.

[329] LEU D J, KINZER C K, COIRO J L, et al. New literacy: a dual-level theory of the changing nature of literacy instruction and assessment [J]. Journal of Education, 2017, 197 (2): 1-18.

[330] LEU D J, MCVERRY J G, O'BYME W I, et al. The new literacies of online reading comprehension: expanding the literacy and learning curriculum [J]. Journal of adolescent & adult literacy, 2011, 55 (1): 5-14.

[331] LEVINE M H, TAKEUCHI L, VAALA S E. Games in a Digital Age [M] //BLUMBERG F C. Learning by playing: video gaming in education. New York: Oxford University Press, 2014.

[332] LIAO C, PALVIA P, CHEN J. Information technology adoption behavior life cycle: toward a technology continuance theory TCT [J]. International Journal of Information Management, 2009, 29: 309-320.

[333] LIM H J, JUNG H. Factors related to digital reading achievement: a multi-level analysis using international large scale data [J]. Computers & education, 2019, 133 (5): 82-93.

[334] LIN T, YU K. Patent applying or not applying: what factors motivating students' intention to engage in patent activities [J]. Eurasia Journal of Mathematics, Science and Technology Education, 2018, 14 (5): 1843-1858.

[335] LIN Y C, CHEN C M, HUANG P H. Enhancement of Digital Reading Performance by using a Novel Web-Based Collaborative Reading Annotation System with Two Quality Annotation Extraction Mechanisms [J]. International Journal of Human-Computer Studies, 2016, 86 (C): 81-93.

[336] LINCOLN Y, GUBA E. Naturalistic inquiry [M]. New York: Sage, 1985.

[337] LIU H C, CHUANG H H. An examination of cognitive processing of multimedia information based on viewers' eye movements [J]. Interactive Learning Environments, 2011, 19 (5): 503-517.

[338] LIU I F, KO H W. Roles of paper-based reading ability and ICT-related skills in online reading performance [J]. Reading & Writing, 2019, 32 (4): 1037-1059.

[339] LIU H C, LAI M L, CHUANG H H. Using eye-tracking technology to investigate the redundant effect of multimedia web pages on viewers' cognitive processes [J]. Computers in Human Behavior, 2011a, 27 (6): 2410-2417.

[340] LIU L Y, LIU D Z, REN L. Propose the concept of migrant workers' perception of social support and compile its situation questionnaire [J]. Chinese Journal of Clinical Psychology, 2011b, 19 (5): 615-618.

[341] LIU Q, ZHANG X, ZHANG L, et al. The interaction effects of information cascades, word of mouth and recommendation systems on online reading behavior: an empirical investigation [J]. Electronic Commerce Research, 2019, 19 (3): 521-547.

[342] LU J. Are personal innovativeness and social influence critical to continue with mobile commerce? [J]. Internet Research, 2014, 24 (2): 134-159.

[343] LUBBENN J, BLOZIK E, GILLNANN G, et al. Performance of an abbreviated version of the Lubben social network scale among three European community-dwelling older adult populations [J]. Gerontologist, 2006 (46): 503-513.

[344] LYU Y, ZHANG Y, LI W, et al. Comparative study on reading performance of different electronic ink screens (Conference Paper) [R]. Advances in Intelligent Systems and Computing, 2019: 374-380.

[345] MANA A, SAKA N, DAHAN O, et al. Implicit theories, social support, and hope as serial mediators for predicting academic self-efficacy among higher education students [EB/OL]. [2020-06-15]. http://sage. cnpereading. com/paragraph/article/10. 1177/0731948720918821.

[346] MANTZICOPOULOS P, PATRICK H. Reading picture books and learning science: engaging young children with informational text [J]. Theory into Practice, 2011 (50): 269-271.

[347] MARKMAN E M. Comprehension monitoring [M] // Dicksor W P. Children oral communication skills. New York: Academic Press, 1981.

[348] MASON L, PLUCHINO P, TORNATORA M C. Effects of picture labeling on science text processing and learning: evidence from eye movements [J]. Reading Research Quarterly, 2013a, 48 (2): 199-214.

[349] MASON L, TORNATORA M C, PLUCHINO P. Do fourth graders integrate text and picture in processing and learning from an illustrated science text? Evidence from eye-movement patterns [J]. Computers & Education, 2013b, 60 (1): 95-109.

[350] MAYER R E, JOHNSON C I. Adding instructional features that promote learning in a game-like environment [J]. Journal of Educational Computing Research, 2010, 42 (3): 241-265.

[351] MAYER R E. Cognitive theory of multimedia learning [M] //The Cambridge handbook of multimedia learning. New York, NY: Cambridge University Press, 2014.

[352] MAYER R E. Introduction to multimedia learning [M] // The Cambridge handbook of multimedia learning. New York, NY: Cambridge University Press, 2005.

[353] MAYER R E. Multimedia learning [M]. Cambridge: Cambridge University Press, 2001.

[354] MEHRABIAN A, RUSSELL J A. An approach to environmental psychology [M]. Cambridge: MIT Press, 1974.

[355] MEHWISH W, et al. Emotional attachment and multidimensional self-efficacy: extension of innovation diffusion theory in the context of eBook reader [J]. Behaviour & Information Technology, 2015, 34 (12): 1147-1159.

[356] MILLER M L. The implications for libraries of research on the reading of children [J]. IFLA Journal-International Federation of Library Associations,

1993 (19): 155-161.

[357] MINE S, SHIOZAKI J, KUNIMOTO C, et al. Children's eye movement while reading picture books [J]. Library and Information Science, 2007 (58): 69-90.

[358] MULLIS I V S, MARTIN M O, KENNEDY A M, et al. PIRLS 2011 assessment framework [M]. Boston: TIMSS & PIRLS International Study Center Lynch School of Education, 2009.

[359] MULLIS IVS, MARTIN M O. PIRLS 2016 Assessment framework Rerireved from Boston College [M]. Boston: TIMSS&PIRLS International Study Center, 2015.

[360] NAESS K A B, MELBY-LERVAG M, HULME C. Reading skills in children with down syndrome: A meta-analytic review [J]. Research in Developmental Disabilities, 2012 (33): 737-747.

[361] NAUMANN J, SLZER C. Digital reading proficiency in German 15-year olds: Evidence from PISA 2012 [J]. Ztschrift für Erziehungswissenschaft, 2017, 20 (4): 585-603.

[362] NAUMANN J. A model of online reading engagement: Linking engagement, navigation, and performance in digital reading [J]. Computers in Human Behavior, 2015, 53: 263-277.

[363] NELSON T O, NARENS L. Meta memory: a theoretical frame work and some new findings [M] // Bower G H. The psychology of learning and motivation. New York: Academic press, 1990: 125-173.

[364] NELSON T O, STUART R B, HOWARD C, et al. Metacognition and clinical psychology : a preliminary framework for research and practice [J]. Clinical Psychology and Psycholotherapy, 1999 (6): 75.

[365] NEUMANN M M, FINGER G, NEUMANN D L. A Conceptual Framework for Emergent Digital Literacy [J]. Early Childhood Education Journal, 2016, 45: 1-9.

[366] NI X, BRANCH R M, CHEN K C, et al. The effects of text spacing on screen reading time and comprehension [J]. International Journal of

Instructional Media, 2009, 36 (4): 383-395.

[367] NIKOU S A, ECONOMIDES A A. Mobile-based assessment: investigating the factors that influence behavioral intention to use [J]. Computers & Education, 2017, 109 (6): 56-73.

[368] OECD. PISA 2018 draet analytical frameworks. [EB/OL]. (2016-10-06) [2020-04-13]. https://www. oecd. org/pisa/data/PISA-2018-draft-frameworks. pdf, 2016.

[369] OECD. PISA 2009 Assessment framework-key competencies in reading, mathematics and science [R]. Paris, 2009: 23.

[370] O'KEEFE P A, LETOURNEAU S M, HOMER B D, et al. Learning from multiple representations: an examination of fixation patterns in a science simulation [J]. Computers in Human Behavior, 2014 (35): 234-242.

[371] OLOFSSON A. Synthetic speech and computer-aided reading for reading disabled-children [J]. Reading and Writing, 1992, 4 (2): 165-178.

[372] Organization for Economic Cooperation and Development [OECD]. PISA 2009 assessment framework: Key competencies in reading, mathematics, and science [R]. Paris: OECD publications, 2009.

[373] OSTROM E. Understanding Institutional Diversity [M]. Princeton : Princeton University Press, 2005.

[374] OZCELIK E, ARSLAN A I, CAGILTAY K. Why does signaling enhance multimedia learning? Evidence from eye movements [J]. Computers in Human Behavior, 2010, 26 (1): 110-117.

[375] PAAS F, SWELLER J. Implications of cognitive load theory for multimedia learning [J]. The Cambridge Handbook of Multimedia Learning, 2014, 27: 27-42.

[376] PAIVIO A. Mental representations: a dual coding approach [M]. New York, NY: Oxford University Press, 1986.

[377] PALEN L, SALZMAN M, YOUNGS E. Going wireless: Behavior and practice of new mobile phone users. [C] // Kellog W A, Whittaker S. Proc. 2000 ACM Conference. Computer, Supported Cooperative Work

(ACM, New York), 2000.

[378] PAPADAKIS S, KALOGIANNAKIS M. Mobile educational applications for children: what educators and parents need to know [J]. International Journal of Mobile Learning and Organisation, 2017, 11 (3): 256-277.

[379] PARK B, KNÖRZER L, PLASS J L, et al. Emotional design and positive emotions in multimedia learning: an eyetracking study on the use of anthropomorphisms [J]. Computers & Education, 2015a, 86: 30-42.

[380] PARK B, KORBACH A, BRÜNKEN R. Do learner characteristics moderate the seductive-details-effect? a cognitive-load-study using eye-tracking [J]. Educational Technology & Society, 2015b, 18 (4), 24-36.

[381] PARK E, BAER S, OHM J, et al. Determinants of player acceptance of mobile social network games: an application of extended technology acceptance model [J]. Telematics and Informatics. 2014, 31 (1): 3-15.

[382] PATRICIA H M. Metacognition and attention [M] // DL Forrest-Pressley, G E Mackinnon, T G Waller. Metacognition, Cognition, and Human Performance. New York: Academic Press, 1985: 181.

[383] PAVLOU P, DIMOKA A, HOUSEL T J. Effective use of collaborative IT tools: Nature, antecedents, and consequences. Proc. of the 41st Hawaii International Conf [R]. System Sciences (HICSS), IEEE, Hawaii. 2008: 2.

[384] PAVLOU P, EL-SAWY O O. From IT leveraging competence to competitive advantage in turbulent environments: the case of new product development [J]. Information Systems Research, 2006, 17 (3): 204.

[385] PEARSON J. Women's reading in britain, 1750—1835: a dangerous recreation [M]. Cambridge: Cambridge University Press, 1999.

[386] PENG C. Financing risks models of bus rapid transit projects based on hall three dimensions structure [C] //Atlantis Press. Proceedings of the 2016 International Symposium on Business Cooperation and Development. Kunming, PEOPLES R CHINA, 2016: 35-39.

[387] PFOST M, SCHIEFER I M, ARTELT C. Intergenerational continuity in

attitudes toward reading and reading behavior [J]. Learning & Individual Differences, 2016 (51): 179-188.

[388] PITUCH K A, LEE Y K. The influence of system characteristics on e-learning use [J]. Computers & Education, 2006, 47 (2): 222-244.

[389] PROCIDANO M E, HELLER K. Measures of perceived social support from friends and from family: three validation studies [J]. Am J Community Psychol, 1983 (11): 1-24.

[390] RAFIQUE H, ALMAGRABI A O, SHAMIM A, et al. Investigating the acceptance of mobile library applications with an extended technology acceptance model (TAM) [J]. Computers & Education, 2020, 145: 103732-103753.

[391] RAFIQUE H, ANWER F, SHAMIM A, et al. Factors affecting acceptance of mobile library applications: structural equation model [J]. Libri-International Journal of Libraries and Information Services, 2018, 68 (2): 99-112.

[392] RAYNER K. Eye movements and attention in reading, scene perception and visual search [J]. The Quarterly Journal of Experimental Psychology, 2009, 62 (8): 1457-1506.

[393] RAYNER K. Eye movements in reading and information processing: 20 years of research [J]. Psychological Bulletin, 1998, 124 (3): 372-422.

[394] REDER L M. Preface [M] // Implicit memory and metacognition. Mahwah N J: Lawrence Erlbaum, 1996: 9.

[395] REICH S M, YAU J C, XU Y, et al. Digital or print? a comparison of preschoolers' comprehension, vocabulary, and engagement from a print book and an e-book [J]. AERA Open, 2019, 5 (3).

[396] REICH S, MUSKAT T, CAMPBELL J, et al. Preschoolers' learning from enhanced eBooks versus traditional print books [C] //biennial meeting of the Society for Research in Child Development, Philadelphia, PA, 2015.

[397] RICHTER A, COURAGE M L. Comparing electronic and paper storybooks for preschoolers: Attention, engagement, and recall [J]. Journal of Applied

Developmental Psychology, 2017, 48: 92-102.

[398] RIDEOUT V J. Learning at home: families' educational media use in America. a report of the families and media project [M]. New York, NY: The Joan Ganz Cooney Center, 2014.

[399] RODRIGUE T K. Digital reading [J]. Pedagogy, 2017, 17 (2): 235-257.

[400] ROSKOS K, BURSTEIN K. Engagement with e-books: does device matter? paper presented at the annual meeting of the American educational research association, San Francisco, CA, 2013.

[401] RUDDEL R B. Psycholinguistic implications for a system of communication model [M] // Theoretical models and processes of reading. Newark, DE: International Reading Association, 2013.

[402] RUF T, PLOETZNER R. One click away is too far! How the presentation of cognitive learning aids influences their use in multimedia learning environments [J]. Computers in Human Behavior, 2014 (38): 229-239.

[403] RUMELHART D E. Tow and an Interactive model of reading [M] // Singer H&Ruddel Red. Theoretical Models and Processes of Reading. Newark DE: International Reading Association, 1985.

[404] SALMERÓN L, GARCÍA V. Reading skills and children's navigation strategies in hypertext [J]. Computers in Human Behavior, 2011, 27 (3): 1143-1151.

[405] SARASON B R, SARASON I G, GURUNG R A R, et al. Close personal relationships and health outcomes: a key to the role of social support [M]. Personal relationships: Implications for clinical and community psychology. West Sussex, UK: Wiley, 2001: 15-41.

[406] SARASON B R, SARASON I G, PIERCE G R. Traditional views of social support and their impact on assessment. Social support: an interactional view [M]. New York: Wiley, 1990: 9-25.

[407] SARASON I G, LEVINE H M, BASHAM R B, et al. Assessing social support: the social support questionnaire [J]. J. Pers. Soc. Psychol, 1983

（44）: 127-139.

[408] SARASON I G, SARASON B R, PIERCE G R, et al. Stress and social support extreme stress and communities: impact and intervention [M]. New York: Plenum, 1995: 179-197.

[409] SARI B, TAKACS Z K, BUS A G. What are we downloading for our children? Best-selling children's apps in four European countries [J]. Journal of Early Childhood Literacy, 2019, 19 (4): 515-532.

[410] SCHEITER K, EITEL A. Signals foster multimedia learning by supporting integration of highlighted text and diagram elements [J]. Learning and Instruction, 2015, 36: 11-26.

[411] SCHEITER K, EITEL A. The use of eye tracking as a research and instructional tool in multimedia learning [M] //Was F, Sansost B. Eye-tracking technology applications in educational research Hershey PA. USA: Information Science Reference, 2017: 143-165.

[412] SCHEPERS J, WETZELS M. A meta-analysis of the technology acceptance model: Investigating subjective norm and moderation effects [J]. Information and Management, 2007, 44 (1) : 90-103.

[413] SCHMIDT-WEIGAND F, KOHNERT A, GLOWALLA U. A closer look at split visual attention in system-and self-paced instruction in multimedia learning [J]. Learning and Instruction, 2010a, 20 (2): 100-110.

[414] SCHMIDT-WEIGAND F, KOHNERT A, GLOWALLA U. Explaining the modality and contiguity effects: new insights from investigating students' viewing behavior [J]. Applied Cognitive Psychology, 2010b, 24 (2): 226-237.

[415] SCHMIDT-WEIGAND F. Does animation amplify the modality effect or is there any modality effect at all ? [J]. Zeitschriftfür Padagogische Psychologie, 2011, 25 (4): 245-256.

[416] SHIM D, KIM J G, ALTMANN J. Identifying key drivers and bottlenecks in the adoption of e-book readers in Korea [J]. TEMEP Discussion Papers, 2016, 33 (3): 860-871.

[417] SON S H C, BUTCHER K R, LIANG L A. The influence of interactive features in storybook apps on children's reading comprehension and story enjoyment [J]. The Elementary School Journal, 2020, 120 (3): 10-18.

[418] SONNENTAG S. Psychological management of individual performance [M]. UK: John Wiley & Sons, 2002.

[419] SPACEY R, CREASER C, HICKS D. The impact of reading for pleasure on blind and partially sighted adults and its implications for materials provision [J]. Journal of librarianship and information science, 2014, 46 (4): 271-288.

[420] STALBOVS K, SCHEITER K, GERJETS P. Implementation intentions during multimedia learning: Using if-then plans to facilitate cognitive processing [J]. Learning and Instruction, 2015 (35): 1-15.

[421] STAUFFER S M. Developing children's interest in reading [J]. Library Trends, 2007, 56 (2): 402-422.

[422] STEPHENS M, COLEMAN M. Comparing PIRLS and PISA with NAEP in reading, mathematics, and science (Working Paper) [R]. U.S. Department of Education. Washington, DC: National Center for Education Statistics, 2007.

[423] STEMBERG R J. Encyclopedia of human intelligence [M]. New York: Macmillan Publishing House, 1994.

[424] STRAUB D W, KARAHANNA E. Knowledge worker communications and recipient availability: toward a task closure explanation of media choice [J]. Organ. Sci. , 1998, 9 (2): 1-16.

[425] SUNG Y T, WU M D, CHEN C K, et al. Examining the online reading behavior and performance of fifth-graders: evidence from eye-movement data [J]. Frontiers in psychology, 2015, 6: 665.

[426] SUSANNE L, ALEXANDRA C. A WWW information-seeking process model [M]. Holand: Technische Universities Eindhoven Press, 2002.

[427] SUVOROV R. The use of eye tracking in research on video-based second language (L2) listening assessment: a comparison of context videos and

content videos [J]. Language Testing, 2015, 32 (4): 463-483.

[428] SWELLER J. Implications of cognitive load theory for multimedia learning [M]. Cambridge : Cambridge University Press, 2005.

[429] SWELLER J. Instructional design in technical areas. Camberwell: ACER Press, 1999.

[430] TABBERS H K, PAAS F, LANKFORD C, et al. Studying eye movements in multimedia learning [M] // ROUET J F, LOWE R, SCHNOTZ W. Understanding multimedia documents. New York: Springer, 2008: 169-184.

[431] TAKACS Z K, BUS A G. Effect of temporal contiguity of picture/text on preschoolers' vocabulary learning [C] // Annual Meeting of the American Educational Research Association. New York: NY, 2013.

[432] TAKI S. Metacognitive online reading strategy use: Readers' perceptions in L1 and L2 [J]. Journal of Research in Reading, 2016, 39 (4): 409-427.

[433] TERZIS V, ECONOMIDES A A. The acceptance and use of computer based assessment [J]. Computers & Education, 2011, 56 (4): 1032-1044.

[434] THATCHER J B, GUNDLACH M J, MCKNIGHT D H. Individual and human assisted computer self efficacy: an empirical examination [J]. Internationale Tagung Wirtschaftsinformatik. 2007, 1: 841-858.

[435] THOITS P A. Social support as coping assistance [J]. Journal of Consulting and Clinical Psychology, 1986, 54: 416-423.

[436] TIANYU L, MICHAELA Q, MICHAEL G, et al. The mediating role of attention in the association between math anxiety and math performance: an eye-tracking study [J]. Journal of Educational Psychology, 2023, 115 (2): 332-339.

[437] TRAKHMAN L M S, ALEXANDER P A, SILVERMAN A B. Profiling reading in print and digital mediums [J]. Learning and Instruction, 2018, 57: 5-17.

[438] TUREL O, SERENKO A, BONTIS N. User acceptance of hedonic digital artifacts: a theory of consumption values perspective [J]. Information &

Management, 2010, 47 (1): 53-59.

[439] UNDÉN A L, ORTH-GOMÉR K. Development of a social support instrument for use in population surveys [J]. Soc. Sci. Med. , 1989 (29): 1387-1392.

[440] VALLACHER R R, WEGNER D M. What do people think they're doing? action identification and human behavior [J]. Psych. Rev. , 1987, 94 (1): 3-15.

[441] VAN GOG T, JARODZKA H. Eye-tracking as a tool to study and enhance cognitive and metacognitive processes in computer-based learning environments [M] // R AZEVEDO, V ALEVEN. International handbook of metacognition and learning technologies, 2013: 143-156.

[442] VAN GOG T, KESTER L, NIEVELSTEIN F, et al. Uncovering cognitive processes: Different techniques that can contribute to cognitive load research and instruction [J]. Computers in Human Behavior, 2009, 25 (2): 325-331.

[443] VAN GOG T. Signaling (or cueing) principle in multimedia learning [M] // MAYER R E. The Cambridge handbook of multimedia learning. New York, NY: Cambridge University Press, 2014: 263-278.

[444] VAN MARLEN T, VAN WERMESKERKEN M, JARODZKA H, et al. Showing a model's eye movements in examples does not improve learning of problem-solving tasks [J]. Computers in Human Behavior, 2016, 65: 448-459.

[445] VAUX A, RIEDEL S, STEWART D. Modes of social support: the social support behaviors (ss-b) scale [J]. American Journal of Community Psychology, 1987, 15: 209-237.

[446] VEERAMOOTOO N, NUNKOO R, DWIVEDI Y K. What determines success of an e-government service? validation of an integrative model of e-filing continuance usage [J]. Government Information Quarterly, 2018, 35 (2): 161-174.

[447] VENKATESH V, DAVIS F D. A theoretical extension of the technology

acceptance model: Four longitudinal field studies [J]. Management Science, 2000, 46 (2): 186-204.

[448] VENKATESH V, MORRIS M G, DAVIS G B, et al. User acceptance of information technology: toward a unified view [J]. MIS Quarterly, 2003, 27 (3): 425-478.

[449] WAGNER R K, TORGESEN J K, RASHOTTE C A, et al. Changing relations between phonological processing abilities and word level reading as children develop from beginning to skilled readers: a 5-year longitudinal study [J]. Developmental Psychology, 1997, 33 (3): 468-479.

[450] WAHEED M, KAUR K, AIN N U, et al. Emotional attachment and multidimensional self-efficacy: extension of innovation diffusion theory in the context of e-book reader [J]. Behavior & Information Technology, 2015, 34 (10/11/12): 1147-1159.

[451] WANG C Y, TSAI M J, TSAI C C. Multimedia recipe reading: predicting learning outcomes and diagnosing cooking interest using eye-tracking measures [J]. Computers in Human Behavior, 2016 (62): 9-18.

[452] WEI X, ZHANG Z, LIU Y, et al. Analysis and design of household intelligent planting products based on hall three-dimensional structure [C] //Soares M M, Rosenzweig E, Marcus A. HCII 2021: Design, User Experience, and Usability: Design for Diversity, Well-being, and Social Development. Cham: Springer, 2021: 121-131.

[453] WEINER N. Cybernetics: control and communication in the animal and the machine [M]. Cambridge: MIT Press, 1948.

[454] WEISS R. The provision of social relationship [M] // RUBIN Z. Doing unto others. New Jersey: Prentice Hall, 1974: 17-26.

[455] WETZELS M, ODEKERKEN-SCHRÖDER G, VAN O C. Using PLS path modeling for assessing hierarchical construct models: Guidelines and empirical illustration [J]. MIS Quarterly, 2009, 33 (1): 177-195.

[456] WILLOUGHBY D, EVANS M A, NOWAK S. Do ABC e-books boost engagement and learning in preschoolers? an experimental study comparing

e-books with paper ABC and storybook controls [J]. Computers & Education, 2015, 82: 107-117.

[457] WILLS T A, CLEARY S D. How are social support effects mediated? A test with parental support and adolescent substance use [J]. Journal of Personality and Social Psyshology, 1996 (71): 937-952.

[458] WRIGHT A, READ P, ANDERSON M. Contrasting computer input devices for teaching-children with severe [J]. British Journal of Educational Technology, 1992, 23 (2): 106-112.

[459] WU J Y, PENG Y C. The modality effect on reading literacy: perspectives from students' online reading habits, cognitive and metacognitive strategies, and web navigation skills across regions [J]. Interactive Learning Environments, 2016, 25 (7): 859-876.

[460] WU K C. Affective surfing in the visualized interface of a digital library for children [J]. Information Processing & Management, 2015, 51 (4): 373-390.

[461] XIE J, XIONG Z. Analysis and research of electric bicycle design based on hall three- dimensional structure [J]. Journal of Physics: Conference Series, 2020, 1631 (1): 1-8.

[462] YANG F Y, CHANG C Y, CHIEN W R, et al. Tracking learners' visual attention during a multimedia presentation in a real classroom [J]. Computers & Education, 2013 (62): 208-220.

[463] YU D S F, LEE D T F, WOO J. Psychometric testing of the Chinese version of the medical outcomes study social support survey (MOS-SSS-C) [J]. Research in Nursing and Health, 2004, 27 (2): 135-143.

[464] YUSSEN S R. The role of meta-cognition in contemporary theories of cognitive development [M] // Forrest-Pressley D L. Me tacognition Congnition and human performance. Orlando: Academic Press, 1985: 253.

[465] ZEIJL E, CRONE M, WIEFFERINK K, et al. Children in the Netherlands [J]. Sociaal En Cultureel Planbureau, 2005, 12 (87): 178-183.

［466］ ZHAN Z, ZHANG L, HU M, et al. Online learners' reading ability detection based on eye-tracking sensors ［J］. Sensors, 2016, 16 (9): 1457.

［467］ Zhang B. et al. A systematic quality assurance framework for the upgrade of radiation oncology information systems ［J］. Physica Medica, 2020, 69: 28-35.

［468］ ZHOU Y, WEI J L, MENG F, et al. Influential Factors and User Behavior of Mobile Reading ［J］. Journal of Intelligent Systems, 2015, 24 (2): 223-234.

［469］ ZICKUHR. Who's not online and why : 15% of American adults do not use the internet at all, and another 9% ［R］. Pew Internet Report, 2013: 131.

［470］ Zuboff S. In the age of the smart machine: the future of work and power ［R］. Basic Books, New York, 1988.